Charles Chaplin

LUZES DA RIBALTA

A NOVELA INÉDITA QUE INSPIROU UM DOS MAIORES FILMES DO GRANDE CINEASTA

Prefácio, ensaio e organização de
David Robinson

Tradução
Henrique de Breia e Szolnoky

Copyright *O mundo de Luzes da ribalta* © 2014 by David Robinson

Copyright *Footlights* e *A história de Calvero*, de Charles Chaplin © 2014 by The Roy Export Company Establishment

© 2014 by Edizioni Cineteca di Bologna

Publicado mediante acordo com Marco Vigevani & Associati Agenzia Letteraria

Fotografias de *Limelight* © Roy Export S.A.S.

Imagens e documentos do Chaplin Archives © e/ou propriedade da Roy Export Company Establishment. Todos os direitos reservados.

Fotografias de W. Eugene Smith. © W. Eugene Smith State. Collection Center fo Creative Photography, University of Arizona. © Heirs of W. Eugene Smith

Fotografia na página 203 © by Florence Homolka

Grafia atualizada segundo o Acordo Ortográfico da Língua Portuguesa de 1990, que entrou em vigor no Brasil em 2009.

Título original
Charles Chaplin Footlights with The World of Limelight

Capa
Elisa von Randow

Foto de capa
Charles Chaplin fotografado por W. Eugene Smith, 1952.
Collection Center for Creative Photography, University of Arizona.
© The Heirs of W. Eugene Smith.

Preparação
Silvia Massimini Felix

Revisão
Ana Maria Barbosa
Jane Pessoa

Dados Internacionais de Catalogação na Publicação (CIP)
(Câmara Brasileira do Livro, SP, Brasil)

Chaplin, Charles, 1889-1977.
 Luzes da ribalta : A novela inédita que inspirou um dos maiores filmes do grande cineasta. / Charles Chaplin ; prefácio, ensaio e organização David Robinson ; tradução Henrique de Breia e Szolnoky. — 1ª ed. — São Paulo : Companhia das Letras, 2014.

 Título original: Charles Chaplin Footlights with The World of Limelight.
 ISBN 978-85-359-2498-5

 1. Cinema – História 2. Chaplin, Charles, 1889-1977 3. Chaplin, Charles, 1889-1977.
Luzes da ribalta – Crítica e interpretação I. Robinson, David. II. Título.

14-09677   CDD-791-4309

Índice para catálogo sistemático:
1. Cinema mudo : História   791.4309

[2014]
Todos os direitos desta edição reservados à
EDITORA SCHWARCZ S.A.
Rua Bandeira Paulista, 702, cj. 32
04532-002 — São Paulo — SP
Telefone (11) 3707-3500
Fax (11) 3707-3501
www.companhiadasletras.com.br
www.blogdacompanhia.com.br

AGRADECIMENTOS

Meus agradecimentos iniciais são, como de costume, para a família Chaplin, que permitiu acesso irrestrito ao seu arquivo inesgotável.

O livro nasceu de uma ideia de Kate Guyonvarch, da Association Chaplin, que foi logo apoiada pela Cineteca di Bologna e pelo seu diretor, Gian Luca Farinelli. Desde então, Kate Guyonvarch e Cecilia Cenciarelli, encarregadas do Progetto Chaplin em Bolonha, não apenas o apadrinharam como se tornaram também grandes colaboradoras ao longo de toda a sua realização. Nós três compartilhamos o entusiasmo de criar o primeiro livro baseado em pesquisas no arquivo digital de Bolonha.

Laura Morris foi sempre muito mais do que uma agente; ao longo de muitos anos, se provou uma amiga, das mais sábias e encorajadoras.

Tive a felicidade de conhecer três pessoas envolvidas diretamente na produção de *Luzes da ribalta* — Oona Chaplin, Eugène Lourié e Jerry Epstein — e de conversar com elas sobre o filme. Sou grato a muitos amigos, fãs do artista que pesquisaram por conta própria a influência do teatro de revista em Chaplin e *Luzes da ribalta*, em especial Barry Anthony, Alice Artzt, Kevin Brownlow, Dave Crump, Bryony Dixon, Lisa Haven, Ono Hiroyuki, Dan Kamin, Bruce Lawton, Steve Massa, Hooman Mehran, Glenn Mitchell e Frank Scheide. O registro extraordinário de A. J. Marriot sobre a carreira teatral de Chaplin, *Chaplin Stage by Stage*, é uma fonte vital. Devemos, todos nós, ser gratos a gerações de historiadores do teatro de revista e aos jornalistas e ilustradores do século XIX que deixaram uma documentação vívida do teatro de suas épocas. Quando Chaplin celebrou o tema em *Luzes da ribalta*, a tradição singular do balé nos teatros de Leicester Square estava esquecida havia tempos. Ao longo das duas últimas décadas, esse momento excêntrico da cultura teatral britânica foi, enfim, honrado pelos estudos apaixonados de Ivor Guest, Jane Pritchard e Alexandra Carter. O relato de Joseph Donohue sobre a batalha dos moralistas contra a renovação da licença do Empire em 1894 é indispensável para qualquer estudo envolvendo as tumultuosas relações da arte e da sociedade em geral.

A maior parte das ilustrações deste livro é do Chaplin Archive. Agradecemos a Andriy Yatsenko, de Kiev, por permitir a reimpressão das duas fascinantes imagens de Nijinski (páginas 14 e 16) de sua coleção. As imagens nas páginas 11, 25, 96, 146, 150-3, 158, 164-8, 172, 175, 180-2, 184-93 e 204 são de minha coleção particular.

D.R.

para Claire Bloom

SUMÁRIO

Prefácio 7

FOOTLIGHTS
de Charles Chaplin

A evolução de uma história 11

Footlights 31
"A história de Calvero" 89

O MUNDO DE *LUZES DA RIBALTA*
por David Robinson

Sacudindo a árvore 101
Do roteiro para a tela 115
A Londres de *Luzes da ribalta* 143
O teatro de revista dos Chaplin 159
Os balés de Leicester Square 181
Retrato de família 197
Epílogo 205

Notas 211
Créditos 216
Cronologia 217
Bibliografia 219

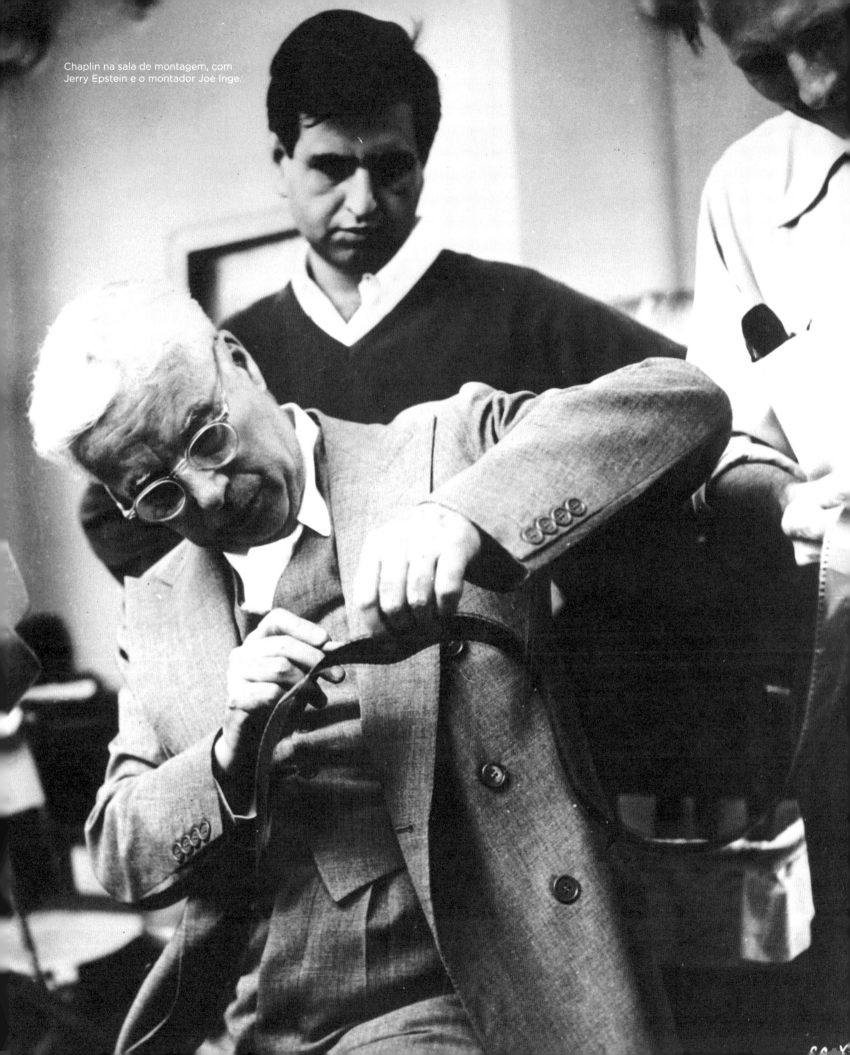
Chaplin na sala de montagem, com Jerry Epstein e o montador Joe Inge.

PREFÁCIO

Em 2 de agosto de 1952, Charles Chaplin organizou uma pré-estreia de seu novo filme, *Luzes da ribalta* [*Limelight*], no Paramount Studio Theatre, em Hollywood. Todos os duzentos assentos estavam ocupados. A lista de convidados não está mais disponível, mas, como é de imaginar, eram pessoas que ele ainda considerava amigos naquela época difícil — entre eles, David Selznick, Ronald Colman, Humphrey Bogart, a sra. Clark Gable (viúva de Douglas Fairbanks) e também as celebridades Doris Duke, "a menina mais rica do mundo", e o juiz Ferdinand Pecora, "o monstro de Wall Street". Havia também diversas "senhoras e senhores de idade que trabalharam com Chaplin desde *Em busca do ouro*, em 1924". Chaplin conduziu os convidados educadamente para o interior da sala e então se sentou à mesa de som, onde permaneceu ao longo de toda a projeção. Quando o filme terminou, o público se levantou com entusiasmados clamores de "Bravo!". Chaplin, com alívio evidente, agradeceu: "Eu estava apavorado. Vocês foram as primeiras pessoas no mundo a assistir ao filme. A duração foi de duas horas e trinta minutos; não quero abusar ainda mais do tempo de vocês, mas quero dizer 'obrigado'". "E Chaplin não conseguiu ir além", escreveu o colunista e produtor Sidney Skolsky:

Uma mulher na plateia disse: "Não, não! Obrigada a *você*", e então outros convidados repetiram essas palavras para Chaplin [...]. De alguma maneira, acho que é essa a essência de *Luzes da ribalta*. Não importa que algumas pessoas achem bom e outras achem ótimo. Não se trata de gradação. Não é um filme qualquer feito por um homem comum. É um formidável pacote de história e emoção em celuloide, e acredito que todos que tenham interesse genuíno por cinema dirão "Obrigado".

Naquele dia, nenhum dos presentes tinha ideia de que era o adeus de Chaplin a Hollywood. Seis semanas depois, ele zarpou para a Europa, também sem saber que estava se despedindo para sempre de sua casa, de seu estúdio e do país ao qual pertenceu por quatro décadas, tanto em espírito quanto como profissional.

Skolsky escreveu sua resenha logo depois da exibição e já tinha reconhecido parte da qualidade única de *Luzes da ribalta* — "um formidável pacote de história e emoção em celuloide". Mas era muito mais do que isso. A situação pessoal e o isolamento público de Chaplin na América da Guerra Fria, combinados com sua fortuita reinvenção como homem de família, tornaram profundamente introspectivos os três anos durante os quais ele se dedicou ao filme. Ele retomou ideias antigas das quais gostava muito e que tinha deixado de lado durante uma década (em um mundo dilacerado por conflitos armados e pela Guerra Fria) para lidar com as questões mais urgentes de *O grande ditador* e *Monsieur Verdoux*. Para a ambientação, inspirou-se na Londres e nos teatros de revista de seus primeiros anos de carreira, um período mágico em que se libertou das privações da infância para descobrir, aos poucos, seus talentos incomparáveis como artista e comunicador. Mas tal retrospecto acarretou também memórias da dolorosa insegurança de um garoto sem escolarização e sem bagagem cultural lançado no mundo do sucesso. Ele reviu os destinos infelizes de seus pais, que subiram aos palcos do teatro de revista com as mesmas esperanças e otimismo juvenis, mas sucumbiram à doença e ao alcoolismo. Isso o levou a especular sobre as relações íntimas de ambos e a reconsiderar as histórias de infidelidade e abandono que ouviu com tanta frequência. Então, depois disso, ele se voltou para sua própria situação ambígua nos Estados Unidos de meados do século xx. De um lado, a felicidade imensa e o mistério de estar casado com uma esposa 36 anos mais nova e o crescimento veloz de uma nova família. Do outro, o pior pesadelo de um artista — a perda de seu público.

Isso, por si só, não é algo extraordinário. Todo trabalho criativo é gerado pela personalidade, experiência, relacionamentos e memórias característicos do autor, mesmo que a trajetória fenomenal de Chaplin dos trapos ao topo tenha lhe oferecido uma fonte mais rica desses quesitos do que a maioria dos humanos consegue acumular. Mas, neste caso, existe uma diferença crucial para os historiadores e críticos. Ao analisar a história de uma obra de arte — livro, fotografia, peça, filme, música —, nossas fontes, em geral, se limitam à obra em si e ao conhecimento biográfico sobre o criador. Entretanto, no caso de Chaplin, temos um registro íntimo em primeira mão de seus processos criativos, a trabalhosa compilação de uma grande massa de ideias e emoções díspares em um amigável conjunto de arquivos prontos para consumo público: suas ideias preciosas — um colaborador comentou que sua mente era "como um sótão" e que lá "tudo estava guardado para o caso de algum dia ser útil". Ele tomava notas sem parar, nem sempre de maneira legível. Quando estava envolvido em um projeto, ditava suas ideias, dia após dia, para secretárias exaustas que precisavam acompanhar o ritmo de revisões, exclusões, adições e divagações constantes.

É claro que muitos autores trabalham com processos evolutivos semelhantes. A diferença é que eles têm lixeiras. O próprio Chaplin, dizem, não tinha nenhum interesse em guardar rascunhos velhos e películas remanescentes, e não hesitava em descartar o que não considerava relevante. Mas havia sempre alguém por perto — secretárias dedicadas; seu irmão, Sydney; seu meio-irmão, Wheeler — que venerava a inventividade de Chaplin e resgatava essa documentação. Assim, pilhas de papel — rascunhos à mão, textos datilografados revisados, tratamentos de roteiros abarrotados de notas e observações — se acumulavam nas prateleiras do estúdio, ao lado dos organizados arquivos administrativos. Por um milagre, o material sobreviveu ao fechamento do estúdio de Hollywood e foi transferido para a Suíça. Lá, foi empacotado com papel pardo, amarrado com barbante e etiquetado com diligência pela admirável assistente de Chaplin, Rachel Ford. Durante mais de meio século, permaneceu em Le Manoir de Ban, em Corsier-sur-Vevey — onde Chaplin foi morar depois de sair dos Estados Unidos —, sem sofrer grandes danos por umidade em um porão dois andares abaixo da superfície. Foi ali que o organizador deste livro viu os arquivos pela primeira vez. Eram estimulantes, mas representavam um trabalho árduo, graças aos nós de escoteira da srta. Ford e às definições vagas de seu sistema de classificação.

Hoje, a fé dos acumuladores do estúdio e a dedicação da srta. Ford tiveram uma redenção gloriosa com a criação do Charlie Chaplin Archive, graças à colaboração da Association Chaplin e da Cineteca di Bologna. Os documentos foram transferidos do porão para as instalações de preservação mais sofisticadas de Montreux. Tudo foi digitalizado e está disponível para todos os interessados. Os atuais guardiões dessa herança fenomenal, sob a generosa e vigilante tutela da família Chaplin, são Kate Guyonvarch, da Association Chaplin, e Cecilia Cenciarelli, responsável pelo Progetto Chaplin.

Essa fonte sem precedentes e a possibilidade de análise minuciosa oferecida pelo acesso digital permitem-nos testemunhar, como nunca antes, o processo criativo de Chaplin. Podemos observá-lo investigando suas memórias e lutando ao selecionar, moldar e organizar incidentes e ideias para criar uma narrativa coerente. Nesse quesito, *Luzes da ribalta* foi um projeto único, pois representou uma exploração profunda das lembranças, sentimentos e fatos de uma vida inteira. Talvez tenha sido por isso que ele criou, a princípio, não um roteiro, e sim a extensa novela *Footlights*,* com o apêndice "A história de Calvero", publicados aqui pela primeira vez — a verdadeira *raison d'être* deste livro. Deles, Chaplin extraiu um roteiro que passou por diversas versões antes de ser transferido para a tela. Apenas quando o filme estava terminado ele acrescentou as três frases introdutórias, na melhor tradição do cinema mudo, que resumem com elegância a essência que sua obra tinha alcançado:

O glamour das luzes da ribalta, que a velhice deve abandonar quando a juventude entra em cena.

Uma história sobre uma bailarina e um palhaço...

Londres, um fim de tarde no verão de 1914.

O material complementar deste volume investiga a realidade documental do mundo que Chaplin recriou a partir de suas memórias e imortalizou para o futuro — Londres e o teatro de revista no fim de uma era, o início da Primeira Guerra Mundial.

David Robinson

---

* *Footlights*, o título da novela, traduz-se literalmente por "luzes da ribalta" (as luzes da fileira de refletores que fica ao nível do piso do palco, entre este e a orquestra). Em inglês, o termo tem ainda uma segunda acepção: teatro enquanto profissão. O título do filme, porém, *Limelight*, significa luz oxídrica (ou luz de Drummond), um tipo de iluminação usada antigamente nos teatros e salas de música. Uma vez que o filme tenha se consagrado no Brasil como *Luzes da ribalta*, optou-se por usar o título original da novela nesta edição. (N. E.)

Charles Chaplin

FOOTLIGHTS

Chaplin como Monsieur Verdoux: um soturno retrato fora de cena, da coleção de Robert Florey, provavelmente tirado por ele.

A EVOLUÇÃO DE UMA HISTÓRIA

Na filmografia de Chaplin, *Luzes da ribalta* veio depois de *Monsieur Verdoux*, o filme que o ocupou desde sua concepção, em novembro de 1942, até a estreia mundial, em 11 de abril de 1947. Nesse período do pós-guerra sua relação com o país que escolheu para viver se deteriorou muito por causa do crescimento da paranoia da Guerra Fria e do início do macarthismo. Chaplin, um estrangeiro de destaque, logo se tornou alvo do Federal Bureau of Investigation e uma espécie de aversão particular para o chefe da organização, John Edgar Hoover. O FBI foi o único responsável pela mise-en-scène de um processo de paternidade vergonhoso iniciado em nome de Joan Barry, ex-namorada de Chaplin que sofria de distúrbios mentais. O caso se arrastou por dois anos e meio (1943-5) e diversas sessões no tribunal; a última delas terminou com a rejeição draconiana dos testes sanguíneos que provavam sem sombra de dúvida a impossibilidade de Chaplin ser o pai da criança de Joan. A exposição provocada pelo caso resultou em sérios danos à reputação de Chaplin diante da classe média formadora de opinião do país e deixou um clima favorável a ataques políticos, que se intensificariam com o lançamento de *Monsieur Verdoux*. Mais uma vez, a semente foi plantada pelo FBI, que, durante anos, desconfiou da popularidade de Chaplin entre os intelectuais de esquerda e se dedicou a tentar flagrá-lo — inevitavelmente sem sucesso — fazendo contribuições financeiras para causas comunistas. Porém, mesmo que a missão de conseguir provas sobre conexões políticas indesejáveis tenha sido um fracasso quase completo, o FBI fazia questão de fornecer informações que considerava incriminadoras (como uma resenha favorável publicada no *Pravda* em 1923) para determinados jornalistas e colunistas de direita especializados em fofoca, como Walter Winchell e Hedda Hopper.

O próprio Chaplin só daria conta da eficácia dessa campanha na coletiva de imprensa no dia seguinte à es-

A manchete desta notícia sobre a resposta de Chaplin ao Comitê de Atividades Antiamericanas o descreve com pessimismo como uma "*ex-estrela* de cinema".

treia de *Monsieur Verdoux*. O evento foi dominado por um representante da organização Catholic War Veterans, James W. Fay, que se recusou a falar sobre o filme e, em vez disso, interrogou Chaplin sobre suas inclinações políticas e patriotismo, objetando com agressividade contra sua afirmação de ser "um patriota da humanidade como um todo: sou um cidadão do mundo". O ataque de Fay foi intensificado por apoiadores plantados estrategicamente na plateia e, apesar de Chaplin ter respondido com desenvoltura e honestidade e ter sido defendido com paixão (mesmo que com certa inconsistência) pelo crítico James Agee, o dano estava feito. Em seguida, o congressista John E. Rankin exigiu a deportação de Chaplin. Ele foi intimado a comparecer diante do Comitê de Atividades Antiamericanas, mas a intimação foi adiada várias vezes e, por fim, cancelada — sem dúvida, o Comitê reconheceu que Chaplin teria sido uma testemunha articulada demais. No fim de 1947, a organização Catholic War Veterans fazia protestos contra seus filmes e continuava a exigir que os departamentos de Justiça e do Estado investigassem Chaplin e providenciassem sua deportação.

Nesses anos dolorosos, Chaplin teve pelo menos a recompensa de um relacionamento amoroso que se provaria mais feliz e duradouro do que todos os anteriores. No momento em que o processo de Joan Barry começava, ele conheceu e se casou com Oona O'Neill, então com dezoito anos, filha do dramaturgo americano Eugene O'Neill e 36 anos mais nova do que ele. O primeiro filho do casal foi uma menina, Geraldine Leigh, que nasceu em 1944; o segundo foi Michael John, nascido em 1946.

Oona Chaplin com os filhos Geraldine (7 anos, à esquerda), Michael (5), Josephine (2) e Victoria (nos braços de Oona), no verão de 1951.

E havia o consolo do trabalho: Chaplin nunca parou de pensar em histórias. Naquele momento de sua vida, a escolha de uma temática ambientada do mundo teatral de sua juventude — os teatros de revista nos quais a família trabalhou e onde ele se tornou uma estrela antes de o cinema descobri-lo — pode parecer, a princípio, um regresso nostálgico diante de um presente ameaçador. Contudo, havia aspectos mais sombrios na história. Seu protagonista, Calvero, é um palhaço que perdeu a capacidade de envolver seu público; rejeitado, esse homem excessivamente introspectivo afunda em depressão, alcoolismo e problemas de saúde. O próprio Chaplin, nos Estados Unidos da Guerra Fria, tinha consciência de que uma parte considerável de seu público o abandonara. A sensação de perda da plateia deve ter ressuscitado a memória do pesadelo de 23 de dezembro de 1907,[1] quando ele, um esperançoso adolescente de dezoito anos, arriscou uma apresentação como "Sam Cohen: O comediante judeu" diante do público quase todo judaico no Foresters' Music Hall, no distrito Bethnal Green. A plateia dos teatros de revista podia ser muito hostil:

> Depois das primeiras piadas, as pessoas começaram a jogar moedas e cascas de laranja, a bater o pé e a vaiar. No começo, não entendi o que estava acontecendo. Então, o horror da situação penetrou minha mente [...]. Quando saí do palco, não esperei para ouvir a sentença da gerência: fui direto para o camarim, tirei a maquiagem, fui embora do teatro e nunca mais voltei, nem mesmo para buscar minhas partituras.[2]

Desde então e até o fim da vida ele ficou desconfortável de se apresentar diante da plateia, apesar de seu imenso sucesso nos palcos com a companhia Fred Karno. *Luzes da ribalta* é muitas vezes um angustiado estudo da relação de um artista com seu público, de um autor com sua obra. Quando Thereza questiona Calvero, "Mas você disse que odeia o teatro", ele responde: "É mesmo. Odeio ver sangue — mas ele corre em minhas veias". Inseparável da história sobre o trabalho com a arte está a história do amor entre um homem com seus sessenta anos e uma dançarina ingênua quase quarenta anos mais nova. Aqui também seria impossível para Chaplin não projetar suas reflexões pessoais sobre o próprio casamento.

Um público agressivo no camarote de um music hall londrino nos anos 1890.

Paradoxalmente, mesmo que *Luzes da ribalta* pareça refletir a situação pessoal de Chaplin ao explorar tais temas no fim dos anos 1940, a história vinha sendo gestada havia décadas. A improvável semente pode ter sido o encontro de Chaplin com o bailarino Vaslav Nijinski, que deixou uma marca profunda em ambos. Chaplin, com 27 anos, era cinco semanas mais novo do que o dançarino.[3] Ele dedicou duas páginas de sua autobiografia, *Minha vida*, para a ocasião:

> Nijinski também visitou o estúdio, acompanhado por membros do Balé Russo. Era um homem sério, muito bonito, com maçãs do rosto proeminentes e olhos tristes; passava a impressão de ser um monge à paisana. Estávamos filmando *O balneário*. Ele se sentou atrás da câmera, me observando

Em contraste com a aparência descontraída de Nijinski fora dos palcos, este retrato raro, tirado por volta da época em que ele se juntou a Diaguilev, oferece um vislumbre das qualidades que encantaram Chaplin: "hipnótico, celestial... sugeria emoções de outros mundos".

aprimorar uma cena que eu achava engraçada, mas não sorriu. Apesar de as outras pessoas no set terem rido, Nijinski ficou ali sentado, parecendo cada vez mais soturno. Antes de ir embora, ele veio até mim e me cumprimentou. Com sua voz pouco sonora, disse que apreciava muito meu trabalho e perguntou se poderia vir mais vezes. "É claro", eu disse. Ele voltou nos dois dias seguintes e ficou me vigiando com aquele ar sombrio. Na última visita, orientei o operador de câmera a não colocar o negativo, sabendo que a presença lúgubre de Nijinski arruinaria minhas tentativas de ser engraçado. Ainda assim, no final de cada dia ele me elogiava. "Sua comédia é um balé, você é um dançarino",[4] ele disse.

Eu ainda não tinha assistido ao Balé Russo; aliás, nunca tinha visto nenhum balé. Mas, no fim daquela semana, fui convidado para a matinê.

No teatro, fui recebido por Diaguilev — um homem cheio de vida e entusiasmo. Ele pediu desculpas por não ter o programa, que achava ser o que mais me agradaria.

"É uma pena que não seja *L'Après-midi d'un faune*", ele disse. "Creio que o senhor teria gostado." No mesmo instante, ele se virou para o contrarregra. "Diga a Nijinski que faremos o *Faune* depois do intervalo, para Carlitos."

O primeiro balé foi *Scheherazade*. Minha reação foi mais ou menos negativa... Mas o próximo foi um pas de deux com Nijinski. Na hora em que ele apareceu, fiquei eletrizado. Vi poucos gênios neste mundo, e Nijinski foi um deles. Era hipnótico, celestial... sugeria emoções de outros mundos; cada movimento era poesia, cada salto era uma elevação a devaneios inusitados.

Nijinski pediu que Chaplin fosse levado a seu camarim. De acordo com o relato de Chaplin, a conversa, conforme Nijinski se preparava para o papel do fauno, foi banal — mas o bailarino não permitia que ele saísse. Não parecia preocupado em deixar o público esperando. Enfim, Chaplin insistiu para voltar a seu assento e *L'Après midi d'un faune* continuou.

Ninguém jamais se igualou a Nijinski [...]. O mundo místico que ele criou, o trágico invisível, à espreita nas sombras da amabilidade pastoril enquanto ele se deslocava por seus mistérios, um deus de tristeza ardente — ele transmitia tudo isso com alguns gestos simples e nenhum esforço aparente.

Vaslav Nijinski em visita ao Chaplin Studio, em 27, 28 ou 29 de dezembro de 1916. Chaplin e Eric Campbell (o homem alto à esquerda de Nijinski) estão com os figurinos de *Rua da paz*.

É fácil enxergar a identificação que deve ter existido entre os dois artistas, mas é difícil entender por que a memória de Chaplin, no geral caracterizada por uma precisão assustadora, foi tão falha nessa ocasião. O Balé Russo esteve em Los Angeles na última semana de dezembro de 1916 — a primeira apresentação foi na noite de Natal. Chaplin disse que estava filmando *O balneário*, mas não estava; as fotografias da visita de Nijinski ao estúdio provam que o filme em produção era *Rua da paz*. Chaplin descreve o encontro com Diaguilev no teatro Clune's Auditorium. Mas Diaguilev não esteve lá. Ele já tinha levado a companhia de dança para os Estados Unidos naquele ano, sem Nijinski; quando o balé voltou para a turnê de inverno, Diaguilev não quis enfrentar outra viagem em tempos de guerra, e Nijinski foi promovido a diretor artístico para a turnê inteira.[5] Imprecisões dessa escala fazem com que seja difícil acreditar no resto. Será que Nijinski, como principal responsável pela turnê, poderia ficar longe do teatro por três dias para visitar o estúdio? Parece ainda mais improvável que a companhia pudesse improvisar e incluir um balé extra de repente, para homenagear Chaplin.

Ainda assim, provas circunstanciais fortalecem outros momentos do relato de Chaplin. Ele especifica que foi convidado para a matinê no fim da semana; de fato houve uma única matinê, e foi no fim da semana, em 30 de dezembro, sábado, às 14h30. De acordo com o folheto do programa, o fenomenal *Scheherazade* veio por último, e não, como ele diz, no começo. (Há um belo tributo em *Luzes da ribalta*; um balé visto por alguns instantes no Empire Theatre parece ser um pastiche de *Scheherazade*.) Era o espetáculo final da turnê — não haveria apresentação à noite —, portanto era possível que excepcionalmente a companhia fizesse um número adicional na conclusão do programa. Se acreditarmos nessa hipótese, pode ser uma explicação para Nijinski ter mantido Chaplin ocupado com uma conversa "banal" — para prolongar o que seria um intervalo imprevisto e dar tempo para os outros dançarinos e para a equipe de palco se prepararem.

"Seis meses depois, Nijinski enlouqueceu", acrescentou Chaplin. "Havia sinais naquela tarde no camarim, quando ele deixou o público esperando." De fato, foi na volta da turnê americana que Nijinski recebeu o diagnóstico de esquizofrenia, que, dentro de um ano, pôs fim à sua carreira de dançarino. O colapso de Nijinski decerto comoveu Chaplin, que, quando criança, teve um contato perturbadoramente próximo com a insanidade. Duas décadas depois, ele se entregou ao trabalho de costurar a magia e a tragédia da história do dançarino em um enredo para um filme. Através de um processo evolutivo demorado, mas lógico, isso acabaria por levar a *Luzes da ribalta*.

Nijinski em *Scheherazade* (1911).

Em *Sunnyside* (1919), paródia de Chaplin a *L'Après-midi d'un faune*, de Nijinski.

Depois do lançamento de *Tempos modernos* e de uma subsequente turnê mundial na companhia de Paulette Goddard, Chaplin voltou à Califórnia em 3 de junho de 1936 e logo começou a trabalhar em um novo projeto a ser estrelado por Paulette. Era evidente que ele queria prestar-lhe a mesma homenagem que prestara a Edna Purviance quando criou para ela o papel central de *Casamento ou luxo*, em 1923. Já na viagem de volta, ele escreveu 10 mil palavras de *Stowaway*, a história de uma condessa bielorussa exilada que trabalhava como garota de programa em Shanghai, enredo que ressurgiria trinta anos depois como *A condessa de Hong Kong*. No ano seguinte, ele voltou a se dedicar ao seu estimado projeto sobre Napoleão, mas deixou-o em segundo plano para trabalhar com Ronald Bodley[6] em uma adaptação do romance *Regency*, de D. L. Murray. Em 25 de maio de 1937, ele informou sua secretária, srta. Hunter, que agora *Regency* "havia sido posto de lado e que ele tinha uma ideia de uma história moderna para o filme de Paulette". É de presumir que foi nessa época que ele trabalhou no projeto sobre o dançarino. Sua fascinação por Nijinski tinha, sem dúvida, sido reacesa em 1934, com o surgimento da biografia de Romola Nijinski sobre o marido, e em 1937, quando ela publicou uma versão editada dos diários escritos por ele. Ambos os livros atraíram muita cobertura da imprensa e era inevitável que Chaplin soubesse deles. Muitos incidentes em suas várias anotações e rascunhos podem ter sido inspirados por esses livros, enquanto a temática persistente da esposa socialite pode ser um reflexo das impressões de Chaplin sobre a aristocrática Romola de Pulszki, que se casara com Nijinski em 1913, criando uma fissura irreparável entre o bailarino e Diaguilev.

As versões progressivas de Chaplin para a história do dançarino foram, na maioria, escritas à mão, e algumas páginas estão fora de ordem — talvez deslocadas de pro-

De um álbum de fotografias tiradas na extensa turnê de Chaplin e Paulette Goddard em 1936 : (abaixo) Cingapura; (ao lado) a bordo do *SS Presidente Coolidge*.

A EVOLUÇÃO DE UMA HISTÓRIA

pósito de um rascunho a outro ao longo das revisões. Devemos ser muito gratos a Kate Guyonvarch e a Lisa Stein Haven por terem transcrito trechos imensos da letra difícil de Chaplin e dado alguma ordem aos inúmeros rascunhos e fragmentos. Ao longo desses textos, nomes de personagens mudam, às vezes dentro da mesma narrativa. Alguns rascunhos são anotações resumidas e apressadas; outros têm diálogos completos. O protagonista, sempre um dançarino genial, aparece com nomes diferentes em versões diferentes — Neo, Tamerlain, Tamerlan, Tamerlin, Kana, Najinski, Naginski e até Nijinski. Na versão em que o personagem principal se chama Neo, o nome Tamerlin foi dado ao mentor.

Certas temáticas e cenas estão presentes em todas as variações da história. O protagonista é sempre um grande dançarino que chegou a determinada idade (por volta dos 35 anos) em que passa a temer o desaparecimento de sua genialidade. Quase sempre tem uma esposa da alta

19

sociedade que se casou com ele por causa da fama, mas fica entediada com sua dedicação à arte e é infiel. Está nas mãos de um empresário explorador, sempre irritado com seu temperamento e planejando em segredo substituí-lo por uma estrela mais jovem, em ascensão. Na maioria das vezes, seu confidente é um assistente de figurino, um ex-dançarino ou ex-cantor com quem ele pode conversar com mais sinceridade do que com os outros (um papel feito sob medida para o fiel ator coadjuvante de Chaplin, Henry Bergman).[7] O protagonista sempre confia demais, é generoso demais e tolera demais as infidelidades da esposa. É sempre bondoso com os artistas que perderam a glória e enfrentam tempos difíceis. Para as pessoas à sua volta, sua obsessão pela própria arte muitas vezes parece beirar a loucura. O preço a se pagar por sua genialidade é a solidão, o isolamento daqueles que não conseguem compartilhar sua arte e obsessão. O papel feito para Paulette é o de uma jovem que pode oferecer o amor e o acolhimento sem interesses que ele tanto quer. Embora esse seja "o filme de Paulette Goddard", o personagem dominante em todas as versões é o fenomenal dançarino.

Apesar de ser uma jornada penosa, é interessante tentar acompanhar a evolução da história do dançarino, pois revela a batalha criativa de Chaplin e a improvável metamorfose que levaria a *Luzes da ribalta*. O que parece ser a tentativa mais recente começa sem rodeios: "Era uma vez um dançarino maravilhoso que conheceu uma bela donzela em uma festa e, como ela ansiava por se unir ao balé, ele prometeu dar-lhe uma audição". Ela se junta ao corpo de baile e com o tempo o bailarino identificado apenas como T se apaixona pela moça, D. Isso é motivo de grande tristeza para outra dançarina, Ann, que o ama em segredo. Porém a alpinista social D logo abandona T; enquanto isso, Ann cai de amores por um "rapaz bondoso e limpinho". T, agora percebendo seu próprio amor por Ann, torna-se mal-humorado e agressivo. T e Ann dançam juntos: a cena de amor entre os dois é arrebatadora. T sai do palco com um magnífico salto, que o faz aterrissar face a face com o noivo de Ann, que está na coxia. T agarra a goela do rapaz com intenção assassina e é arrancado de cima dele com muito esforço, enquanto o público, sem saber de nada, aplaude em êxtase. T volta para curvar-se em agradecimento. "Quando a cortina se fechou, ele foi para o camarim sem dizer uma palavra."

Uma cronologia exata das histórias que vieram depois desse início contundente — de algumas das quais restaram apenas fragmentos — é mera especulação.

1. *A história com Neo*

Neo é a brilhante estrela do Balé Imperial. Sua esposa toma conta de todos os aspectos de sua vida e é sua porta-voz. Certo dia, Tamerlin, seu professor e ex-dançarino do Império russo, pede que ele faça uma audição para Dorothy, uma jovem de família rica que se interessa por dança. A princípio, Neo diz que ela é bonita demais, envolvida demais na alta sociedade, mas, depois de conhecê-la e descobrir sua imensa dedicação, fica interessado…

2. *A primeira história com Tamerlain*

Tamerlain, o grande dançarino do National Ballet, é casado com Viola, uma socialite enérgica que busca persuadir amigos ricos a patrocinar a "alta cultura no mundo moderno". Um de seus amigos abastados comenta sobre o casamento: "Viola, tolinha, uma coisa é fazer parcerias com esse tipo de gente, outra coisa é se casar com eles". O amor entre os dois não é romântico — ambos estão interessados demais na carreira dele…

3. *A segunda história com Tamerlain*

Aqui se apresenta a primeira sugestão sobre a assexualidade de Tamerlain; sua esposa é frustrada pelo fato de ele buscar apenas o conforto de um amor platônico:

> Tamerlain tentou explicar à esposa que tudo o que ele queria era carinho e compreensão, e, em recompensa, faria todo e qualquer sacrifício pela felicidade dela. Seriam felizes, ele declarou, se ela pudesse entender que sexo era muito distante

Anotações escritas à mão por Chaplin, aparentemente um rascunho para a terceira história com Tamerlain. É provável que a palavra *"important"* nas linhas 3 e 4, seja uma grafia incorreta de *"impotent"*, em referência à assexualidade de Tamerlain.

Tamerlane who is a ballet dancer work devotes all his energy to his art, and as a consequence he becomes impotent. Because of his ~~his impotent~~ beauty wife. ~~her~~ affair which draws him almost to a state of insanity. To ~~not~~ escape from himself he work harder. and as a consequence he is caught in a vicious circuit. ~~He is depressed and lonely~~

His wife's unfaithfulness makes his depression and lonely, and ~~his~~ after ~~his~~ overhearing his ~~wife~~ tell Sonya, the influence of the ~~Ball~~ of her plans to divorce him, he go out into the night intending to commit ~~suicide~~ but just ~~in~~ interrun when he meets a prostitute, a young girl ~~who~~ with a cheery disposition who is fed up with men, and life in general, but in spite of her profession she is by nature of a happy disposition

Paulette Goddard em uma aula de dança com Theodore Kosloff (1882-1956). O *premier danseur*, ao lado de Nijinski nos primeiros anos do Balé Russo de Diaguilev, se mudou para os Estados Unidos para formar a própria companhia. Levado a Hollywood por Cecil B. DeMille a pedido de sua sobrinha adolescente, Agnes (cuja futura carreira na dança seria muito influenciada por ele), Kosloff se tornou um proeminente ator de personagens excêntricos em filmes mudos.

de um amor sublime, espiritual, um amor como o que uma mãe tem pelo filho ou um pai pela filha.

Ele tentou explicar que o amor que tinha por ela era tão grande que ele faria qualquer sacrifício: ela poderia fazer o que bem entendesse para se satisfazer, desde que fosse discreta.

A esposa fazia questão de se vangloriar da própria infidelidade para o mundo. Ela era a causa da tristeza de Tamerlain, mas, quando seus amigos o aconselhavam a se livrar dela, "É fácil falar, difícil é fazer", respondia T. "[...] sem ela, a vida seria muito solitária. Ainda não posso me separar dela. Preciso de tempo para me acostumar com a solidão."

4. *A terceira história com Tamerlain*

Essa, até onde é possível reconstruir com coesão, é a mais longa e mais aprimorada de todas as versões, com extensos trechos de diálogo — às vezes, inclusive, com reescritas alternativas. Tamerlain, estrela do balé, dedica toda sua energia para a arte. Mas, apesar de sua genialidade como dançarino, ele é perseguido por uma sensação de inferioridade social e intelectual. Era filho de um sapateiro:[8]

> Nascido em circunstâncias humildes, não teve o privilégio de uma educação acadêmica. Considerava tal fato um obstáculo intransponível [...]. Sua tragédia era que seu sentimento intenso pela vida, sua voracidade por amor e beleza, só podia se expressar pela dança. Na vida real, era tímido e inarticulado, vítima do mau humor daqueles que não entendiam seu temperamento e as excentricidades de um gênio. Mas era um sujeito simples; seu espírito era tenro, amável e gentil, e ele tinha bons motivos para justificar sua índole.

Em parte por causa da insegurança social, ele se casou com uma socialite atraente, Genevieve, mas a persistente infidelidade da esposa, em especial com John Harcourt, financeiro de Wall Street, quase o leva à insanidade. Para sublimar seu desespero, ele mergulha ainda mais no trabalho. Em uma festa, ele entreouve que Genevieve planeja pedir o divórcio. Vai embora e caminha pela noite com intenções suicidas, mas, em vez disso, encontra uma jovem abandonada dormindo sob um arbusto no Central Park. Ela conta que fugiu de casa após sofrer abusos nas mãos do padrasto, logo depois da morte da mãe. Ela tinha acabado de sair da prisão, onde esteve por ter roubado comida, já que não podia comprar por se recusar a sobreviver de prostituição. Era agora uma sem-teto, desiludida com a vida, mas ainda assim de uma alegria irrepreensível. No geral, o roteiro se refere a ela como "Paulette" ou "Peater" (claramente um erro de ortografia de "Peter", o apelido que Chaplin deu a Paulette Goddard).

Tamerlain reconhece uma alma gêmea — "alguma coisa em você faz eu me sentir menos sozinho nesta vida". Eles decidem se esconder juntos na casa de campo de um amigo compositor, Otto, ao qual Tamerlain explica:

> Será uma grande aventura vê-la desabrochar [...] restabelecê-la de alguma maneira. Acho que ela vale a pena [...]. Ela é bastante solitária de um jeito muito simples, assim como eu; ela precisa viver com alguém, assim como eu. Ela precisa de

amor, não no sentido bestial, mas no espiritual, assim como eu. Ela precisa de carinho e de solidariedade, assim como eu.

O empresário Sargo segue Tamerlain até a casa de campo e usa Paulette para persuadi-lo a voltar ao balé. A fim de agradar Tamerlain, Sargo dá a Paulette um pequeno papel no corpo de baile.

"Entram montagens para denotar a passagem do tempo e que a vida no balé se tornou uma rotina sem surpresas." Paulette demonstra talento como dançarina e Tamerlain percebe que ela está tentando resistir ao amor cada vez maior que sente por um jovem bailarino em ascensão, Carloff: "Ele ama você. Eu vi nos olhos dele. Não como eu, e sim com um amor que é mais adequado para a vida". A felicidade que ele próprio ofereceu a ela, explica, "foi em um mundo de ideais, algo que deixamos para trás. Agora estamos em um mundo de realidade".

Mais tarde, Carloff diz a Paulette que teme pela sanidade de Tamerlain. Ela chora. "Eu sei." Tamerlain está perdendo seu dom, ele não ensaia mais, e a bilheteria do teatro está decaindo. Sargo conversa com ele e Tamerlain admite que "Carloff está começando a florescer como um grande artista, e eu já passei do meu tempo. Eu não devia ter voltado. Você sabe disso". Em segredo e sob as ordens de Sargo, Carloff começa a ensaiar para assumir os grandes números de Tamerlain. Apesar de ter sido avisado por seu assistente de figurino, Petroff, Tamerlain é orgulhoso e ingênuo demais para reconhecer a conspiração e chega até a ajudar Carloff a aperfeiçoar os passos. Para sabotar Tamerlain ainda mais, Sargo organiza o programa de forma que o dançarino termine a apresentação com dois números de altíssima dificuldade — um deles, *Le Spectre de la rose*.[9] Ignorando os avisos de Petroff, Tamerlain insiste em executar os números e é carregado do palco em estado de exaustão.

Não está claro exatamente como Chaplin teria concluído essa história, mas é possível que Tamerlain morresse nos bastidores, ao som de aplausos triunfais, assim como viria a acontecer com Calvero em *Luzes da ribalta*.

Há referências óbvias a Nijinski. Na plateia, uma família conversa sobre o balé:

"Eu gostaria de assistir ao *L'Après-midi d'un faune*, mas, por alguma razão, mamãe não deixa. Por que não, mamãe querida?"

"Você pode assistir na Filarmônica, mas não permito que veja aqui."

"Mas, mamãe querida, é de grande beleza. A parte do sexo é secundária."

"Não use uma palavra dessas."

Mais uma vez, a carência emocional de Tamerlain não é sexual, e sim derivada da solidão, da necessidade de ter companhia. Ele não ama a esposa, "mas, se eu me separar dela, ficarei ainda mais solitário". De novo,

Eu não peço muito. Um amigo ou dois, uma companheira que entenda um pouco o acolhimento de que todos nós precisamos. Cuidado e devoção que possam ser compartilhados no silêncio de duas mãos unidas ou de algumas palavras [...]. Estar perto de alguém que tenha bondade e solidariedade, como uma fogueira alegre em uma noite de inverno que espanta a frieza da solidão. São pessoas como essas que nos fazem sentir o calor da vida, que nos fazem menos sozinhos, mas que são difíceis de encontrar. Imagino que todos nós busquemos isso. É por isso que damos duro e trabalhamos tanto. Aqueles que nunca conseguiram encontrar algo assim são os que mais têm sucesso neste mundo...

O que sou eu nessa vida? Não sei. Não sou homem, mulher ou animal [...]. Um artista? O que é isso? Um homem que vive de seus sentimentos — que, mais cedo ou mais tarde, o devoram.

5. *A história com Nijinski*

Trata-se de um fragmento intitulado "Sugestão". Paulette tem um passado: ela tinha sido "uma garota em uma casa de encontros carnais". Depois de ela estar com a companhia de balé por seis meses, Digaloff descobre isso — provavelmente por meio da esposa de Nijinski, que se recusa a assinar o divórcio. Nijinski defende Paulette. Ela diz que vai abandonar o balé, mas Nijinski afirma que vai com ela. "Gênio, bah! Não passa de uma tortura para a alma." Paulette insiste que ele deve ficar — "A sua vida é aqui, com o Balé Russo" —, mas ela precisa ir embora.

Aqui parece haver um hiato no desenvolvimento da história sobre o dançarino, que acaba por se estender durante uma década. A partir de 7 de outubro de 1937, os relatórios diários do estúdio deixam de mencionar o "filme de Paulette", mas registram que Chaplin estava trabalhando no roteiro da produção 6, que, com o tempo, se tornaria *O grande ditador*. Não é de surpreender que essa ideia eclipsaria a história que ainda não funcionava. Ao mesmo tempo, a decisão pode ter refletido o fato de que as vidas pessoais e profissionais de Chaplin e Paulette estavam se distanciando. Ambiciosa e impaciente demais para esperar pela próxima produção de Chaplin, Paulette começou a buscar outros interesses, de todos os tipos. Em 2 de outubro de 1937, fez um teste de cena para o papel de Scarlett O'Hara em *...E o vento levou*. Chaplin, com sua velha amiga Constance Collier, providenciara uma bolsa de estudos especial para Paulette, mas ela não se mostrou uma estudante muito dedicada. No início de 1938, eles estavam em praias muito diferentes: enquanto Paulette descansava em Palm Beach, na Flórida, Chaplin estava do outro lado dos Estados Unidos, em Pebble Beach, na Califórnia, conhecendo novos colaboradores e planejando *O grande ditador*. O projeto de Paulette, a história do dançarino, ficou esquecido naquela época.

Entretanto, depois de *Monsieur Verdoux*, ele estava mais uma vez em busca de uma história e, na semana de 14 de agosto de 1947, começou a ditar ideias para uma secretária do estúdio, Jean Wood.[10] O mais provável é que nesse momento ele tenha retomado a história do dançarino. O resultado, a história de Naginski, é uma reelaboração da versão mais desenvolvida de Tamerlain, e talvez já tivesse sido começada nos anos 1930. De qualquer forma, sabe-se que Chaplin estava mais uma vez trabalhando nesse manuscrito nos últimos anos da década de 1940, pois as emendas e os acréscimos foram muitas vezes escritos com uma caneta esferográfica, que ainda era novidade: a Biro foi disponibilizada no mercado apenas a partir de 1945.

6. *A história com Naginski*

Nessa versão, não há um papel principal feminino que se adequaria a Paulette Goddard. O rascunho começa com a declaração: "O tema da peça é uma carreira, não é a realização dos desejos de um homem, apenas uma estrada que o leva ao seu destino". Mais uma vez — em palavras que ressurgiriam na caracterização do protagonista de *Luzes da ribalta* na abertura de "A história de Calvero" — as primeiras páginas estabelecem a insegurança social e intelectual de Naginski:

Naginski, o respeitável gênio do Balé Russo, era um homem simples, tímido e inarticulado, vindo de origens humildes. Era filho de um sapateiro pobre, que não pôde dar-lhe a educação que ele queria. Por isso, Naginski se tornou acanhado e hesitante sempre que tentava se expressar, pois sabia dos problemas que tinha com a gramática e detestava o som da própria voz, carente de melodia, áspera e grosseira.

Esses defeitos o atormentavam e afetavam tanto sua personalidade que as pessoas que ele conhecia no dia a dia o consideravam um indivíduo ríspido, que nunca falava muito e com quem era difícil de conviver. Mas ele tinha grande capacidade de oferecer amor e amizade e era, em sua essência, gentil e atencioso.

Para compensar o que ele enxergava como defeito, Naginski se casa com uma socialite de Nova York e, no começo, a ama com sinceridade. Porém, ele logo percebe que ela está interessada apenas em explorar o glamour de seu nome, e não pode lhe oferecer a paz e a cumplicidade de um lar que ele tanto deseja. Ele busca a companhia de pessoas simples, evitando homens bem-sucedidos "rígidos e metálicos". Em festas, ele desconcerta os convidados ao falar sobre conversas tidas com árvores e vacas.

Ao mesmo tempo, conforme o relacionamento com a esposa gananciosa e esnobe se deteriora, ele tem problemas com o empresário do teatro, Daghaloff, que quer que ele faça números de dança mais acrobáticos e sensacionais — dentre os quais, *L'Après-midi d'un faune* e *Le Spectre de la rose*. Em paralelo, o empresário planeja dar os papéis de Naginski a um jovem dançarino iniciante, Massin, que o substituirá por ele estar ficando velho demais.[11] Daghaloff detesta a generosidade compulsiva que Naginski oferece a dançarinos que passaram da idade. Entre eles está um personagem que herdou o nome das versões anteriores da história, Carloff. Agora velho e alcoólatra, "ele ainda acha que é a prima-dona de vinte anos atrás". Sua incompetência arruína uma apresentação de Naginski, a quem ele insulta e o chama de arrogante. Ainda assim, Naginski defende que ele deve ficar na companhia e se oferece para pagar seu salário: "Eu também detesto o sujeito, mas ele foi um grande dançarino, um artista; foram seus passos que me inspiraram, quando menino, a querer fazer balé".

Início das anotações de Chaplin para a história de Carlitos.

Musot was once a famous balleth dancer. until he became. to old. Then he joined a Circus and became. a clown. And a very funny. one. at that.. The only trouble. was that in order to be funny, he had to take a drink. or two so that he could loose. his self. conciousness.

Because there was something austere in his manner., due. possibly to. his early training as a. ballall. dancer., he. could never warm up to an audience without taking a. drink.

This was quite harmless at first because. it took so little to make. him feel. unconcious; but as. he. went on time. went by the drinking increased. until. he. became an. harbual. drunkard. He. could not be. funny. without being. completely let up.

Chaplin finalmente encontrou um desfecho:

Conforme a imagem surge gradualmente, o balé está em pleno andamento [...]. De repente, a orquestra faz um estrondo. Então, silêncio. O palco escurece devagar e os bailarinos seguem para o segundo plano, abrindo caminho para a entrada de Naginski, símbolo do relâmpago de verão. Outro estrondo e Naginski[12] faz um salto magnífico para o centro do palco. Em tons de meia-luz, ele realiza com destreza um sublime número solo, saltando para sair de cena da mesma maneira que entrou. Aplausos estrondosos vêm em seguida. Naginski faz muitas reverências e a cortina se fecha para finalizar o primeiro ato do Balé Russo.

Da bambolina, a câmera filma de cima para baixo, mostrando o enxame de dançarinos se dispersando em todas as direções.

N[aginski]

Solidão está na vida, não na morte. A morte não é nada, mas o nada é tudo, é o tudo de nós. Não se aproxime de mim! Sinto a ânsia de regressar ao desejo perpétuo das coisas.

Ele salta pela janela para a própria morte.

FIM

Porém, a história do dançarino ainda não estava funcionando. Por causa da eliminação de qualquer personagem para Paulette, Naginski ficou sem nenhuma relação central construtiva. Um problema ainda maior era que não havia nenhum papel óbvio para o próprio Chaplin. Com quase sessenta anos, nem mesmo ele conseguiria assumir sem dificuldade o papel de um bailarino fenomenal com trinta e poucos anos. Entretanto, em algum momento — talvez nos anos 1930, pois a moça ainda aparece identificada como "Peter" (ou seja, Paulette) — Chaplin começou a pensar em uma história ambientada em um circo ou vaudevile, o que poderia lhe garantir um papel como um palhaço mais velho.

7. *A história com Carlitos*

Carlitos foi um bailarino muito famoso, até ficar velho demais. Assim, ele se juntou a um circo e se tornou palhaço — e

um palhaço muito engraçado. O único problema era que, para ser cômico, ele precisava beber um ou dois drinques para silenciar a autocrítica [...]. Conforme o tempo passava, ele bebia cada vez mais, até se tornar um alcoólatra inveterado.

Como os outros protagonistas das várias histórias envolvendo o balé, Carlitos é generoso, mas grosseiro. Tem uma esposa bonita e muito mais nova: um palhaço idoso, no leito de morte, conseguiu que Carlitos prometesse adotar sua filha órfã e então se casar com ela quando a menina tivesse idade suficiente — promessa que ele manteve. Ele ama a esposa com toda a sinceridade, apesar de saber que o sentimento dela por ele é de respeito e afeição, mas não amor.

O que sobrou do manuscrito termina aqui, mas a história é mais desenvolvida em...

8. *A paixão do Vaudevile*

Era para ser uma história de época: os membros do vaudevile discutem o advento do cinema e se conformam com o fato de que não passa de uma moda passageira. Um velho palhaço — papel de Chaplin, claro, pois o argumento se refere a ele como Charlie — criou a filha de seu antigo parceiro e amigo, que era alcoólatra e faleceu quando a menina ainda era um bebê. Conforme cresceu, a menina, chamada Peter, passa a fazer parte do número de Charlie. Já adulta, ela declara seu amor por ele e os dois se casam: "Ela é a colombina e ele é o palhaço". Porém, com o tempo,

ela sente satisfação plena quando está no palco, uma harmonia que não existe na vida real. Tenta explicar isso a ele, mas ele não entende o que ela quer dizer e não dá importância... Ela sente uma grande carência e, conforme o tempo se torna um peso, ela entra em depressão...

Então, eles participam de uma turnê com um grupo vaudevile que inclui um cantor jovem e atraente. Conforme a turnê prossegue, os dois se apaixonam, mas Peter resiste e eles se afastam. Depois, eles se encontram outra vez em uma turnê de vinte semanas.

Infelizmente, a sinopse não chega a uma conclusão, porém fica claro que temos mais uma vez a situação de Tamerlane, cuja protegida — que ele ama, e o amor é recíproco — se apaixona com intensidade por um artista mais jovem, situação que será, por fim, retratada no triângulo entre Calvero, Thereza e Neville em *Luzes da ribalta*.

É perceptível que a mudança do balé para o vaudevile trouxe de volta à mente de Chaplin outro projeto para Paulette, ao qual tinha se dedicado por um período breve nos anos 1930. Tratava-se de…

9. *A história com a trupe Ganolph*

O brutamontes alemão Ganolph comanda uma trupe vaudevile de meninos acrobatas: dois são seus próprios filhos e os outros seis foram recrutados de orfanatos ou de famílias miseráveis. Então, ele adota uma menina — a órfã Paulette, "uma criaturinha esquálida e subnutrida, com traços marcantes e olhos que reluzem como ametistas". Além de ensaiar para participar dos números, Paulette ajuda Frau Ganolph nas tarefas domésticas do dia a dia. Quando a esposa morre, Ganolph se torna cada vez mais sádico com Paulette, intencionalmente derrubando-a de cabeça durante uma apresentação.

A trupe Ganolph foi revivida para uma única cena em "A paixão do vaudevile", quando Paulette e Charlie protestam contra o tratamento inadequado oferecido às crianças. A temática das crianças acrobatas foi um fascínio duradouro para Charlie: a ideia é explorada em dois outros tratamentos em arquivo, sem data, nos quais o líder austero da trupe muda de nome, para Freuler e Bergman. Todas as versões do roteiro de *Luzes da ribalta* incluem uma cena breve de uma trupe acrobata alemã cujo chefe pune o menino mais novo. A cena chegou a ser filmada, mas não foi incluída no corte final do filme (ver pp. 169 e 173).

A solução final de Chaplin foi combinar o balé e o vaudevile e, assim, utilizar o melhor de dois mundos que o fascinavam. Ele conseguiu tal feito em uma tacada só, ao mudar a ambientação em Paris e Nova York daquela época e deixar o Balé Russo de lado para ir a Londres de 1914. Nas três décadas que precederam a Primeira Guerra Mundial, uma combinação única de vaudevile com balé tinha florescido nos dois grandes teatros de revista da Leicester Square — o Empire e o Alhambra. Esse fenômeno históri-

Os Skerbecks, crianças acrobatas do século XIX, em 1890.

co permitiu que Chaplin unisse uma estrela do balé (agora uma mulher) alçando o voo do sucesso com um velho palhaço enfrentando o fracasso e a morte. "Tamerlain" foi a base para o enredo central do homem que resgata uma jovem e do amor recíproco que ele renega quando vê a atração dela por um homem mais novo, assim como de toda a ideia do artista de palco batalhando para não perder sua arte e seu público. Até mesmo a infidelidade da primeira esposa de Tamerlain tem certo peso subliminar em *Luzes da ribalta*. Chaplin tinha conseguido sua história.

O início oficial do trabalho no projeto foi em 13 de setembro de 1948, com a atribuição de Lee Cobin como secretária. A característica distinta do trabalho de Chaplin em

NOTES.

After the corner house scene with Neville and Terry, a scene to be written. It is to be the nite before the opening in Calvero's apt. They talk about the acre of ground and the flowers and that he is really through with the theatre, doesn't want any part of it, etc. Talk about rehearsals and that they're going good. Tomorrow is opening night. This is in order to state the fact that he still wants the farm, etc.

> CALVERO
> You know, an artist knows when he's finished.
> He has too much good taste to continue when
> he know's he's through.

The more aware of life, the less funny it is.

The more aware you are of life, the more difficult it is
to be funny.

There's a moment when you know you're through-- when every artist knows he's through. ~~If he has any spiritual integrity.~~

The muses are very stubborn. You can't force them.

sincerity is always short lived.

Luzes da ribalta é que ele optou por começar a história não como um argumento ou roteiro convencional, e sim na forma de uma novela de 34 mil palavras, *Footlights*, complementada por uma "biografia" de 5 mil palavras sobre o herói, Calvero, narrando sua vida antes do início da história no filme. Poucas versões anteriores desse texto mais curto foram encontradas no arquivo, o que sugere que ela foi ditada com muito mais rapidez e facilidade do que a história principal, e nunca foi considerada parte do filme em si. Isso contrasta com outro texto de apoio, "A história de Terry Ambrose", que em determinado momento teve uma existência separada, mas que foi, enfim, incorporado na íntegra à novela principal. Desde a concepção inicial de *Footlights*, a história pregressa de Terry Ambrose, da infância à tentativa de suicídio que marca o início verdadeiro do enredo de *Luzes da ribalta*, ficou no mesmo lugar e mudou muito pouco como o momento inicial tanto da novela quanto do roteiro cinematográfico. Permaneceu no roteiro de produção e foi filmada na íntegra, mas no fim foi eliminada por completo do filme.

O estilo literário de Chaplin é único e inimitavelmente seu, e não passou por nenhuma edição.[13] E aqui está ele, acima de qualquer visualização funcional de um futuro roteiro de cinema. Ele consegue, sem advertência, variar entre um coloquial ousado e descrições imagéticas deslumbrantes, como quando o devastado Calvero observa, "sem forças, as profundezas do rio dissimulado, que deslizava como um fantasma com vida própria", parecendo abrir "um sorriso satânico para ele conforme refletia a miríade salpicada de luzes da lua e das lamparinas ao longo da margem". Há um eco de sua própria infância em Kennington na personagem de Thereza quando criança, que tem aversão a parques — "os gramados melancólicos e desamparados, e as pessoas que se sentavam sobre eles, eram os cemitérios vivos daqueles que abandonaram as esperanças e dos indigentes".

O autodidata confesso tem um prazer nítido com palavras sofisticadas ou esquisitas; ele mantinha um dicionário consigo e decidira aprender uma nova palavra todo dia: matraqueado, selênico, eflorescente, fanfarronar e — até o fim da vida, sua favorita e multifuncional — inefável. Sua dedicação vitalícia a Charles Dickens deixou uma marca inconfundível nas descrições ricamente evocativas da Londres na época das pantomimas e de Henley-on-Thames em uma tarde de verão.

(acima) Chaplin trabalha no roteiro. Suas elegantes roupas de passeio e as flores ao fundo sugerem que a fotografia tenha sido tirada em sua casa, portanto é muito provável que a colaboradora seja Lee Cobin, que sofreu bastante ao longo da concepção de *Footlights* e de *Luzes da ribalta*. Uma candidata menos provável é a assistente de roteiro Cora Palmatier, que também teve papel essencial no projeto. Não existem retratos das duas que possam confirmar suas identidades.

(página anterior) Anotações de ideias para diálogos que não foram usadas.

Várias versões de *Footlights* sobreviveram nos arquivos. A transcrição a seguir é da que parece ser a mais recente, já com algumas mudanças de tempo verbal ("diz" em vez de "disse", por exemplo) em um adiantamento da transição da novela para o roteiro. Mudanças das versões anteriores são, em sua maioria, correções gramaticais ou melhoras nos tempos verbais; nenhuma ação significativa foi cortada entre elas. As notas datilografadas, os rascunhos e os roteiros têm inúmeras grafias incorretas ("mergulhado sobre um livro") e equívocos nos nomes (Daley's Theatre, em vez de Daly's; Jenet em vez de Genée; Holbein Empire no lugar de Holborn Empire). A maior parte deles (exceto Jenet, que pode ter sido proposital) foi corrigida discretamente na transcrição atual: não parecia fazer sentido perpetuar os erros perdoáveis dos estenógrafos da Hollywood de meados do século xx, mesmo que o próprio Chaplin não os tenha visto ou se dado ao trabalho de corrigi-los.

David Robinson

FOOTLIGHTS

by

Charles Chaplin

SYMPHONY

As the amber glow of London summer twilight was turning into dusk, and lighted street lamps became bolder in the purple shadows, Terry Ambrose was sinking out of life; sinking to the accompaniment of a small poverty-stricken room, in one of the back streets of Soho.

A window lit the room and high-lighted the paleness of her face, as it lay upturned on a pillow, a little over the edge of an old iron bed.

FOOTLIGHTS

SINFONIA

Na penumbra do pôr do sol, conforme a luz dos postes de Londres se tornava mais atrevida contra o céu amarelo-alaranjado, Thereza Ambrose, moça de dezenove anos, esvaía-se de vida, afundando no crepúsculo de um quarto pequeno e miserável nas ruelas do Soho.

Uma janela iluminou o aposento e destacou seus traços pálidos sobre o travesseiro; ela estava deitada de costas, um pouco para fora da beirada de uma velha cama de ferro. Uma cascata de cabelos castanhos descia pelo travesseiro, emoldurando o rosto angelical, agora calmo, exceto pela boca, que tremia de vez em quando. Símbolos clássicos de tragédia se espalhavam pelo quarto: um frasco vazio de comprimidos para dormir no chão, o sibilar de um jato de gás.

A cena era contrastada por um realejo na rua, que entoava com alegria uma das músicas populares daqueles tempos, em ritmo de valsa:

> *Why did I leave my little back room*
> *In Blooms... bur... y...*
> *Where I could live on a pound a week*
> *In lux... ur... y...* *

Ao som desse acompanhamento matraqueado, a vida solitária e angustiada de Thereza Ambrose desvanecia.

Tinha sido uma vida estranha, repleta de frustrações, cujas circunstâncias sórdidas foram impostas a uma criança sensível, ainda em idade tenra e vulnerável. Ela era esquisita e amuada, características em parte herdadas, mas acentuadas por acontecimentos trágicos e um passado familiar incomum.

Seu pai, Charles Ambrose, era tuberculoso, quarto filho de um nobre inglês. Aos dezesseis anos, Charles fugiu de Eton e cruzou o mar, voltando depois de muitos anos de uma vida precária para se casar com a mãe de Terry, uma humilde criada na casa de sua venerável família, que nunca o perdoou.

Charles Ambrose demonstrava certo talento para a poesia, mas seu senso de realidade era digno de pena. Em sua inocência, acreditava que, ao contribuir com versos e ensaios para determinadas revistas, poderia sustentar uma família. Porém, tal noção foi logo estilhaçada e ele foi forçado a fazer trabalhos paralelos — às vezes, emboçamento de paredes, mas só de vez em quando, pois a cal na argamassa era devastadora para seus pulmões.

Quando Terry tinha sete anos, seu pai morreu. Assim, o fardo de sustentar a família passou para a mãe, uma costureira, mulher simples que na juventude foi de uma beleza extraordinária, mas que agora, depois de anos de pobreza e responsabilidade, era quase inexistente.

A família, que agora era apenas a sua mãe e sua irmã, Louise, morava em um apartamento de sala e quarto em um dos becos que saíam da Shaftesbury Avenue. A irmã de Terry era uma menina de dezessete anos, bonita e gentil, que trabalhava na papelaria Sardou & Company. O salário ínfimo que ela ganhava era inteiro para ajudar no sustento da família.

Quando Terry tinha sete anos, entregava vestidos para as clientes de sua mãe. Era uma seleção inusitada de pessoas,

---

* *Por que abandonei meu quartinho de fundo/ Em Bloomsbury/ Onde eu podia viver a uma libra por semana/ Com luxo.* (N. T.)

(página anterior) Página inicial de um dos primeiros rascunhos de *Footlights*, com anotações de Chaplin e (em taquigrafia) Lee Cobin.

desde uma prostituta até a esposa de um pároco. Apesar de a menina não se dar conta das diferenças sociais, percebia que cada uma tinha suas próprias peculiaridades. E que a prostituta, em vez de pedir para Terry esperar dentro da casa, deixava-a na soleira, e aparecia sempre com o cabelo desgrenhado, os lábios inchados e o rosto vermelho. Ela pegava o vestido e então, com um gesto discreto, entregava a Terry uma garrafa, pedindo para ela correr até o pub da esquina e buscar um quarto de uísque, serviço pelo qual Terry recebia alguns centavos e depois era mandada embora. Ela desenvolveu asco por garrafas, pois, quando recebia alguma daquela senhora, estava sempre quente e úmida por causa do calor de sua mão.

Conforme ficou mais velha e mais consciente da superioridade de sua família paterna e da simplicidade da materna, Terry oscilou entre humildade e orgulho. Tornou-se calada e distraída; passou a ir sozinha aos parques da cidade para ficar sentada por horas, imersa em pensamentos. Às vezes passava uma freira e sorria para ela. Nas profundezas de sua infelicidade, ela cogitou várias vezes em se tornar uma. Quando adulta, evitava parques por causa das lembranças da infância — os gramados melancólicos e desamparados, e as pessoas que se sentavam sobre eles, eram os cemitérios vivos daqueles que abandonaram as esperanças e dos indigentes.

Apesar de desejar companhia, era raro ela se tornar amiga de outras crianças, pois era dolorosamente tímida. Além disso, nunca permanecia em um bairro por tempo suficiente para se aproximar dos outros; a família estava sempre de mudança.

A doença repentina da mãe afetou Terry e Louise de modo irreversível. A sra. Ambrose trabalhava sem descanso em sua máquina de costura e já tinha reclamado de fadiga extrema. Ao ser examinada por um médico, foi mandada ao hospital no mesmo instante para uma grande cirurgia.

Essa mudança inesperada foi uma calamidade, pois agora a única fonte de sustento era o parco salário de Louise. Ainda assim, por mais inadequado que fosse, foi o que as manteve. Porém, até mesmo isso logo desapareceria, pois Louise perdeu o emprego e não conseguiu encontrar outro. O dinheiro acabou. Mais aluguéis atrasaram e havia cada vez menos objetos penhoráveis. Elas passaram fome.

Então, algo aconteceu. Uma semana antes de a sra. Ambrose voltar do hospital, Terry percebeu uma melhoria súbita: pacotes de mantimentos e guloseimas que ela nunca tinha visto apareciam na mesa; os itens penhorados voltaram para casa; uma faxineira veio e limpou a casa. E houve outra surpresa agradável: sapatos novos foram comprados para Terry, que não precisou continuar com o decrépito par de segunda mão que lhe fora dado pela esposa do pároco havia tanto tempo.

Com o regresso da mãe, Terry ficou muito contente. Passou a conviver mais com as outras crianças do bairro. Apesar de algumas serem dois ou três anos mais velhas, elas muitas vezes a incluíam em suas perambulações vespertinas pela luxuosa Piccadilly — era uma turma de cinco ou seis meninas, que se amontoavam nas vitrines das confeitarias, olhando desejosas para os bolos e tortas francesas; na delicatéssen, admiravam com curiosidade gastronômica as cabeças de porco e as línguas bovinas preparadas com gelatina; nas lojas de chapéus femininos, se acotovelavam e davam risadas dos sorrisos banais nas cabeças de cera nas quais os chapéus eram exibidos.

Vez ou outra, as risadinhas cessavam e um silêncio espantado tomava conta quando uma prostituta parava para olhar a vitrine. Às vezes, elas seguiam a moça a uma distância respeitosa e a observavam conseguir um cliente, o que divertia as meninas mais velhas e confundia Terry, ainda ignorante dos fatos sórdidos da vida. Mas ela logo aprendeu sobre eles com as amigas, conhecimento que a entristeceu e assustou.

Foi logo depois, quando esses fatos ainda eram recentes em sua cabeça, que ela se tornou vítima de uma revelação mais chocante, cujo resultado a magoou profundamente e deixou uma ferida psicológica que a influenciaria pelo resto da vida.

Aconteceu em um dos passeios por Piccadilly. Terry e suas amigas tinham parado para brincar perto das vitrines de uma loja de departamentos, quando, em um grande espelho, Terry — para seu horror — viu a irmã passar. No mesmo instante soube o motivo. Viu no jeito que Louise caminhava, a esmo, com certo constrangimento. Viu na expressão perdida, a mesma que tinha visto no rosto das outras mulheres. O repugnante momento de compreensão abalou seu coração.

Agora ela entendia as coisas tão vagas e intrigantes que apareciam em casa e de onde vinham as comidas especiais, os sapatos novos, a faxineira e os outros confortos. Agora ela entendia por que a mãe chorava tanto e parecia tão doente e infeliz. Suas amigas estavam ocupadas demais em outra vitrine para ver a irmã de Terry, mas Terry viu! Ficou ali parada, petrificada, olhando para ela, enquanto Louise passou sem vê-la. Uma das meninas reparou que Terry estava pálida e trêmula.

"Qual é o problema?", a amiga perguntou.

Mas Terry não respondeu. Ela se virou outra vez para a vitrine, fingindo interesse pelas peças à mostra. Apontou para um objeto, os olhos banhados em lágrimas. Então, incapaz de continuar qualquer fingimento, cobriu o rosto e chorou. As amigas tentaram puxar suas mãos e perguntar o que estava errado, mas Terry não se abriria. Elas desistiram, sem entender. Então, uma delas olhou para a calçada adiante e viu Louise. "Ei, ali está sua irmã!", ela disse.

"É mesmo!", comentou a outra.

As meninas mais velhas começaram a rir baixinho, porém logo pararam. Então, houve um silêncio, e elas olharam umas para as outras. Terry, chorando de vergonha e humilhação, se virou de repente e correu.

Correu e chorou, correu e chorou.

Quando chegou em casa, se sentou na calçada até não conseguir chorar mais. Entrou. Tentou passar despercebida e ir direto para a cama, mas a mãe a chamou.

"Terry?"

"Sim."

"Venha cá."

"Estou cansada, mamãe. Quero dormir."

"Venha cá", insistiu a mãe.

Sem pressa, Terry se aproximou dela.

"Onde você estava?"

"Em lugar nenhum. Só passeando."

Ela levantou o rosto de Terry. "Você andou chorando."

"Não", ela respondeu, evitando os olhos inquisitivos da mãe.

"Deixe disso, conte para sua mãe… Qual é o problema?"

"Acabei de ver Louise."

"Onde?"

Os lábios de Terry começaram a tremer. "Eu não sei… Esqueci…" De repente, ela caiu de joelhos e, enterrando o rosto no colo da mãe, chorou histericamente.

Uma calma resoluta tomou conta da mãe e uma expressão indecifrável surgiu em seus olhos tristes. "Pronto, pron-

to, filha, passou… Pare de chorar", ela disse, resignada, com a voz inexpressiva. "Pare de chorar agora e vá para a cama."

No amanhecer, quando a chave de Louise girou na fechadura, a sra. Ambrose estava acordada, chorando em silêncio.

Quando Terry tinha dez anos, sua mãe morreu. Ao mesmo tempo, ocorreu outra mudança: Louise se tornou amante de um sul-americano e tinha um apartamento pequeno e luxuoso em Bayswater. Ela assumira a guarda de Terry, que agora vivia em circunstâncias não tão desmoralizadoras quanto era de imaginar, pois tinha sido matriculada em um colégio interno privado e só voltava para casa nas férias. E, quando o fazia, não via nada de imoral na vida da irmã. Para todas as aparências, Louise vivia sozinha e com tranquilidade.

Terry foi levada a uma apresentação de balé e, desde então, seu maior desejo foi se tornar dançarina. Louise pagou pelas aulas. A poesia do movimento parecia preencher a carência e satisfazer a natureza melancólica de Terry.

Depois de terminar a escola, ela se juntou ao corpo de baile do Empire Ballet. O Empire Theatre, em Leicester Square, dividia seus espetáculos entre balé e vaudevile; o balé durava uma hora e o restante da diversão consistia em malabaristas, animais treinados e palhaços. Um ano depois de Terry se estabelecer ali, Louise deixou a Inglaterra para morar na América do Sul. Durante algum tempo, ela se correspondeu bastante com Terry, mas, conforme os meses passaram, a frequência das cartas diminuiu cada vez mais, até que Terry nunca mais teve notícias dela.

Enquanto isso, no Empire, Terry progrediu com sua dança. Ela parecia ter, enfim, se encontrado. Aos dezoito anos, era graciosa, uma madona alva como a luz da lua e com olhos grandes e tristes, bem separados. Sua beleza selênica complementava a dança e logo ela começou a chamar a atenção. Já estudava para se tornar a *première danseuse*.

Desde a saída de Louise da Inglaterra, Terry pensava cada vez mais na irmã. Acreditava que devia a ela tudo o que tinha conquistado. A gratidão de Terry cresceu até beirar o fanatismo, mas era sempre acompanhada por culpa e humilhação. Pensar no passado de Louise se tornou uma obsessão para Terry. Aquilo a assombrava e gerou uma condição psicótica que se manifestou na forma de uma doença, o que deu um fim repentino à sua carreira…

Aconteceu no teatro, durante a apresentação da tarde, quando ela estava pronta para subir ao palco. Todos ficaram chocados, pois, na noite em que ela foi acometida, parecia estar com a saúde perfeita. Ela estava sentada na coxia, onde as moças do balé e outros artistas ficavam antes de se apresentar, quando Guno, o adestrador de cães, chegou. Era um homem rude e repulsivo com cerca de quarenta anos, conhecido por sua obscenidade e por assediar as mulheres. Depois de alguns comentários indecorosos sobre as meninas, ele se voltou para Terry: "Você tem uma irmã chamada Louise, não tem?".

A pergunta congelou Terry e, antes que ela pudesse responder, ele continuou.

"Eu conheço sua irmã. Conheço faz tempo, muito antes de ela se acertar neste mundo… Quando ela costumava aparecer no American Bar. Estou certo?", ele disse, com um sorriso de quem sabia do que estava falando.

Terry não conseguiu responder. Ela concordou com a cabeça, com um quase sorriso, arrebatada por uma sensação de enjoo, pois todas as moças estavam olhando.

"Que garota!", ele continuou, em tom ambíguo. "Eu a via sempre no Leicester Lounge. Ela costumava me contar sobre a irmãzinha mais nova… Sobre como ela era uma boa dançarina."

Terry não conseguiu fazer nada além de olhar para ele. Se pudesse evaporar e desaparecer… O horror do que ele diria a seguir era agonizante. Mas a tensão foi aliviada pelo contrarregra, que anunciou: "Senhoritas do balé, por favor".

Quando Terry passou por ele ao seguir para o palco, ele sussurrou, como se fosse uma piada: "É melhor você ser boazinha comigo". Antes de entrar, ela foi tomada por uma câimbra violenta e repentina, e desfaleceu.

No hospital, foi diagnosticada com febre reumática, mas os médicos não tinham certeza. Ainda assim, disseram que ela só poderia dançar de novo dali a um ano. Quando Terry recebeu essa notícia, ficou indiferente e, de certa maneira, até agradecida. Aquilo era uma fuga do teatro e da multidão de olhos que a cercaram na coxia naquela noite, que a isolaram, despiram-na e a expuseram. Depois de se recuperar, ela decidiu procurar outro tipo de trabalho. Foi mais do que coincidência ter encontrado uma vaga na Sardou, onde Louise tinha trabalhado. Apesar de trazer à tona lembranças tristes, ela ficou satisfeita, pois tinha um desejo masoquista[1] de se penitenciar por si mesma e pela irmã.

Ao deixar o hospital, por coincidência ela passou pela papelaria e viu um cartaz na vitrine: "Precisa-se de atenden-

te". O sr. Sardou já a conhecia e, depois de uma entrevista cordial, ela foi contratada.

A Sardou & Company, papelaria e loja de brinquedos, ficava no centro do Soho. Era um estabelecimento pequeno, abarrotado e cheio de pilhas de jornais, revistas, materiais de escritório e outros itens sortidos. A loja era apertada e opressiva, sempre com um cheiro pungente de tinta, artigos de couro e esmalte de brinquedo. Mas Terry não se incomodava; ela se sentia abrigada e protegida.

A papelaria era apenas o sr. Sardou, não existia o "company" do nome. E, apesar de seus 67 anos, o sr. Sardou administrava a loja com energia incansável. Era gentil e muito sério; ocupava cada minuto de seu tempo todos os dias e tomava providências para que o tempo de Terry também estivesse sendo aproveitado. Ali, ela trabalhava das sete da manhã até as sete da noite, recebendo os clientes. Terry conversava com eles, era sempre educada e fazia o máximo possível para agradá-los. Ainda assim, era muito eficiente e sabia onde estavam todos os itens, até melhor do que o sr. Sardou.

Foi graças a ele ter esquecido onde ficavam as partituras que ela atendeu Ernest Neville, um jovem músico. Ela não teria notado o rapaz se não fosse pelo fato de, naquele momento, a loja estar cheia de clientes à espera e um sujeito ter tentado passar na frente dele. Ele sorriu, agradecido, quando ela ignorou educadamente a grosseria do recém-chegado e o atendeu primeiro. A partir desse momento, ela o atendeu com frequência.

O sr. Neville tinha pouco mais de trinta anos, com cabelo preto, espesso e rente, mas que já crescia nas têmporas. Seus olhos eram azuis e fundos, refletindo uma vivacidade interior; sua boca era firme, parecia prestes a sorrir. Ele tinha mais de um metro e oitenta, e sua postura era um pouco curvada.

Ele nunca fofocava ou socializava, como era hábito dos outros clientes. Terry também não, claro. Os olhos dela quase nunca cruzavam com os dele, exceto para lhe perguntar o que desejava e entregar a mercadoria antes de ele ir embora. Ainda assim, apesar da austeridade do rapaz, existia alguma coisa nele digna de pena. Havia dias em que ele parecia magro e abatido, ocasiões em que ela desconfiava que ele não tinha se alimentado e que estava gastando seus últimos centavos para comprar partituras. Ela incluía folhas extras com frequência. Uma vez, devolveu mais troco do que o devido e desconfiou que ele tinha percebido, por causa da vermelhidão que surgiu em suas bochechas pálidas.

Terry descobriu que ele morava no quarto superior da casa no outro lado da rua. Quando ela se debruçava para olhar pela janela da loja e se inclinava um pouquinho para a esquerda, podia ver sua luz tremeluzindo de noite. Pela senhora que fazia faxina na casa, ela descobriu que seu nome era Ernest Neville e que ele era compositor.

Ela pensava muito nele. Com frequência, nas noites de verão depois do expediente, passava por sua casa. Quando a janela do quarto estava aberta, ela podia ouvi-lo tocar o piano, reproduzindo passagens musicais repetidas vezes. Às vezes, ele tocava melodias longas e brilhantes, e ela ficava na soleira da porta ouvindo. Depois, caminhava para casa sentindo uma estranha excitação misturada com melancolia.

Então, Terry não o viu por duas semanas. A faxineira contou que ele esteve doente e que credores tinham vindo tomar o piano. Quando ele, enfim, visitou a loja, parecia pálido e magro, e pediu dois xelins de partituras orquestrais grandes, tirando do bolso uma moeda, que depositou sobre o balcão com relutância.

Terry sentiu que aquela era sua última moeda. Ela pôde perceber isso em seus olhos famintos, nas bochechas desbotadas e fundas, na camisa gasta, nas roupas puídas. Se ela tivesse coragem, lhe emprestaria dinheiro — o salário do mês todo. Poderia pedir emprestado ao sr. Sardou. Mas ali, com ele à sua frente, ficou constrangida, envergonhada demais para oferecer aquilo.

Depois de ouvir o que ele queria, ela se virou de repente e se inclinou para a prateleira com as partituras. Conforme contava, olhou para o escritório dos fundos. O sr. Sardou estava ocupado. Ela acrescentou rapidamente várias folhas extras e então se levantou, apressada. Fez o pacote, nervosa ao enrolar e envolver com barbante, que seus dedos ágeis amarraram e cortaram. Eficiente, entregou o pacote a Neville. Ele estava prestes a ir embora, mas ela o chamou. "Espere um momento, por favor. Você esqueceu o troco."

Ele se virou e pareceu intrigado. "Deve haver algum engano", disse.

"Não, está aqui no balcão", ela respondeu no mesmo instante, apontando para onde ele tinha deixado o dinheiro.

O rosto dele ficou vermelho e ele não se mexeu, indeciso.

De repente, Terry se deu conta de que tinha sido uma tola e criado uma situação ridícula. Mas não havia como desfazê-la. Para piorar o problema, o sr. Sardou veio do escritório dos fundos.

"Posso oferecer alguma ajuda?", ele perguntou, dirigindo-se ao jovem compositor.

Neville hesitou. "Parece que houve um mal-entendido."

"Mal-entendido?"

O rosto de Terry empalideceu. "Não, não", ela se esquivou no mesmo instante, soando quase agressiva. "O cavalheiro pediu três xelins em partituras e se esqueceu do troco de dois xelins." Houve um momento em que Terry ficou linda, com a postura ereta e obstinada na meia-luz.

Neville tinha certeza de que Terry estava enganada, mas insistir apenas acentuaria o constrangimento da moça. Por isso, ele aceitou o dinheiro.

"Nosso lema", disse o sr. Sardou enquanto Neville pegava os dois xelins, "é que o cliente tem sempre razão. Mas não neste caso. Haha!"

Neville sorriu e foi embora.

Assim que ele partiu, o sr. Sardou se virou para Terry. "Quanto ele deu, uma moeda de cinco xelins?"

Sem pensar, ela fez que sim.

E o sr. Sardou se deu por satisfeito. Porém, no escritório dos fundos, pensou melhor no assunto. O comportamento de Terry tinha sido muito peculiar. Se o cliente lhe dera uma moeda de cinco xelins, estaria na gaveta da caixa registradora. Para ter certeza, ele voltou ao balcão. Enquanto Terry atendia uma pessoa, ele conferiu a máquina.

"Onde está a moeda de cinco xelins?", ele perguntou, depois que o cliente tinha ido embora.

Terry não conseguiu explicar. Quanto mais ele questionava, mais confusa ela ficava.

E então o sr. Sardou foi rígido. Decidiu examinar os livros contábeis para ver se havia mais discrepâncias. Para seu alívio, estavam faltando apenas nove xelins.

Terry cedeu. Admitiu que tinha pegado o dinheiro como um empréstimo e que pretendia pagar antes do próximo balanço, mas postergou. Entretanto, ainda assim insistiu que o compositor lhe dera cinco xelins.

"Você sabe que isso é uma transgressão muito séria", disse o sr. Sardou, em tom grave, "e eu poderia chamar a polícia. Mas não sou um homem duro. Mesmo assim, não posso mais deixá-la em um cargo de confiança." Ele concluiu dando a Terry um aviso prévio de duas semanas, o que permitiria que ela trabalhasse para recompensar o que tinha (como ele preferia definir) "emprestado" do caixa.

Nas duas últimas semanas de Terry na papelaria, Neville não voltou. Uma semana depois que ela saiu de lá, passou pela casa dele, mas seu quarto estava apagado e silencioso, com um aviso na janela: "Aluga-se quarto".

O outono estava próximo e Londres se preparava para a temporada de teatro. Trupes de dançarinos, acrobatas, equilibristas em monociclos, mágicos, malabaristas e palhaços alugavam salões e armazéns para ensaios. Amantes do teatro e o público em geral sentiam o entusiasmo da temporada. Um gigante inativo, que tinha um mecanismo de respiração e ocuparia um palco inteiro, estava sendo fabricado em partes para a pantomima de Drury Lane; era tão grande que um corpo de balé poderia entrar em cena saindo do bolso interno de seu casaco.[2]

Equipamentos especiais para a cena de transformação de Cinderela; abóboras que se tornariam cavalos brancos graças à ajuda de espelhos; apetrechos para balés voadores; fundos infinitos, barras horizontais e cordas bem amarradas; encomendas para novos truques de mágica, instrumentos musicais inusitados, perucas forradas com espuma, bugigangas para palhaços, tudo para preparar a pantomima de Natal.

Terry morava nessa ágora de faz de conta, mas não estava com sorte. Cinco semanas tinham se passado desde a saída da papelaria e ela ainda não conseguira um trabalho novo. Já fazia mais de um ano desde seu colapso no Empire, porém ela quase nunca se permitia pensar no incidente, pois tinha se tornado uma fobia, um grande choque que ela queria esquecer.

Ainda assim, sozinha em seu quarto de fundo, muitas vezes ela tentava ficar em ponta, mas o esforço era extremamente doloroso. Mesmo assim, precisava de um emprego, e o tipo que seria adequado parecia impossível de encontrar.

Em desespero puro, Terry aceitou um emprego na fábrica de picles de Northup. Era uma função deprimente. Os terríveis vapores ácidos, misturados com a mostarda, machucavam suas narinas e faziam os olhos lacrimejarem. E suas mãos tinham uma coloração amarelada constante, que resistia a qualquer tentativa de limpeza. Aos domin-

gos, usava luvas pretas de algodão para esconder as manchas. Quando completou um mês na fábrica, o trabalho enfadonho começou a afetar sua saúde. A chegada do sábado era um alívio, pois ela podia descansar e ficar na cama o dia todo. Durante a tarde, no entanto, ela se levantava para passear.

Naquela temporada, se você passasse por determinado pub no final da Shaftesbury Avenue, ouviria as notas de um velho piano vindo da sala de cima, tocando um scherzo para a batida de pés obedientes. Então, uma voz rouca interrompia com um "Não, não, não". A batida se juntava de um jeito desordenado e ficava em silêncio. "Não, não. Não é em compasso quatro por quatro. É em compasso dois por quatro. Mais uma vez, por favor." Terry ouviu isso em uma tarde de domingo, parada na esquina ao voltar de sua caminhada. Parecia fazer séculos desde que dançara pela última vez, apesar de sentir vontade com frequência.

Continuou a seguir para casa, triste. Quando passou pela entrada que levava à sala de ensaio, parou um instante e olhou para os degraus. Ela podia ver o teto branco, podia ouvir o burburinho de vozes e os pés se arrastando. Surgiu em seu peito uma batida forte e repentina. Ela subiu as escadas com pressa e, de repente, estava sem fôlego à sombra da porta aberta.

Terry viu uma sala alongada, com pilhas altas de mesas pelos cantos e um piano de armário na outra extremidade. Contra a parede, havia uma fileira de cadeiras com assentos empalhados. Na cadeira do meio estava sentado o "sr. John", como as meninas o chamavam; um homem de aspecto abrutalhado, nariz torto, boca grande e feia e voz grave e aveludada, que soava como um arco contra uma corda frouxa de violoncelo. Conforme vociferava instruções da cadeira, ele viu Terry, mas se aproximou apenas quando precisou se levantar para orientar uma bailarina.

"O que você quer?", ele perguntou abruptamente.

Terry ficou atônita. Ela mudou de posição, trocando o pé de apoio, antes de conseguir responder. "Um emprego", ela disse, sem ar.

"Você tem alguma experiência?", ele questionou.

"Fui do Empire Ballet", ela respondeu, e estava prestes a continuar, mas ele a interrompeu.

"Meninas, intervalo de cinco minutos." Então se voltou para Terry outra vez. "Você dança em ponta?"

"Sim, mas…"

"Basta", ele interrompeu outra vez. "Pode fazer uma audição. Tenho um número solo na cena de transformação."

Se não fosse pela interrupção, ela lhe teria dito que não dançava desde a crise de febre reumática, e que tudo o que queria era uma vaga no corpo de baile. Mas a emoção de uma oportunidade como aquela era maior. Terry não conseguiria resistir. E ele continuou, dizendo que faria um teste com ela naquele mesmo instante e que, se ela fosse aceitável, ele não precisaria se dar ao trabalho de fazer as outras audições na manhã seguinte.

"Tenha em mente que estou destreinada", ela disse com humildade. "Não ensaio faz muito tempo."

"Não se preocupe", ele respondeu, "levaremos isso em conta."

De repente, Terry foi arrebatada por um fluxo de ações — alguém perguntou para qual música ela gostaria de dançar; outra emprestou sapatilhas e outra, uma saia de tule. Não, ela insistiu, ela não tiraria as luvas.

Apenas a determinação de Terry permitiu que ela continuasse a dançar naquela noite, pois sentiu uma dor excruciante. Em um aposento frio e iluminado em excesso, ao acompanhamento de uma valsa de Chopin, uma jovem pálida e abatida, mas com uma expressão extasiada, capturou um momento de magia. Os grupos de dançarinas observaram em admiração silenciosa, como esculturas no friso de um templo grego, conforme ela fez as posições, os passos e as piruetas… Porém, ela de repente ficou branca como a morte e hesitou. "Não, não…", gritou, desmoronando no chão.

No mesmo instante, o sr. John se levantou em um salto; em seguida, Carl, o pianista, fez o mesmo. Ela estava inconsciente. "Aqui, Carl! Segure-a pelos pés!", disse o sr. John.

Carl obedeceu e, juntos, eles deitaram-na nas cadeiras. Uma dançarina dobrou o vestido de Terry e o ajeitou sob a cabeça dela, enquanto outra deu-lhe tapinhas nas mãos e começou a tirar suas luvas.

"Tirem as sapatilhas dela", disse o sr. John. "Ela talvez tenha pisado em um prego."

"Ela deve ter icterícia", comentou uma bailarina. "Vejam como suas mãos são amarelas!"

"É anemia perniciosa", disse outra.

"Chamem um médico!", ordenou o sr. John. "Esta menina está doente."

Uma multidão de rostos femininos apavorados assomou-se sobre Terry.

Seu desmaio foi causado, entre outras coisas, por exaustão e subnutrição, que depois evoluiu para pneumonia. Ela ficou no hospital por semanas, entre a vida e a morte. Durante a internação, o sr. John e a esposa visitaram-na uma vez e levaram flores. Depois, ela ficou devastada ao ler, em um semanário sobre teatro, que ele zarpara com a trupe para uma turnê nos Estados Unidos.

Passaram-se doze semanas até Terry poder sair do hospital. Quando o fez, ficou comovida e foi levada às lagrimas pela gentileza do sr. John, pois, no dia em que ela teve alta, recebeu um envelope enviado por ele, no qual havia uma moeda de vinte xelins.

Enquanto isso, sua senhoria teve a bondade de guardar suas coisas, mas precisou alugar o quarto para outra pessoa, portanto Terry foi obrigada a procurar um lugar para morar. Ela encontrou nova moradia no Soho, um deprimente quarto de fundo pelo qual pagava cinco xelins a semana. A sra. Alsop, a senhoria, insistiu em receber adiantado o aluguel de duas semanas, o que deixou Terry com apenas dez xelins para sobreviver.

Mesmo depois de seis semanas após sua saída do hospital, ela ainda estava fraca e lânguida. Já devia um mês de aluguel e não tinha mais quase nada para penhorar. A ideia de ter de enfrentar a vida mais uma vez se avolumava como um monstro, mas ela precisaria lutar contra isso e buscar trabalho.

Ela visitava a biblioteca pública com frequência para ler os anúncios de empregos. Encontrou um, "modelos fotográficas para catálogos", que achou ser capaz de fazer.

No caminho, passou por uma agência de ingressos de teatro. Na janela, um cartaz saltou diante dos seus olhos — uma nova sinfonia de Ernest Neville! A ser conduzida por Sir Arthur Lawrence,[3] no Royal Albert Hall! Seria o mesmo Ernest Neville que tinha sido seu cliente na papelaria? O anúncio deixou-a entusiasmada. Um jovem desconhecido, vivendo na pobreza… e então, abracadabra — fama! A estreia seria na noite de sexta-feira. Ela iria, custasse o que custasse! Tinha apenas quatro xelins. Os lugares mais baratos custavam um xelim e seis pence.

Na noite de sexta-feira, Terry se sentou no fundo da plateia. Ainda faltavam quinze minutos para o início do concerto. Um burburinho de conversa crescia ao seu redor como borboletas em voo, o que a fez se sentir distante e alheia. Mas não era desagradável. Ela se sentiu confortada e relaxada. A presença do grande público a alegrava, pois eles também buscavam beleza e tinham o mesmo desejo espiritual.

Agora os músicos subiam ao palco e se sentavam em seus lugares, formando um luminoso padrão de roupas pretas e brancas.

O caos órfico da preparação. A conversa da plateia ficou cada vez mais alta e então, de repente, com a chegada de Sir Lawrence, sumiu. Depois de aplausos prolongados, ele se virou e ficou frente a frente com os músicos. Seguiu-se silêncio.

Terry segurou o fôlego. O programa em sua mão tremia.

Uma nova sinfonia de Ernest Neville abriria o concerto. Seria sua ascensão para a fama, para um mundo que, dali em diante, o chamaria de mestre. O silêncio era denso e cheio de expectativa... Então, da orquestra, veio um murmúrio baixo dos instrumentos, que aumentou e aumentou, como chamas que se alimentam e crescem. Era vida em forma de música — a beleza e o mistério. Mas, para Terry, era uma música de frustração, sofrimento e desespero.

No fim, o compositor foi chamado ao palco. Sim, era ele mesmo, Ernest Neville, ela podia reconhecê-lo mesmo de longe. Antes do concerto, ela sonhara com a possibilidade de ir aos bastidores depois da apresentação para cumprimentá-lo. Era incerto o que ela diria — talvez o relembrasse de que era a moça que trabalhava na papelaria. Porém agora o desejo tinha sumido. Ela de repente tinha superado. A sinfonia dele a afetara de um jeito esquisito. Agora ela queria solidão. Dentro de suas fronteiras, havia paz e beleza intangível. Ela se sentiu arrebatada demais para aplaudir como os outros. No canto da plateia, ficou imóvel, chorando.

Quando o concerto terminou, ela ficou no mesmo lugar durante algum tempo, com um vazio e uma mágoa indefinida dentro de si. Então, voltou para onde pegaria o ônibus, cuja parada era diante do Royal Albert Hall. Quando chegou ali, um pequeno grupo de pessoas estava saindo pela porta da frente. Dois foram até a calçada. Um deles era Sir Arthur Lawrence e o outro, Ernest Neville!

Conforme olharam de um lado para o outro da rua, Neville a viu, porém estava escuro e ele teve dificuldade de enxergá-la. Ele desviou o rosto, mas então olhou para ela outra vez.

"Meus parabéns", ela disse.

"Obrigado", ele respondeu. Ela percebeu que ele não tinha certeza de quem se tratava e, por isso, chegou um pouco mais perto. "Você não se lembra de mim? Eu trabalhava na Sardou."

Ele ficou genuinamente contente. "É claro, é claro. Não a reconheci no escuro. Você esteve no concerto de hoje?"

"Sim, foi muito bonito", ela disse.

Um sorriso interessado iluminou seu rosto e ele parecia querer conversar mais. Porém a limusine de Sir Lawrence estacionou perto da calçada. Antes de entrar no carro, ele se despediu e desejou boa-noite. A porta se fechou e a limusine foi para longe.

Ela não ficou tocada ou impressionada com o encontro. Estava emocionalmente exausta. Nada tinha importância. Sentia-se cansada; cansada da saúde frágil, da mágoa e da angústia da vida. Queria dormir. Se ao menos pudesse dormir!

Naquela noite, ela se deitou com insônia, atormentada. No dia seguinte, estava letárgica, e até mesmo o aviso pregado à sua porta, exigindo que ela desocupasse o quarto, deixou-a apática. Tudo o que queria era dormir... Dormir sem sonhar. E, enfim, era isso que teria feito — induzido pelas próprias mãos. O esquecimento a cobriu, vagaroso... com delicadeza... devagar... Acompanhado pelo sibilar de um jato de gás e um realejo tocando na rua...

Calvero, um homem com cerca de cinquenta anos e cabelo grisalho, cuja aparência e roupas não deixavam dúvidas de que se tratava de um ator, estava com dificuldade para inserir a chave na porta da frente. Ele se apoiou de lado contra ela e, com concentração intensa, segurou o próprio punho para apontar a chave direto para a fechadura. Mas, ao tentar inseri-la, a chave e a fechadura se separaram. Depois de várias tentativas, procurou estabilizar a porta, mas, por fim, desistiu daquele péssimo trabalho e optou por tocar a campainha.

"A sra. Alsop saiu", disse uma criança sentada à porta da casa ao lado.

Calvero se virou e fez um gesto de agradecimento, então continuou a tentar. Para sua surpresa, descobriu que, enquanto estava de costas, a chave tinha achado o caminho para a fechadura!

Dentro da casa, ele parou para tragar seu cigarro, mas estava apagado. Por isso, riscou um fósforo. No entanto, era um daqueles fósforos vagabundos infernais que se partem ao meio. Riscou outro, e o resultado foi o mesmo. Ele foi tomado por um súbito propósito. Enquanto se atrapalhou para pegar outro fósforo, começou a sentir um cheiro. Era gás! Assustadoramente forte e se tornando cada vez mais intenso conforme ele seguiu na direção do quarto de Terry. Ele hesitou e decidiu bater na porta. Sem obter resposta, girou a maçaneta, mas a porta estava trancada, e havia uma toalha enfiada no buraco que servia de olho mágico. Sem demora, ele empurrou a toalha com o dedo e olhou para dentro do quarto. Seus olhos enfim pousaram na cama.

Um instante depois, o impacto de seu ombro arrombou a porta e ele carregou a moça inconsciente para o corredor, deixando-a nos degraus da escada. Chamou a sra. Alsop, mas então se lembrou de que a criança tinha dito que ela não estava. Mesmo em seu estado embriagado, foi inspirado a tomar uma iniciativa; do outro lado da rua, algumas casas para baixo, havia um dispensário. Sem esperar nem mais um segundo, correu até lá, e logo voltou acompanhado por um médico.

"O senhor desligou o gás?", perguntou o médico.

"Que gás?", quis saber Calvero.

O médico ignorou sua resposta. "Qual é o quarto dela?", perguntou, impaciente.

"Aquele", respondeu Calvero, apontando.

O médico entrou, abriu as janelas com pressa, desligou o gás e correu para fora. "Precisamos levá-la para outro aposento agora mesmo. Onde está a senhoria?"

"Não está em casa."

"Qual é o seu quarto?"

"O meu? Lá em cima", respondeu Calvero.

"Serve", disse o médico. "Segure-a pelos ombros, eu vou segurar os tornozelos."

Calvero obedeceu. Esforçou-se para andar de costas, carregando a mulher inconsciente por três lances de escada e a deitando em sua cama.

"Abra todas as janelas", ordenou o médico. Calvero obedeceu.

"Devo chamar uma ambulância?", ele perguntou.

"Primeiro ela precisa de um emético. Não temos tempo a perder. Preciso de dois litros de água quente e de algumas toalhas", respondeu o outro, tirando instrumentos da maleta.

Seria indelicado descrever os detalhes do que aconteceu nos vinte minutos seguintes. Depois que o cuidado médico tinha sido aplicado, Calvero contou sua versão da história, até o momento em que encontrou o frasco vazio de comprimidos para dormir. "Creio que são do seu dispensário."

"Sim, de fato", disse o médico, escondendo a preocupação ao examinar o frasco. "Ela deve ter comprado faz uma hora — foram prescritos por Jenson, que não chegará antes das seis."

"E quanto à ambulância?", perguntou Calvero.

O médico refletiu por um momento. "Agora não é mais necessário. Ela está fora de perigo. Além disso, mandá-la para o hospital daria início a uma investigação, e tentativa de suicídio leva à cadeia."

"Ora, se a própria vida não pertence a ela", disse Calvero, "o que pertence?"

O médico deu de ombros, pegou uma toalha, enxugou a testa da jovem e depois jogou a toalha sobre a cama. "De qualquer modo, dentro de alguns dias ela estará bem o suficiente para voltar ao quarto dela. Enquanto isso, permita que ela descanse em silêncio. Não lhe dê água. Pode induzir à náusea e causar ainda mais esgotamento ao coração. Se ela tiver sede, ofereça suco de laranja. E amanhã, se ela tiver fome, um pouco de canja… Mas nada enlatado." Ele olhou para seu relógio. "E se o senhor puder ir ao dispensário em meia hora, deixarei uma receita pronta para o senhor."

"Para mim?"

"Para ela, é claro."

"Oh."

Depois que o médico saiu, Calvero afundou devagar em uma cadeira, com a lenta e sóbria compreensão da responsabilidade que assumira de maneira tão inusitada.

Enquanto tal pensamento o ocupava, a belicosa voz da sra. Alsop ressoou pelas escadas. Ela tinha voltado para casa e descoberto, para seu espanto, a porta arrombada do quarto da moça.

"Pois ela será presa por isso! Arrombamento, foi isso o que ela fez!"

Calvero saiu do quarto na ponta dos pés e ficou no topo das escadas para escutar melhor.

"Destruiu minha porta, foi? Tenho certeza de que levou todas as coisas… Aquela traiçoeira, aquela ladra, aquela…" O restante das injúrias foi abafado quando a senhora enfurecida entrou no quarto da jovem. "Engraçado", disse a sra. Alsop, saindo de lá. "Ela não levou nada! Pois não levará mesmo, não até que pague o aluguel! Arrombou a porta… Que belas festividades devem acontecer pelas minhas costas! Mas isso não se repetirá! Agora ela será expulsa! E ficará expulsa para sempre!"

Calvero voltou para o quarto saltitando na ponta dos pés. A jovem ainda dormia. Ele não se permitiria ficar preocupado demais com a situação atual, pois o futuro se resolveria sozinho. Mas estava com vigor o suficiente para proteger a mulher da ira da sra. Alsop, pelo menos por enquanto. Enquanto ele a observava, ela se agitou na cama, abriu os olhos e os fechou em seguida; sob seus cílios surgiram lágrimas vagarosas, que hesitaram antes de descer pelas bochechas. Ele pegou um lenço e as enxugou, e então conferiu o relógio. Ah, sim, a receita. No mesmo instante foi para a pequena sala e, do topo de um piano de armário, pegou um violino, guardou no estojo e saiu. Logo estava fora da casa e do outro lado da rua.

Em sua ausência, a lavanderia chegou. A sra. Alsop sempre entregava as roupas limpas ela mesma, para garantir que o pagamento fosse feito na hora. Por isso, ao pé da escada ela chamou Calvero. Sem ouvir resposta, ela subiu. Quando chegou ao patamar do segundo andar, [*corta para contraplano do patamar*][4] Calvero, com os braços cheios de sacolas com mantimentos, voltou. [*Porta de saída… Ele entra sem pressa…*] Na metade do primeiro lance, derrubou uma lata de atum, que rolou escada abaixo. Estava prestes a descer para buscá-la, mas a voz da sra. Alsop o fez mudar de ideia.

Ela bateu à porta do quarto de Calvero e estava a ponto de entrar quando ouviu alguém subindo as escadas. "É o senhor, sr. Calvero?", ela berrou. "Cá está sua lavanderia. Eu ia deixar na sua cama."

"Só um instante! Só um instante!", ele disse, saltando escada acima.

Ela observou, incrédula, ele desaparecer atrás da porta com as compras, e depois reaparecer sem elas; a pressa com que ele pagou pelo serviço… e a simpatia forçada com a qual saiu de vista e fechou a porta. Perplexa, a sra. Alsop desceu as escadas. No térreo, pegou a lata de atum, voltou ao quarto dele e bateu à porta, que não foi aberta mais do que dez centímetros, por onde Calvero espiou para fora.

"Você derrubou isto", ela disse.

"Foi mesmo", ele sorriu, pegando a lata pela fresta da porta, onde permaneceu até ela voltar para a escada.

Na metade da descida ela parou, tentou escutar melhor e então subiu outra vez, agora na ponta dos pés. Ao chegar à porta de Calvero, baixou os olhos para a fechadura, que se alinhava com a cama. Sem esperar mais nem um instante, bateu energicamente na porta e em seguida entrou marchando no quarto. "Então é assim que ela passa as noites!"

"Espere um pouco", disse Calvero, mas a sra. Alsop estava nervosa demais para reparar na grosseria e segurou-a pelo cotovelo, guiando-a com firmeza para fora.

"Essa moça está muito doente", ele continuou.

"Doente ou não, tire-a daí agora mesmo!"

"Escute, mãe…"

"Eu não sou sua mãe!", ela bufou. "O que aquela mulher está fazendo no seu quarto?"

"Exatamente o oposto do que a senhora imagina", respondeu Calvero.

"É melhor você tirá-la daí ou eu vou chamar a polícia!"

"Não vai chamar, não."

"Não vou, é? Que tipo de casa você acha que é essa? Aquela porta lá embaixo, arrombada… Eu bem que gostaria de saber quem fez aquilo!"

"Fui eu!"

"Você?"

"Se eu não tivesse arrombado, ela teria morrido. E a responsável teria sido a senhora!"

"O que disse?"

"A senhora tem gás vazando!"

"Eu não estou vazando gás nenhum!"

"Eu quis dizer que aquele quarto tem gás vazando."

Os olhos da sra. Alsop se estreitaram. "Por que você precisou arrombar a porta?"

"Estava trancada."

"A essa hora?"

Calvero deu de ombros.

"Tem alguma coisa estranha nessa história toda", disse a sra. Alsop.

Calvero percebeu que seu blefe não estava funcionando. "Escute, a moça tentou se matar."

"Se matar!", exclamou a sra. Alsop.

"Sim… Suicídio… Ligou o gás. Por coincidência, cheguei em casa bem na hora."

"Não basta ela estar me devendo um mês de aluguel", ela se queixou, "tenta se matar na minha casa! É melhor chamar uma ambulância e levá-la para o hospital."

"Bom… Se a senhora fizer isso, vai aparecer em todos os jornais."

A observação fez a sra. Alsop pensar no assunto. "Ora, mas ela não vai ficar no seu quarto!"

"Então deixe-a voltar ao dela."

"De jeito nenhum! Além disso, já foi alugado! Oras... Se o reverendo sr. Spicer souber que você tem uma mulher no quarto... E com ele morando bem embaixo!"

"Que diferença faz? Podemos ser marido e mulher, ele nunca saberá."

"Oh, podem, é? É melhor você tomar cuidado. Ela não presta", comentou a sra. Alsop, com um olhar de quem sabe tudo. "Esteve doente desde que veio para cá. É melhor você se cuidar, se é que me entende, e fumigar o quarto depois que ela sair."

"Não deve ser lepra", ele respondeu, bem-humorado, conforme ela desceu as escadas.

Quando Calvero voltou para o quarto, observou a jovem, cheio de incertezas. Ela ainda estava dormindo. Ele pegou um copo que ela tinha usado e ia usá-lo também, mas mudou de ideia e bebeu em outro. Então, começou a separar as coisas que o médico tinha utilizado. Havia uma bacia na mesa e uma toalha na cama. Com cautela e com apenas dois dedos, pegou a toalha e enfiou na bacia, que pôs no chão e empurrou para debaixo da cama. Estava prestes a limpar a mão com o lenço, mas se lembrou de que o usara para enxugar as lágrimas da moça. Por isso, estendendo o braço sob a cama, jogou o lenço dentro da bacia também.

Agora, precisava lavar as mãos. Enquanto se ocupava com isso, se virou e viu que Terry tinha aberto os olhos. Estavam entorpecidos e encaravam o nada.

Ela franziu a testa.

"Dor de cabeça?", ele perguntou baixinho.

Era evidente que ela tinha escutado, pois abriu os olhos outra vez. Em um movimento débil, ela virou a cabeça no travesseiro e observou o quarto. "Onde estou?", ela sussurrou.

"No meu quarto", ele respondeu. "Moro dois andares acima do seu."

"O que aconteceu?"

"Bom...", ele parou para conectar os pensamentos, "quando cheguei em casa hoje à tarde, senti cheiro de gás vindo do seu quarto, então arrombei a porta, chamei um médico e, juntos, trouxemos você aqui para cima."

"Por que não me deixou morrer?"

Calvero a encarou com ceticismo. "Por que a pressa?"

"Não quero viver", ela sussurrou.

"Por quê? Está com dor?"

Ela fez que não com a cabeça.

"Então é isso que importa", ele disse. "O resto é fantasia." Ele se virou e olhou pela janela, pela qual viu um amontoado de casas e prédios velhos, estreitos e cobertos de fuligem, que se assomavam perto demais e tinham janelas que se abriam, miseráveis, para quintais esparramados de lixo e decadência. Era como ver mofo em um pedaço de queijo.

"Quando você tiver minha idade", continuou, "entenderá o privilégio que é estar vivo... Fazer parte deste universo magnífico. É isso que somos, pequenos universos, mas acontece que nós pensamos. É mais do que as estrelas podem fazer. Elas ficam apenas flutuando nos seus eixos." Ele soluçou. "O que o sol pode fazer? Produzir chamas com quatrocentos e cinquenta mil quilômetros de altura! E daí? Desperdiçando todos os seus recursos naturais. Ele pode pensar? Não! Mas nós podemos!" Ele bateu o dedo indicador na testa. "O maior brinquedo que Deus inventou... a mente... e você quer eliminá-la... mas não pode!" Ele começou a recitar:

There is no room for death,
Nor atom that his might could render void;
Thou — Thou art Being and Breath
*And what Thou art may never be destroyed.**[5]

Ele foi interrompido por um roncar suave e, virando-se da janela para o quarto, viu que Terry respirava fundo, dormindo mais uma vez. "Espero não estar atrapalhando seu sono", ele disse, com bom humor.

A sala de Calvero era um museu de antiguidades teatrais. Velhos cartazes de apresentações, com seu nome destacado em letras grandes, estavam enquadrados e pendurados pelas paredes, assim como fotografias suas usando maquiagem cômica e também jovem, de roupas formais. Em um lado do aposento havia uma pequena lareira e, do outro, um piano antigo encostado na parede. No atril, partituras com músicas escritas com a letra de Calvero, ideias musicais para canções burlescas; sobre o piano, um salmão empalhado, pendurado na parede. Perto da janela, um sofá vermelho desbotado. E espalhados aqui e ali estavam quinquilharias,

---

* *Não há lugar para a morte/ Nem átomo que seu poder possa anular/ Tu — Tu és Vida e Respiração/ E o que Tu és jamais será destruído.* (N. T.)

livros e revistas velhas. Apesar de ter poucos móveis, o aposento era pitorescamente confortável, ainda mais quando a lareira estava acesa.

Agora que Terry dormia, Calvero foi para a sala e fechou a divisória. Ele tinha um travesseiro e um cobertor para viagens, que jogou no sofá, onde pretendia dormir. Estava indo cedo para a cama naquele dia, pois tinha um compromisso importante de manhã. Ao desatar o nó da gravata, olhou com orgulho para uma fotografia grande de si mesmo como palhaço, pendurada acima da lareira. Bocejou e olhou para outra. Também era ele, sem maquiagem, jovem e deveras atraente. Deu as costas para a imagem na mesma hora. Quando começou a tirar os sapatos, uma música veio da rua, "The Honeysuckle and the Bee", tocada por um trio de homens com aparência deprimente na porta do pub da esquina. Um dos músicos, que tocava um harmônio, era cego, com as órbitas dos olhos cobertas de cicatrizes horríveis; outro, um alcoólatra de olhar turvo e bigode de morsa, tocava um clarinete, e um miserável tocava um violino. Apesar de formarem uma caricatura assustadora, a música que produziam era adorável.

Calvero se envolveu com o cobertor e, conforme mergulhou no sono, a música do trio se dissipou e foi engolida pelos sons caóticos de uma orquestra se preparando para a apresentação.

As grandiosas cortinas de veludo do Empire Music Hall se abriram — e a orquestra começou uma introdução alegre para uma música burlesca. Enquanto tocavam, Calvero estava na coxia, com a maquiagem de seu número cômico, pronto para entrar. Usava um pequeno bigode quadrado, um chapéu-coco que mal lhe servia, um fraque apertado, calças largas e um par de sapatos grandes e velhos.

Sua aparência provocou gargalhadas e aplausos. Conforme se posicionou no centro do palco, as risadas continuaram, apesar de ele não ter dito nem uma palavra. Quanto mais ele observava o público, mais as pessoas riam. Começou a cantar, mas sua voz falhou e ele tomou um susto. Os risos continuaram. Ele, por sua vez, ficou irritado, depois indignado, emburrado e então animado, se preparando para tentar de novo. Ficou ofendido quando a plateia caiu na risada mais uma vez; em seguida, sorriu com educação forçada. Virou-se de costas e bateu o pé, impaciente, coçando os fundilhos da

calça em um momento de distração. Então descobriu, para seu constrangimento, que uma parte da camisa estava pendurada para fora do fundilho da calça. Ele puxou o punho da manga direita e o pedaço exposto sumiu, mas agora a manga estava comprida demais para seu braço. Ele puxou outra vez o pedaço para fora dos fundilhos e o punho da camisa desapareceu. Puxou um, depois o outro, da manga da camisa aos fundilhos, que se alternavam aparecendo e desaparecendo. Então, quando a manga estava comprida, ele teve a ideia brilhante de puxar o lenço que estava no bolso da frente da camisa e, para sua surpresa, descobriu que o punho da camisa desaparecia. Agora, ele alternava entre os três, puxando as calças, depois a manga e então o lenço no bolso da frente; por fim, decidiu que o lenço pendurado no bolso da camisa era a opção menos embaraçosa. Em seguida, se virou mais uma vez para o público. Quando todos tinham, enfim, ficado em silêncio, ele começou a cantar:

When I was three, my nurse told me
About reincarnation.
And ever since, I've been convinced,
Thrilled with anticipation.
That when I leave this earth
It makes my heart feel warm
To know that I'll return
In some other form.
But I don't want to be a tree,
Sticking in the ground would never do for me;
I'd loathe to be a flower, waiting by the hour,
Hoping for a pollen to alight on me;
So when I cease to be
I want to go back, I want to go back,
I want to go back to the sea.

(Refrão)
Oh for the life of a sardine,
That is the life for me.
Cavorting and spawning every morning
Under the deep blue sea.
To have no fear for storm or gale.
Oh to chase the tail of a whale.
Oh for the life of a sardine.
That is the life for me.

When I'm a fish, it is my wish
For lots of recreation.
To drink my fill up to the gill
With no intoxication.
I want fun in the briny sea
Not in the world of strife,
Where everything's morality
Give me the animal life.
But I don't want to be a carrot;
Sticking in the ground. I'd sooner be a maggot.
Life without a will, would surely make me ill;
To get a little action, I'd even be a pill;
So when I cease to be,
I want to go back, I want to go back, I
Want to go back to the sea!

(Refrão)
Oh for the life of a sardine,
That is the life for me.
Cavorting and spawning every morning
Under the deep blue sea.
To have no fear of a fisherman's net,
Oh what fun to be gay and all wet.
Oh for the life of a sardine.
That is the life for me. *

(*Calvero joga os braços para cima, em êxtase*)
"Oh, que felicidade a minha, ser uma sardinha! Nadar a favor do mar!… Vivendo meus desejos com as manjubas e os badejos."

_____

* *Quando eu tinha três anos, a babá me contou certa vez/ Sobre reencarnação./ Desde esse dia, eu deduzia,/ Tomado de empolgação./ Que quando eu deixar esta terra,/ Faz meu coração se aquecer/ De saber que voltarei/ Em algum outro formato./ Mas não quero ser uma palmeira,/ Enraizado no chão, presa a vida inteira;/ Detestaria ser uma flor, esperando com ardor;/ Um pólen para pousar em mim;/ Por isso, quando vier o meu fim/ Quero voltar, quero voltar,/ Quero voltar ao mar.// (Refrão) Oh, pois a vida de uma sardinha,/ É a vida que quero para mim./ Saltitando e desovando de manhã,/ Nas profundezas do mar azul./ Não temer tempestade ou vento vira- bote./ Oh, perseguir um rabo de cachalote./ Oh, pois a vida de uma sardinha,/ É a vida que quero para mim.// Quando eu for escamoso, serei desejoso/ De muita recreação./ Me embebedar de tanto nadar/ Mas sem intoxicação./ Quero diversão no mar salgado/ Não no mundo disputado,/ Onde tudo é moral./ Me dê a vida animal./ Mas não quero ser uma cenoura;/ Presa ao chão. Melhor ser bicho de lavoura./ Vida sem vontade, seria uma enfermidade;/ Por aventura o bastante, eu seria até meio irritante;/ Por isso, quando eu não mais respirar/ Quero voltar, quero voltar,/ Quero voltar ao mar.// (Refrão) Oh, pois a vida de uma sardinha,/ É a vida que quero para mim./ Saltitando e desovando de manhã,/ Nas profundezas do mar azul./ Não temer rede nem ser pescado./ Oh, que divertido ser feliz e encharcado./ Oh, pois a vida de uma sardinha,/ É a vida que quero para mim.* (N. T.)

(*vira-se e vê o pano de fundo, no qual o mar está pintado*)
"O mar!"

(*tenta mergulhar no pano e cai de cabeça*)

Ele se levanta de frente para o público, suas costas contra o pano de fundo, e esguicha água pela boca. De trás do pano, ele recebe um tapa formidável que o joga para a frente, quase em cima da orquestra. Depois de se recuperar, ele diz:

"A maré deve estar subindo. Que coisa engraçada, eu so- nhei que era uma sardinha. Sonhei que era hora do almoço e eu nadava como quem não quer nada, procurando por al- gum petisco, quando me vi passando por um grande leito de algas. E ali, em cima dele — quer dizer, dentro dele —, estava a barbataninha mais linda que eu já vi. É assim que as chamamos no mundo marítimo — barbatanas. E o jeito que ela mexia o rabo, com tanta finesse… Ela parecia estar com problemas. Nadava contra a correnteza. Por isso, berrei: 'Pre- cisa de algo na alga?'. Ela sorriu e nadei até ela, que me con- tou uma história triste. Estava sozinha no mundo — perdeu todos na grande pesca de sardinhas na costa da Cornualha. E agora procurava um lugar para botar alguns ovos. Eu disse: 'Espere um pouco — segure a cria. Aqui não é lugar para ovo. Todos os pilantras do mundo vivem por essas bandas — nada além de tubarões. Mas eu conheço um canto onde você pode desovar o quanto seu coração mandar — e, se quiser, posso segui-la até lá — perdão! Vou na frente, quero dizer'. Na temporada de reprodução, um peixe macho nunca segue a fêmea, a não ser que sejam casados. Por isso, nadei à frente… Só para mostrar que minha intenção era honrável.

(*cheio de exuberância*)

"Era um dia lindo. Luz opalescente vinha da superfície do oceano e enguias-do-mar serpenteavam para dentro e para fora de pedras musgosas. Até os caranguejos acenaram quando passamos.

(*imita caranguejos acenando*)

"E sob nós, conforme nadávamos, linguados felizes, apaixonados pela primavera, batiam seus rabinhos no fundo do oceano, como palmadas de castigo.

"Às profundezas nadamos e nadamos.

(*afavelmente*)

"E, é claro… Eu conduzi o caminho.

(*mais uma vez, poético*)

"Então, a coisa mais linda — a coisa mais natural — aconteceu; ela me alcançou. E nadamos juntos, lado a lado… Simples assim…

(*mãos unidas, como uma prece*)

"Oh, que alegria — que emoção! Ela ao meu lado! E todo o oceano passando pelas minhas guelras!

"Ela disse: 'Gosto de você'.

"E eu disse: 'Gosto de você. Sei que não tenho muito a oferecer. Sou um peixe pobre. Mas se você se casar comigo, trabalharei muito. Darei tudo a você'. Ela sorriu. 'Tudo o que eu quero é um lar onde a gente possa viver e criar dez ou vinte mil filhos…'.

(*muito emocionante*)

"Então ela sorriu e nadou à frente!… E então! E então! Oh… E então!… Ela começou a botar ovos e, oh, me senti tão fértil! E então, aconteceu outra coisa; assim que fizemos uma curva, uma foca estava à espreita…

(*pausa*)

"Foi tudo tão repentino. Uma disparada e uma chacoalhada! E ela desapareceu!

(*lacrimejo; em seguida, erguendo os olhos de um jeito dramático, ele disse, em voz baixa*)

"De algum jeito, em algum lugar, hei de encontrar aquela sardinha outra vez. Em algum lugar, de algum jeito."

A sardine once sat on his can.
His eyes were dimmed with oil.
Why do the packers pick on me?
My life they have to spoil.
As he sat in his little can
His mind was reminiscent.
The past, he said, is all I have.
The future is delicatessant.*

Ele levanta o rosto, como se visse uma miragem. "Oh, sinto-me inspirado!" Estala os dedos em ritmo. "Quero dançar!" Ele começa a sapatear ao som da canção da sardinha. Sai do palco dançando e é aclamado por aplausos intensos. Ele volta e se curva em agradecimento diante de uma explosão de risos e palmas. "Bis! Bis!", gritavam. Conforme ele agradecia, uma expressão estranha surgiu em seu rosto, pois ele estava se curvando diante de um

---

* *Era uma sardinha em sua latinha.| Seus olhos, banhados de óleo.| Por que os enlatadores aporrinham a mim?| Da minha vida, fazem estrago sem fim.| Sentado ali, na sua latinha| Sua mente, reminiscente.| O passado, ele disse, é tudo o que tenho.| E o futuro, delicatessente.* (N. T.)

teatro vazio, apesar do contínuo som de risadas e aplausos ruidosos.

De repente, ele acordou e se sentou no sofá, olhando para o nada. A lua ainda estava no céu. Cansado, se reclinou outra vez, fechou os olhos e continuou a dormir.

[*Nos primeiros rascunhos de* Footlights, *"A história de Calvero" é inserida aqui*]

Terry dormia profundamente. Acordou apenas na tarde seguinte. Enquanto isso, Calvero levantou cedo para ir ao compromisso marcado com seu agente, no bar Queen's Head.

Quando estava saindo de casa, encontrou no corredor a sra. Alsop com uma mulher alta e esquelética. Elas tinham limpado o quarto de Terry em preparação para o novo inquilino.

"Um momento, sr. Calvero", disse a sra. Alsop, "o que você vai fazer com as coisas da sua esposa? Ela não pode mais deixá-las aqui."

"Minha esposa?", ele perguntou.

"Sim", respondeu a sra. Alsop, em tom firme, olhando-o nos olhos antes de acrescentar: "Esta é a nova faxineira".

"Oh, entendi. Pode levar tudo para nosso quarto. Mas não incomode minha esposa. Ela não está bem, como a senhora sabe", ele disse, sorrindo para a nova faxineira.

A tentativa de sorriso da sra. Alsop foi quase uma careta. "Não, não está", respondeu de um jeito rude.

"É por isso que eu queria falar com a senhora", acrescentou Calvero, também olhando em seus olhos. "Eu gostaria que a senhora passasse de vez em quando para ver como ela está. Deixei um pouco de canja no quarto e, se ela estiver acordada, a senhora podia esquentar e servi-la."

"Isso aqui não é um hospital, sabia?", disse a sra. Alsop.

"Não. E eu não quero mandá-la para lá", respondeu Calvero, "então a senhora me faria um grande favor se pudesse cuidar dela enquanto eu estiver fora."

O grunhido que ele teve como resposta sugeriu que ela cumpriria o pedido e, assim, ele foi embora.

O bar Queen's Head era ponto de encontro de atores e vaudevilianos para discutir questões profissionais com seus agentes e também para convívio social. Suas paredes eram decoradas com a coleção de fotografias mais heterogênea possível, de atores shakespearianos, mulheres barbadas e homens sem braços, sendo que todos tinham autografado suas respectivas fotos com dedicatórias afetuosas ao proprietário.

Durante o dia, o lugar ficava lotado, mas conforme o fim da tarde se aproximava ele esvaziava, pois a maioria dos clientes se apresentava de noite. Os que permaneciam eram os desempregados e os manés. Alguns deles eram velhotes que se apresentavam apenas nas pantomimas de Natal, como palhaços nas arlequinadas.

Eram um grupo peculiar e ríspido, quase todos ex-vaudevilianos que discutiam entre si os mais variados assuntos: arte, literatura, política; sobre suas próprias profissões. Eram cáusticos, mas não sem inteligência. Ninguém era poupado de seus ataques críticos, em especial os novatos, algum *buckrum*[6] com sucesso recente que estivesse se exibindo por aí. Ainda assim, entre eles havia camaradagem profunda.

No auge, Calvero foi muito respeitado naquele antiquário. Para todos, era a referência de um verdadeiro artista. Em seus dias de glória, foi o maior nome de Londres, mas — de acordo com as fofocas — o vinho, as mulheres e o temperamento arruinaram sua carreira. Ele adquiriu fama de queixoso e difícil, de não ser confiável, de não aparecer para apresentações ou de estar bêbado demais para subir ao palco.

Ninguém era neutro no que dizia respeito a Calvero. Ele provocava ódio ou amor. Tinha sofrido um colapso nervoso e sido confinado em um hospital. Depois de ter alta, sua popularidade era ínfima e seus agendamentos para apresentações teatrais diminuíram até não haver mais nenhum. Três anos tinham se passado desde seu último trabalho de destaque e, desde então, ele aceitava qualquer oferta que pudesse encontrar, no geral em papéis pequenos e sem fala. Mas fazia isso sob outro nome, preferindo ficar anônimo. E ficou.

Naquela manhã de verão, quando entrou no bar Queen's Head, poucos o reconheceram, pois ele envelhecera consideravelmente e seu cabelo tinha se tornado bem branco. No passado, sua entrada teria sido a deixa para um entusiasmo geral e boas-vindas por parte do proprietário. Mas, agora, chamava pouca ou nenhuma atenção e, se fosse reconhecido, recebia um cumprimento indiferente com a cabeça ou um olhar frio de curiosidade.

Ele ficou quieto no balcão, bebendo seu leite com soda, uma bengala envernizada pendurada no braço e um chapéu fedora disposto com cuidado na cabeça. Suas roupas eram bem cuidadas, apesar de um pouco datadas, assim como seus sapatos de camurça, um pouco gastos nos calcanhares. De qualquer maneira, ele continuava a se apresentar com dignidade discreta.

Ainda era cedo e o lugar estava parcialmente cheio. Ali sozinho, esperando por seu agente, ele se tornou o assunto de um grupo de sujeitos sentados na extremidade do bar. Um era um homem um tanto corpulento com cerca de cinquenta anos, repórter; o outro, um ator chamado Lorimer, com quase a mesma idade; os outros eram indistintos.

"Aquele não é o Calvero?", disse um.

"Ele mesmo", disse outro. "Ele envelheceu."

"Faz tempo que ele não aparece."

"Esteve aqui ontem mesmo, completamente bêbado", disse o repórter.

"Que pena", comentou Lorimer, "aquele ali foi um grande comediante, o maior de todos."

"Você o conhece?", perguntou Rowntree, um livreiro.

"Bom, já trabalhei em uma apresentação que tinha um número dele."

"Que tipo de homem ele é?"

"Muito esquisito", disse Lorimer, "costuma se isolar dos outros. Alguns gostavam dele, outros diziam que é um esnobe."

"Ele nunca foi popular entre os atores", comentou o repórter. "Detestavam-no. Antes de uma apresentação, ele ficava como um doido. O palco precisava estar vazio antes de ele subir."

"E pensar que, cinco anos atrás, ele era o maior nome de Londres", disse Lorimer, "e agora não consegue emprego."

"Ora, a culpa é dele", respondeu o repórter, "tomou liberdades demais com o público. Na metade do tempo, estava bêbado demais para continuar."

"Dizem que ele não conseguia ser engraçado se não estivesse bêbado — que ele costumava beber uma garrafa inteira de conhaque todas as noites, antes do show", comentou outro.

"Ele teria morrido em uma semana, se fizesse isso", disse Lorimer.

"Bom, para o público", interveio o repórter, "ele está morto."

"Nunca o considerei engraçado", disse o outro.

"Oh, mas ele costumava ser", respondeu Lorimer. "Trabalhei com ele no Holborn Empire umas duas semanas antes do colapso, e mesmo em crise, ele deixou o público histérico de tanto rir."

"Eu vi uma apresentação dele nessa época, e foi terrível", disse o repórter.

Lorimer riu. "Acho que ele estava sóbrio."

Foi então que Claudius, o Prodígio Sem Braços, entrou no Queen's Head. Ficou parado um instante, olhando o entorno, e então reconheceu Calvero, seu amigo.

Claudius era um homem feio, gordo e baixo, com torso cilíndrico e cerca de cinquenta anos; tinha nascido sem braços, com um rosto sem pelos e cabelo escasso e castanho, que parecia um ninho de ratos. No teatro, não se envolvia com os colegas. Poucas pessoas o conheciam intimamente, mas aqueles que se aproximavam descobriam um amigo fiel, educado e inteligente. Havia uma vida emocional dentro dele que poucos suspeitavam. Ela ficava evidente por seu excelente gosto em literatura e por seu interesse em morfologia, em especial a que envolvia o subcutâneo, a estrutura muscular somática e seu funcionamento. O lado literário de Claudius despertava o interesse de Calvero e eles se tornaram bons amigos.

Muitas vezes, ele encontrou Claudius sentado a uma mesa, mergulhado em um livro, cansado demais para usar os pés, mas "folheando" as páginas com o nariz.

Quando Claudius viu Calvero no Queen's Head, não sabia a extensão da decadência do grande comediante, pois esteve viajando pela Europa e pelos Estados Unidos nos últimos cinco anos e não acompanhara todas as últimas notícias. Mas, conforme conversaram no bar, ele começou a perceber que alguma coisa tinha acontecido com Calvero; provas de tal fato eram sua camisa puída e a ausência das joias que ele costumava usar. Depois de socializarem um pouco, Claudius perguntou o que ele andava fazendo.

"No momento, nada. Estive doente, sabe?… Uma doença maldita", disse Calvero.

"Ouvi dizer."

"As coisas têm estado péssimas, repugnantes… Não trabalho faz três anos. E quando os lobos derrubam você, querem despedaçá-lo. Mas é preciso manter o queixo erguido."

Que estranho ouvir o Grande Calvero falando desse jeito, pensou Claudius. "Não me dei conta de que você estava com tanta dificuldade", ele disse.

"Mas vou me reerguer", respondeu Calvero. "Me ofereceram o circuito McNaughton. Agora é apenas uma questão de acertarmos os termos. Aliás, vou me reunir com meu agente hoje para falarmos sobre o trabalho. Fiquei de encontrá-lo aqui, ao meio-dia." Quando ele disse isso, o relógio pendurado acima do bar badalou a meia hora. Calvero olhou para cima e viu que era uma e meia.

Claudius ficou constrangido. Queria ajudá-lo, mas seria difícil. "Bom, escute, espero que você me considere amigo e confidente o bastante para saber que, se precisar…" Ele pigarreou. "Quer dizer, se você estiver pouco confortável financeiramente…"

"Financeiramente, estou mortificado", interveio Calvero. "No último ano, vivi de penhorar minhas joias. A última se foi no mês passado."

"Bom, então, se você quiser, na minha carteira, no bolso interno do meu casaco, tem vinte libras. São suas."

"Pegarei emprestado", disse Calvero, escondendo a emoção. Ele se sentiu ridículo, e teve também uma leve repulsa pela proximidade física, ao pôr a mão no bolso interno de Claudius. Calvero pegou quatro notas de cinco libras. Conforme tirou o dinheiro da carteira, uma fotografia de um jovem caiu no chão; ele a pegou.

"É meu sobrinho", disse Claudius. "Eu o adotei depois que a mãe dele morreu."

"Rapaz bonito", comentou Calvero.

"Um menino brilhante", disse Claudius. "Agora está na faculdade."

Calvero enfiou a fotografia na carteira e a devolveu ao bolso interno de Claudius.

"Não abotoe o casaco. Está quente lá fora."

"É claro que eu vou lhe dar uma promissória", disse Calvero.

"Não se preocupe, pague quando puder", respondeu Claudius.

Agora ambos estavam sem graça e tiveram dificuldades para encontrar assunto. Assim, Claudius pediu licença, di-

Página de um dos primeiros rascunhos de Footlights*, com anotações escritas à mão por Chaplin.*

(NOTES)

POSSIBLE DRESSING ROOM DIALOGUE WITH
ARMLESS MAN.

*Discussing
Mathematical
Equations*

ONE
The noble cry for others, never for themselves.
What do you want with mathematics?

OTHER
Mathematics is the measurement of truth.

ONE
Leave measuring to the Tailors and teagrocers.
Mathematics only identifies things, but desire moves them.

OTHER
Well I wish to identify things.

" Power of the Will ?. "

ONE *facts*
There are other ~~things~~ more important than
equations. Think of the desire in things! The urge in
numbers...~~one wanting to become two. Two wanting to~~ *in true in*
~~become three, and so on.~~ The urge that keeps all things
eternally moving...fire into substance...substance into
fire.

OTHER
That's getting into religion.

ONE
Religion is too circumscribe. It's inured
in morality.-- variable ~~terms~~ called good and evil.
and deals in;

*Think of the desire in all things the urge to change,
to remain whole, or to disintergrate; the urge to
keep eternally moving fire into substance substance
into fire!*

zendo que tinha um compromisso. "Até logo", ele disse. "Você sabe meu endereço. Mande notícias."

Calvero tentou responder, mas seus lábios se contraíram e, por isso, ele apenas concordou com a cabeça.

Naquela tarde, quando Calvero voltou para casa, tinha comprado mantimentos e flores, e recuperado seu velho violino.

Em sua ausência, a nova empregada passou para ver se Terry estava bem, mas a encontrou dormindo. Mais tarde, às quatro, ela estava acordada, apesar de muito confusa.

"Seu marido pediu que eu viesse ver como a senhora está."

"Marido?", perguntou Terry.

"Sim, senhora. E ele pediu para eu esquentar essa canja para a senhora."

Terry fez "não" com a cabeça em um movimento fraco. "Não, obrigada."

"Mas a senhora não comeu nada o dia todo."

Naquele instante, Calvero entrou, bem-humorado e alegre, com os braços cheios de flores.

"Sua esposa não quer comer nada."

No mesmo instante, ele olhou para Terry. "Oh, não? Bom, precisamos tomar uma providência", ele disse.

Quando a empregada foi embora, Terry estava completamente acordada, mas parecia atônita.

"Não se preocupe com essa coisa de esposa", disse Calvero. "Precisamos fingir que estamos casados. É a fachada de respeitabilidade que a sra. Alsop acha que deve à faxineira."

Terry sorriu de leve e ergueu o tronco para se sentar na cama. Calvero fez as preparações para o jantar. Ela observou conforme ele ajeitou as flores pelo quarto e acendeu o forno.

"Mas, assim que você ficar bem", ele continuou, "estará livre e divorciada."

"Obrigada. Acho que já estou bem."

"Quase, mas ainda não. É melhor ficar mais um ou dois dias."

"Você é muito gentil, mas não quero atrapalhar."

"Você não está atrapalhando."

"Já causei problemas suficientes para você. E não tenho palavras para dizer o quão grata sou pelo que fez. Mas, de verdade, agora já estou bem o bastante para voltar ao meu quarto."

Ele hesitou. "Bom, infelizmente, isso é impossível."

"Por quê?"

"Foi alugado."

"Meu quarto?"

"Foi o que a sra. Alsop disse. As… as pessoas vão se mudar para lá hoje", ele explicou, constrangido.

"Oh… Entendi…"

Uma repentina diminuição no tráfego lá fora destacou um silêncio de espanto. Calvero a observou por um momento. Ele tinha percebido que os olhos da moça eram muito azuis e inefavelmente tristes. "Mas é claro que, se você não tiver para onde ir, pode ficar aqui por um tempo. Não há pressa… Digo, até você se recuperar."

"Mas eu vou… vou embora de qualquer jeito", ela disse, resoluta.

"Para onde?"

"Eu tenho amigos…"

"Tem certeza?"

Ela não conseguiu responder. Meneou com a cabeça, os olhos nadando em lágrimas. De repente, enterrou o rosto nas mãos. "Oh, de que adianta?", ela chorou. "Por que você não me deixou morrer e ponto final? Estou cansada de toda essa miséria e sofrimento! A vida não faz sentido!"

"Claro que não. É você que precisa fazer sentido", ele respondeu.

"Mas não estou bem… Estou doente… Não presto para nada!", ela disse, angustiada.

"Escute. Eu não sei o que está por trás de tudo isso, mas se você não está bem e se for o que a sra. Alsop acha que é, então você devia fazer alguma coisa. Não é uma causa perdida! Se é uma doença do sangue, existe uma cura, um novo remédio que faz milagres! Está curando milhares de pessoas! Esqueci o nome… Mas se for alguma coisa dessa natureza, você pode ter ajuda." Ele fez uma pausa. "É claro que você sabe ao que me refiro…"

Ela ficou surpresa e profundamente comovida por aquela revelação de tolerância e bondade. "Sim, eu sei ao que você se refere", ela respondeu, "mas não é nada disso."

"Tem certeza?"

Ela sorriu em meio a lágrimas. "Sim."

"Não tenha medo… Sou macaco velho. Nada mais me surpreende."

Ela o fitou, admirada, e sacudiu a cabeça. "Eu garanto, não é nada disso."

"Mas você esteve doente, não esteve?"

"Sim. Fiquei internada por três meses, com febre reumática."

"Só isso? Então, do que você está reclamando?"

"Isso acabou com a minha saúde... Roubou minha juventude! Não consigo dançar... Não consigo nem andar!"

"Dançar?"

Ela fez uma pausa para controlar a emoção. "Eu era bailarina."

"Ha!", ele riu, "e eu pensei que você fosse uma... Então você é dançarina!"

Ela sorriu. "Sim. Fui membro do Empire Theatre Ballet."

"Eu sabia que tinha alguma coisa notável em você! Passei por você muitas vezes ao entrar ou sair da casa e me perguntei quem você era."

"E eu me perguntei quem você era."

"Desculpe, mas não fomos formalmente apresentados. Qual é o seu nome?"

"Terry Ambrose."

"Ambrose?" Ele levantou a cabeça, intrigado. "Eu já ouvi esse nome antes?"

"Acho que não. Meu nome artístico era Thereza."

"Thereza. Claro! Eu a vi dois anos atrás, como Leda em *O cisne*."

"Aquela era Jenet."[7]

"Sim, você está certa", ele respondeu, embaraçado.

"Mas eu era a substituta."

"É mesmo?"

Ela sorriu.

Calvero ficou entusiasmado, energizado, desarticulado, apologético. "Bom, eu... Eu não tenho muito a oferecer, mas se você não tiver para onde ir, seria um prazer se ficasse aqui. Quer dizer... Se você aguentar ser a sra. Calvero por um tempo. Mas não me interprete mal... Será apenas no nome", ele disse, bem-humorado.

"Tem certeza de que não serei inconveniente?"

"De jeito nenhum. Já tive cinco esposas. Uma a mais, uma a menos, não faz diferença para mim..."

"Você é muito gentil."

Ele a observou com intensidade. "E você é muito bondosa, posso enxergar isso. E muito sensível, sensível demais. Mas garanto que estou em uma idade em que posso manter uma amizade platônica do plano mais alto e virtuoso... Você já ouviu falar em Calvero?"

"Oh, sim!", ela respondeu.

"Pois sou eu."

"Você?"

"Pelo menos, era eu. Também sofri certos infortúnios. Mas não vamos falar sobre isso. Por enquanto, vamos nos concentrar em um pouco de caldo de galinha quentinho", ele disse, e começou a preparar a mesa do jantar.

Logo depois da refeição, Terry voltou a dormir, enquanto Calvero ficou sentado por perto, lendo a edição noturna do jornal.

Naquela noite, quando ele fechou a divisória para dormir, estava falando consigo: "Hum, uma bailarina".

Na rua, algumas quadras para cima, o trio miserável tocava mais uma vez "The Honeysuckle and The Bee".

Ao tirar os sapatos, Calvero começou a assobiar baixinho para acompanhar a música lá fora. Ideias giravam em sua cabeça como uma roleta, ideias para uma comédia que se centrasse em uma bailarina. Ele parou de se vestir três vezes, segurando as calças nas mãos, para tomar notas — a última das quais o fez sair da cama um pouco antes de cair no sono.

De repente, alguém bateu à porta e uma voz gritou: "Sr. Calvero, rápido! Você está atrasado!".

Calvero se levantou, assustado, e saltou da cama. Confuso, tentou se lavar e se vestir, enquanto a voz continuava pedindo que ele fosse mais rápido. Então, desesperado, ele abriu a porta e saiu.

Descobriu-se correndo em um labirinto, subindo por um caminho e descendo por outro, aflito para subir ao palco. Abriu uma porta e estava no meio de uma rua movimentada, sem nenhuma roupa. No mesmo instante, mergulhou de volta e então estava no palco, ainda nu e confrontado por uma plateia enorme, que urrava e aplaudia. Ele voltou outra vez, apressado, e passou por muitos cenários e alçapões em sua tentativa desesperada de sair do palco.

E então ele estava no centro do palco, vestido como um vagabundo, cantando o refrão da canção da sardinha.

Oh for the life of a sardine,
That is the life for me.
Cavorting and spawning every morning
Under the deep blue sea.
To have no fear of a fisherman's net,
Oh what fun to be gay and all wet.
Oh for the life of a sardine.
*That is the life for me.**

Durante o refrão, ele é interrompido por uma vistosa *soubrette* (é Terry), muito *décolletée*, carregando uma sombrinha rosa. Ela passa na sua frente várias vezes. Ele sacode a mão diante do rosto, como se uma mosca o incomodasse. Começa a recitar:

A sardine once sat on his can.
His eyes were dimmed with oil.
Why do the packers pick on me?
My life they have to spoil.
And as he sat in his little can,
His mind was reminiscent.
The past, he said, is all I have.
*The future is delicatessant.***

Enquanto ele recita, ela passa na sua frente mais uma vez, e então se reclina para amarrar a sapatilha. Ele se vira para o maestro.

VAGABUNDO
Com licença, você pode me emprestar um mata-mosca?

MOÇA
(*se endireita e olha para ele, indignada*) Oh! Desculpe?

VAGABUNDO
Se você começar a se desculpar, é melhor chamar a polícia.

MOÇA
Eu repito, desculpe?

VAGABUNDO
Não ligo pra isso ou com o que você tem comido.

MOÇA
Eu não comi nada.

VAGABUNDO
Pobrezinha. Tome, compre um sanduíche!
(*dá a ela um níquel*)

MOÇA
Eu não quero um sanduíche.

VAGABUNDO
Então o que você quer?

MOÇA
Quero um pedido de desculpas.

VAGABUNDO
Desculpas? Eu não a conheço. E nem quero conhecer. Quem é você? Quem é sua família? Seu nome está nos registros?

MOÇA
Meu sobrenome é Smith.

VAGABUNDO
Nunca ouvi falar.

MOÇA
Isso mostra como você é burro.

VAGABUNDO
Então eu deveria ter vindo com o casaco mais comprido. De qualquer forma, você me interrompeu no meio do soneto.

MOÇA
Um soneto! O que é isso?

---

* *Oh, pois a vida de uma sardinha,| É a vida que quero para mim.| Saltitando e desovando de manhã,| Nas profundezas do mar azul.| Não temer rede nem ser pescado.| Oh, que divertido ser feliz e encharcado.| Oh, pois a vida de uma sardinha,| É a vida que quero para mim.* (N. T.)
** *Era uma sardinha em sua latinha.| Seus olhos, banhados de óleo.| Por que os enlatadores aporrinham a mim?| Da minha vida, fazem estrago sem fim.| Sentado ali, na sua latinha| Sua mente, reminiscente.| O passado, ele disse, é tudo o que tenho.| E o futuro, delicatessente.* (N. T.)

VAGABUNDO

Ha, ha! Uma moça superdotada! Então você não sabe nada sobre poesia.

MOÇA

(*com desprezo*) Que absurdo! Uma sardinha sentada em uma lata. Em primeiro lugar, uma sardinha não pode se sentar.

VAGABUNDO

Isso mostra que você não sabe nada sobre anatomia. Quando você compra uma latinha de sardinhas, elas estão deitadas no meio da lata, não estão?

MOÇA

Claro que sim.

VAGABUNDO

Então elas têm um meio?

MOÇA

Naturalmente!

VAGABUNDO

Você quer que eu continue?

MOÇA

Mas isso não faz o menor sentido.

VAGABUNDO

(*muito enfático*) Por que poesia precisa fazer sentido? (*emocionado*) Você não entende que existe licença poética? (*põe as mãos em volta da cintura da moça*)

MOÇA

Estou começando a achar que sim. (*tenta se soltar*) Mas você não é poeta e eu não lhe dou licença coisa nenhuma.

VAGABUNDO

Não, não, não — pare! Isso que estamos fazendo é muito maior do que nós! (*em voz baixa*) Neste exato momento, estou começando a entender o sentido da vida. (*dá-lhe um aperto*) Oh, que esbanjamento de energia! O que é essa

vontade cósmica? O que faz a eternidade continuar e continuar?

MOÇA

(*entra no mesmo clima*) Você está certo. O que queremos? O que procuramos?

VAGABUNDO

Seja o que for, você não vai encontrar no meu bolso, então pode ir tirando a mão.

MOÇA

(*surpresa*) Como foi parar aí?
(*começa a tocar um tango — ambos dançam ao som da música*)

MOÇA

Por que você me confunde?

VAGABUNDO

Precisamos ser sérios?

MOÇA

Você torna difícil conhecê-lo melhor.

VAGABUNDO

Você precisa ler minha biografia... na *Gazeta Policial*.

MOÇA

Você é um homem engraçado.

VAGABUNDO

Por quê?

MOÇA

Falando sobre sardinhas desse jeito que você fala.

VAGABUNDO

Na noite passada, sonhei que estava apaixonado por uma sardinha.

MOÇA

(*incrédula*) Apaixonado por uma sardinha?

VAGABUNDO
E por que não?

MOÇA
Eu não sabia que sardinhas eram capazes de amar.

VAGABUNDO
Até as mosquinhas fazem amor.

MOÇA
Jura?

VAGABUNDO
Oh, sim! Você nunca as viu passarem do estábulo para a mesa… Perseguindo umas às outras nos torrões de açúcar… E chegando aos finalmentes na manteiga? Você decerto leu *A vida das abelhas*, de Maeterlinck, não leu?

MOÇA
Não, não li.

VAGABUNDO
Pois o comportamento das abelhas na colmeia é inacreditável!

(espirra, assoprando pó branco dos ombros dela)

MOÇA
Saúde!

VAGABUNDO
Também acho!

MOÇA
Do que você está falando?

VAGABUNDO
De você.

MOÇA
De mim?

VAGABUNDO
Que saúde!

MOÇA
Oh!

(ele espirra outra vez. Mais pó sai dos ombros da moça. Ele pega um espanador do bolso e espana seus ombros)

VAGABUNDO
Desculpe, mas você está muito empoeirada hoje. Onde guardam você? Na prateleira de um armário?

MOÇA
Gosto de você. Você tem sentimento. São poucas as pessoas que têm a capacidade de sentir.

VAGABUNDO
Ou a oportunidade.

(ele pula sobre ela, prende as pernas em torno de sua cintura e tenta mordê-la, mas não consegue)

MOÇA
Você deve estar certo. A vida toda é motivada por amor.

VAGABUNDO
Exceto os seres humanos.

MOÇA
Você está dizendo que somos incapazes de amar?

VAGABUNDO
Receio que sim.

MOÇA
Não me diga isso! Eu não conseguiria viver se não acreditasse no amor — se o amor não reinasse neste mundo!

VAGABUNDO
E reina, mas não é o que você pensa. Ele é horrível, abjeto, perverso, censurável… Mas é maravilhoso.

(ele salta sobre ela e tenta morder-lhe o pescoço. Conforme o faz, um de seus botões sai voando e seus suspensórios se soltam)

MOÇA

Puxa vida! O que você fez?

VAGABUNDO

Nada. Só perdi um botão… Isso é bom para mim! Me sinto tão livre e contente!

(o tango fica mais alto e a dança, mais intensa, até que chegam a um ritmo insano cujo clímax é ele caindo do sofá e se descobrindo acordado no chão)

Apesar de Calvero ter acordado cedo, encontrou Terry já desperta. "Como foi seu sono?", ele perguntou.

"Oh, maravilhoso… Depois do caldo de galinha, não me lembro de mais nada."

"Ótimo. E como está se sentindo?"

"Muito melhor", ela respondeu, "mas minhas pernas… Elas parecem estar piorando."

"O que quer dizer?"

"Não consigo ficar em pé."

"É natural que, depois do que você passou, elas estejam fracas", ele disse, se preparando para o café da manhã. "Mas tenho certeza de que é só temporário. Mesmo assim, você precisa contar ao médico."

"Oh, tenho certeza de que vai passar. Mas e você, onde dormiu?"

"No sofá."

"Me sinto tão culpada por roubar sua cama."

"Não se preocupe. Já dormi em lugares piores. O único problema foi que sonhei a noite inteira."

"Oh!"

"Mas não foi nada de novo. Tenho sonhado muito, ultimamente. E é sempre com teatro."

"Interessante."

"Eu detesto."

"O teatro?"

"Sim."

"Por quê?"

"É uma concepção artificial da vida… Não… É uma ocupação melancólica… Fingindo ser engraçada, quando não há nenhum motivo para fazer graça."

"Com todo o seu sucesso, é estranho ouvi-lo dizer isso", ela comentou.

"Talvez não seja o teatro que eu odeio tanto, e sim o público."

"O público? Por que você o odeia?"

Ele sorriu com tristeza. "Porque sou velho e amargo, acho."

Ela fez que não com a cabeça, sem tirar os olhos dele. "Você não é velho, e tenho certeza de que não é amargo. Você gosta demais das pessoas."

"Individualmente, sim", ele respondeu, "existe grandeza em todo mundo. Mas o público, eles são o que são, uma confusão heterogênea de propósitos cruzados. Certa vez, uma grande estrela… saiu do palco furiosa, e foi aí que eu entendi que aquilo podia acontecer comigo. Sabe, conforme o comediante fica mais velho e perde sua resplandecência, ele precisa pensar em seu trabalho com uma perspectiva analítica. Quer dizer, isso se ele quiser continuar no mercado cômico… E quanto à plateia, foi aí que comecei a temê-la… Implacáveis, imprevisíveis… Como um monstro sem cabeça; você nunca sabe em que direção vai virar, pode ser cutucado para qualquer direção. É por isso que eu precisava tomar um drinque antes de enfrentá-lo. Cada apresentação se transformou em tortura. Nunca apreciei bebida, mas não conseguia ser engraçado sem ela. E, quanto mais eu bebia…" Ele deu de ombros. "Bom, virou um círculo vicioso."

"O que aconteceu?"

"Um colapso nervoso. Eu quase morri."

"E você ainda bebe?"

"Às vezes, quando penso nas coisas." Ele sorriu. "Nas coisas erradas, eu acho. Mas já falei demais sobre mim mesmo. O que você gostaria de comer?"

"Que coisa mais triste, ser engraçado", ela disse, pensativa.

A mesa estava posta agora e ele estava pronto para preparar o café da manhã. Ficou parado um instante, imerso em pensamentos. "Mas tem suas recompensas… É muito emocionante ouvir o público rir. Agora, vamos ver…", ele disse, abrindo o armário da despensa. "Temos ovos, atum, sardinhas…" Ele estalou os dedos. "Foi isso! Foi este o meu sonho! Sonhei que fazíamos um número juntos! É esse o problema, tenho ideias extraordinárias nos meus sonhos, mas, quando acordo, me esqueço. Hoje cedo, eu de repente estava trêmulo de tanto rir. Me levantei, corri para a escrivaninha e anotei cinco páginas de esquetes certeiras. Então acordei e descobri que não tinha escrito nem uma linha."

"Que frustrante!"

"Sim. Eu poderia fazer uma volta triunfal se ao menos me lembrasse dos meus sonhos. Eu preciso trabalhar, e não só por causa do dinheiro. Vai ser bom para a minha alma."

"Eu queria poder ajudar."

"Eu sei que sou engraçado", ele disse, enfaticamente, "mas os agentes acham que não tenho mais nada a oferecer… que sou um zero à esquerda. Deus! Seria ótimo fazê-los engolir as próprias palavras. É o que detesto sobre envelhecer: o desprezo e a indiferença que demonstram. Acham que sou inútil… Um zero à esquerda. É por isso que seria maravilhoso voltar! Seria espetacular! Sacudi-los de rir como eu costumava fazer… Ouvir os urros cada vez mais fortes… Ondas de risos vindo até você, tirando você do chão… Que elixir! Você quer rir com eles, mas se segura e ri por dentro… Deus, não há nada como isso!" Ele fez uma pausa. "Por mais que eu odeie aqueles malditos, amo ouvi-los rir!"

Ela foi conquistada por seu entusiasmo. "Como você pode detestar o público, quando se sente desse jeito? Você fala como um marido que teve uma discussão com a esposa."

Ele deu de ombros. "Talvez. Ainda assim, a essa altura da vida, eu desistiria de tudo isso se pudesse fazer outra coisa."

Ela sorriu, confiante. "Você jamais conseguiria fazer isso."

"Ora, eu não sei… Em algum lugar, no fundo da minha mente, sempre tive essa vontade: uma fazenda pequena, com livros e algumas flores. Quando eu era mais novo, havia uma mulher nesse retrato, e um ou dois filhos… Eu podia me ver ocupado com coisas mundanas… Construindo uma parede ou uma cerca… E sentindo muito prazer com isso! Engraçado… Durante toda a minha vida trabalhei com as emoções, mas sempre quis fazer alguma coisa com as mãos."

Alguém bateu à porta. "Entre", disse Calvero.

"Um telegrama", avisou a faxineira.

"Obrigado", disse Calvero. Depois que a faxineira saiu, ele abriu a correspondência e leu; então, sem nenhum comentário, afundou em uma cadeira e cobriu os olhos.

"Alguma coisa errada?"

"Não consigo acreditar. Ele quer mesmo me ver…"

"Quem?"

"Redfern, meu agente. Eu tinha uma reunião com ele ontem, mas ele não apareceu. E agora ele quer me ver às três." Ele leu o telegrama em voz alta, "DESCULPE-ME POR NÃO TER IDO AO QUEEN'S HEAD. VENHA AO MEU ESCRITÓRIO ESTA TARDE, ÀS TRÊS", e então continuou: "Será que ele vai me fazer de bobo outra vez? Seria a segunda vez que me decepcionaria".

"Não, se mandou o telegrama", disse Terry.

Ele deu de ombros. "De qualquer jeito, preciso engolir meu orgulho." Ele se virou para ela, cheio de entusiasmo. "Acho que este é o ponto de virada, sabe? O fim da minha má sorte! Eles andaram me boicotando, tentando quebrar meu moral. Mas agora esses agentes me querem. Precisam de talento de verdade, de atrações principais. E agora querem *a mim*! E vou fazê-los pagar!" Ele pensou por um momento. "Não. Eu serei grande, serei agradável, é isso! Serei humilde e agradável. Isso me dará mais dignidade." Então, ele ficou muito sério. "Visitarei Redfern às três. Enquanto isso, se eu não estiver aqui quando o médico ligar, não se esqueça de falar sobre suas pernas."

A agência de Sam Redfern[8] ficava na sobreloja de uma grande livraria, em uma das ruas secundárias da Strand, perto de Covent Garden. Na sala de espera, com suas três janelas imensas, estavam vinte ou trinta atores e atrizes em pequenos grupos, fanfarronando. Alguns pareciam promissores, mas outros, que ansiavam por ter o mesmo efeito, não seriam aprovados em nenhum teste. Em intervalos de tempo, um assistente vinha do escritório, as conversas congelavam e tudo ficava em silêncio. Como um ceifador, ele amputava as esperanças de muitos conforme passava apontando o dedo para este e aquele lado, complementando com um sucinto "Nada para você… nem para você… nem para você… nem para você…".

O aposento ficou vazio aos poucos, até que sobraram apenas Calvero e outros dois. Ele tinha fornecido o nome na recepção vinte minutos atrás, que foi repassado mecanicamente para o escritório, e pediram para ele esperar. Agora, a porta para o escritório de Redfern foi aberta com uma explosão de gargalhadas roucas, a maioria de um sujeito com aparência bem-sucedida e arrogante que saiu para a sala de espera.

"Combinado. Amanhã, uma hora, almoço no Trocadero. Aí eu conto aquela do marinheiro bêbado", ele berrou pela porta.

Calvero observou o homem com desprezo conforme ele foi embora, rindo o caminho todo.

Página de um dos primeiros rascunhos com muitas alterações.

[handwritten at top: you'll here them laugh again, / I wonder, he said, ... / Of course you will]

with them, but you hold back and laugh inside. God!

There's nothing like it." He paused. "Sometimes

I hate ~~this business~~ *More lousy...* ....but ~~I miss the laughter.~~ *I love to hear them laugh* ✗ I

shall always miss the laughter."

~~"You talk as though you'll never make~~

~~them laugh again," said Terry, resentfully. But~~

~~you will. You must."~~

"I'm getting old," he said ~~wistfully.~~ *old*

"Nonsense. You're the youngest person

I know," she replied.

~~"Ah...but I'm weary. It's a hard job~~

~~making them laugh when you're weary.~~ That's what

happens -- funny people get *old and* weary. Then they get

afraid -- ~~afraid of themselves~~ *sister* -- ~~afraid of the public~~

~~-- afraid they won't laugh any more.~~ Then bitterness

worms in...you get ~~jealous,~~ irritable, fretful...

~~afraid of the new ones coming up...because you haven't~~

~~the strength to compete..."~~

"But you're not like that," said ~~Terry.~~ *she*

~~"You wouldn't say these things, if you were."~~

~~"Ah, but there's the jealous child in~~

~~all of us, my dear,"he~~ *shrugged* ~~replied,~~ then paused. "Some-

times I feel I'd like to give it all up."

"You could never do that," she said.

"You're too much of an artist."

Sam Redfern organizou a mesa, se espreguiçou, bocejou e então perguntou ao assistente: "Tem mais alguém esperando?".

"Calvero", respondeu o assistente.

"Alguém importante?"

"Não."

"Então peça para ele entrar."

Sam Redfern estava perto dos cinquenta anos e era magro, com escasso cabelo castanho, penteado de um jeito meticuloso para o lado em uma tentativa de esconder a careca. Seu rosto sem barba tinha traços marcantes, que sugeriam inteligência e cálculo. Ele entendia os atores e tinha carinho genuíno por eles, conhecendo suas fraquezas e idiossincrasias.

"Boa tarde, Calvero. Sente-se", disse Redfern, apressado. "Me desculpe por ontem, mas fiquei preso em uma reunião importante de negócios envolvendo um circuito grande de teatros, e não pude sair. De qualquer jeito, a razão por eu ter chamado você é que acho que posso conseguir uma semana no Middlesex."

"Em quais termos?", perguntou Calvero, com frieza.

"Ainda não sei. Mas eu não me preocuparia com isso, se fosse você", ele respondeu.

"Bom, se dinheiro não é problema", disse Calvero, sarcástico, "eu gostaria de saber que tipo de destaque vou ter."

"Outra coisa com a qual eu não me preocuparia", respondeu Redfern, com irritação crescente.

Calvero riu, incrédulo. "Você quer dizer que não vou ser a atração principal no Middlesex? Aquele buraco, aquela escarradeira onde eu me recusaria a cuspir?"

"Não tenho certeza se conseguiremos uma apresentação lá para você", disse Redfern, frio.

"Conseguindo ou não, você acha que eu permitiria que eles jogassem meu nome com um monte de gente insignificante... Só para fazê-los mais importantes? Não, senhor! Calvero ainda é um nome digno de respeito."

"Hoje, esse nome não significa nada."

"Então por que eles me querem?"

"Eles não querem", respondeu Redfern.

"Ahn! Estão fazendo por caridade?", perguntou Calvero.

"Sim, por caridade, se você quer mesmo saber. Como um favor para mim."

"É muito gentil da sua parte", disse Calvero, "mas ainda não cheguei a esse nível."

"Escute bem", respondeu Redfern, no limite da paciência. "Você precisa se ajudar! Eu já fiz tudo o que podia para conseguir trabalho para você. Não há nenhum outro agente que chegue perto do seu nome. É veneno para eles! O Middlesex é sua única chance! Pronto, agora você sabe."

Uma pontada de desespero tomou conta de Calvero. Ele pareceu envelhecer diante de Redfern. "Sim. Agora eu sei."

Houve uma pausa. "Eu sinto muito", disse Redfern, suavizando-se, "mas você precisa de alguém que o faça enxergar os fatos."

"Eles já se fizeram bastante óbvios para mim", respondeu Calvero.

"Estou apenas tentando ajudá-lo, só isso."

"É muito gentil da sua parte."

"Sou seu agente há vinte anos, Calvero, e estou tentando fazer o possível por você, mas você precisa cooperar."

Calvero murchou. "Certo. O que você achar melhor... Eu faço."

"É esse o espírito", disse Redfern. "Os contratos ainda não foram confirmados, mas, assim que forem, mandarei notícias, provavelmente dentro de uma semana. Porém, não se preocupe", ele completou, pondo a mão no ombro de Calvero.

Ele foi sem pressa até a porta, com Redfern o acompanhando; então Calvero se virou: "Bom, se meu nome não significa nada... Eu... Eu não vou usá-lo. Vou com outro nome".

"Acho que é uma ideia excelente", disse Redfern, entusiasmado.

Quando Calvero chegou à casa da sra. Alsop, seu desânimo tinha se dissipado. Ao abrir a porta da frente, encontrou o médico, que acabara de examinar Terry. "Como ela está?", perguntou Calvero.

"Em excelente forma. No que se refere à intoxicação, está recuperada por completo. Mas surgiu outra complicação. Ela está perdendo o uso das pernas."

"É muito sério?"

O médico contraiu o rosto. "É um caso de anestesia psíquica."[9]

"O que é isso?"

"Um tipo de histeria que tem características da paralisia. É puramente psicológica. É como se houvesse um curto-circuito espiritual dos nervos que conectam a mente com as pernas. É uma condição autoimposta. Alguns chegam a considerar isso uma forma de suicídio inconsciente. Inconscientemente, ela rejeitou a vida e, por isso, se tornou paraplégica."

"Quanto tempo essa condição pode durar?", perguntou Calvero.

O médico pensou por um instante. "A vida toda, se nada for feito… Depende dela; se ela quer ficar boa ou não."

"Tenho certeza de que ela quer."

"Na aparência, sim", disse o médico, "mas, na essência, ela renunciou à vida, desistiu. E, agora, precisa tentar reavê-la. Ela precisa ajudar a si mesma em um nível primário… E você também pode ajudar. Inspire seu desejo de viver, reavive seus interesses. Ela diz que é dançarina. Então apele para seu senso artístico, seu senso estético. É uma motivação muito importante para a vida."[10]

Mais tarde naquele dia, Terry contou a Calvero a maior parte de sua história de vida. Falou sobre a infância e sobre a irmã, por quem sentira tanta humilhação e desgraça. Disse a respeito do romance — construído em sua própria mente — com o jovem compositor e dos eventos que vieram depois, até sua tentativa de suicídio.

"Quando saí do hospital, eu estava fraca e deprimida. Vi um anúncio — uma nova sinfonia de Ernest Neville seria tocada no Royal Albert Hall. Fui à apresentação. A música teve um efeito esquisito em mim. Parecia responder o enigma da minha vida. Foi quando eu quis solidão. Havia uma beleza intangível nela, uma paz que nunca conheci. Encontrei-o logo depois, mas não teve a menor importância. Meu espírito estava exausto. Eu queria dormir… Esquecer tudo… Tudo. Você sabe o resto."

"É evidente que você tem um sentimento de culpa relacionado à sua irmã. Quanto ao resto, é o pessimismo da juventude. Mas você vai superar."

Ela ficou pensativa por um momento. "Será? De vez em quando, uma sombra toma conta de mim, a futilidade absoluta de tudo… Eu vejo nas flores, ouço na música… A vida toda, um escárnio sem sentido."

"Eu não acredito em você. Para você, significa culpa, vergonha e humilhação, toda essa bobagem mesquinha", ele disse, com veemência. "O sentido da vida é muito mais profundo do que a virtude da sua irmã. Pode ser o belo! Inspiração! Alegria e felicidade! Está tudo neste brinque-

dinho", ele continuou, batendo o dedo na testa, "e como você lida com ele… No fundo, você quer viver, não quer?"

"Sim, claro."

"Quer voltar a dançar?"

"Claro."

"E encontrar o jovem compositor outra vez?"

"É cla… Mas por que eu deveria?"

"Ahá! Percebe? Outro complexo. Mas você vai encontrá-lo de novo… Posso até ver como vai acontecer. Você estará no auge da sua carreira", ele disse, teatral, "uma *première danseuse* famosa, morando em Mayfair. E a sua criada vai apresentar o cartão dele e você terá esquecido quem é."

"Eu vou reconhecê-lo, com certeza."

"Não. Ele estará com barba."

"Barba?"

"Todos os músicos têm. De qualquer jeito", continuou Calvero, "ele dirá que a conheceu no jantar de gala da duquesa não-sei-quem, logo depois da sua estreia em Londres, e que compôs um balé para você. Só então vai lhe ocorrer quem ele é. E você o lembrará de quem você é.

"E haverá uma ceia naquela noite, em uma sacada com vista para o Tâmisa… Será verão e você estará com uma musselina cor-de-rosa e ele perceberá seu perfume. E Londres inteira estará linda, como um devaneio.

"Vocês vão se sentar de frente um para o outro e haverá música — uma composição dele, chegando baixinho até vocês de dentro do restaurante. E então, quando uma brisa suave tremular a chama da vela na mesa e seus olhos dançarem, você pensará no passado e contará a ele sobre quando ele visitava a papelaria, pálido e magro, e sobre como você costumava ajudá-lo com partituras extras, e como perdeu o emprego por conta disso. E haverá olhares vibrantes, cheios de significado.

"Então, sob o céu amarelo-alaranjado, na melancolia elegante do crepúsculo, ele dirá que ama você. E você responderá que sempre o amou. E, na sinfonia silenciosa da sua felicidade, você sonhará — vocês dois, vocês dois vão sonhar — sonhos para o futuro."

Pela janela, Calvero fitou o quintal. Um vira-lata farejou o caminho até uma pilha abundante de lixo, que passou a circundar.

"Sim", ele continuou, "a vida tem possibilidades. Se você sonhar… às vezes um sonho pode se tornar real."

Ele desviou os olhos da janela e teve dificuldade para ver o quarto, pois o pôr do sol estava quase completo. Terry

There was a sudden sob from Terry which
made Calvero turn. "What's wrong?"

"~~But~~ I'm a cripple! I'll never dance
again!" she sobbed. / why? //

"Pure hysteria! You don't want to face
~~life, so~~ you've made yourself believe you're a
cripple!"

"How can you say that!" she cried.

"You don't want to live! You were
frustrated in your attempted suicide, so in order
to escape from life, you decided to become a cripple."

"That isn't true!"

"It is! Otherwise you would fight!"

"What is there to fight for...
everything!... Life, the one great
adventure, and ~~the part you play in
it.~~ To face it, and not to run away
from ~~it!~~   I know

                                                   t, because

                                                   t you...

                                                   g a great

                                                   e again!"

"Doctors! What do they know! They can
cut out your kidneys and your gall bladder -- but they
can't cut out your spirit! -- and that's what you
dance with!"

estava sentada na cama, abraçando os joelhos, os olhos reluzindo com lágrimas.

Calvero se sentou em uma velha poltrona e continuou. "Você tem as ferramentas, a inspiração… Posso ver bem aqui", ele disse, esfregando de leve as próprias têmporas. "Você pode se tornar uma grande estrela… Se quiser. A *première danseuse* do mundo!"

De repente, Terry começou a chorar, o que fez Calvero se virar em sua direção. "O que foi?"

"Eu nunca mais poderei dançar", ela soluçou.

"Por quê?", ele quase gritou.

"Sou uma aleijada!"

"Histeria pura! Você convenceu a si mesma que é uma aleijada!"

"Como você pode dizer isso?", ela berrou.

"Você não quer viver! Por isso, para escapar da vida, decidiu se tornar uma aleijada!"

"Não é verdade!"

"É, sim! Senão, você lutaria."

"Que motivo há para lutar?"

"Ah, percebe? Você continua admitindo! Que motivo há para lutar?! Tudo! Pela vida, pela própria vida! Não é suficiente? Pelo mistério e pela beleza! Por vivê-la! Sofrê-la! Apreciá-la! Coragem é a única resposta para a vida, e a inspiração que você atribui a ela! E você… você tem inspiração… Algo a oferecer, você sabe dançar!"

"Mas é impossível dançar sem pernas!", ela disse, convulsivamente.

"Eu conheço um homem sem braços", ele respondeu, "que pode tocar um scherzo em um violino, e faz tudo com os dedos dos pés. Esqueça você mesma! Pense nos medos em termos do universo! Você faz parte dele… O poder do universo… Mover a Terra! Fazer as árvores crescerem! E esse poder está dentro de você. Mas você precisa usá-lo!"

Naquela noite, Calvero assistiu a *Hamlet* de um lugar no camarote e deixou o teatro com repulsa — era sua reação costumeira a qualquer coisa menos do que genial. Ao chegar em casa, espiou o quarto de Terry e a encontrou sentada na cama, esperando por ele. "Então você está acordada!"

Ela sorriu. "Como foi a peça?"

"Excelente — até que as cortinas se abriram."

"E Hamlet?"

"Como sempre, uma atuação de grande complexidade", ele respondeu, "tanta complexidade que ninguém sabia o que o atormentava. Se ao menos Hamlet pudesse ser feito sem um ator. Este era um branquelo que nunca se comprometia, não conseguia se decidir. E o público também não conseguiu. Ficaram muito confusos." Então, ele começou a interpretar o que queria dizer:

"Ser ou não ser", ele disse, trêmulo, contemplando um garfo que ergueu à sua frente.

"Será mais nobre suportar na mente
As flechadas da trágica fortuna,
Ou tomar armas contra um mar de escolhos
E, enfrentando-os, vencer? Morrer — dormir,
Nada mais."*

Ele interrompeu a atuação. "Bah! Não faz sentido! Hamlet era louco! Repleto de violência e fúria. Essa cena devia ser feita com impaciência, com paixão!" Ele empurrou a mesa para ilustrar o que dizia e caminhou de um lado a outro do aposento, enquanto Terry observava, fascinada.

"Ser ou não ser…" Ele falava com raiva e impaciência, até que chegou às falas, "morrer — dormir", que proclamou devagar, lamurioso, "dormir, talvez sonhar" Então ele fez uma pausa, seus olhos girando nas órbitas, "eis o problema: pois os sonhos que vierem nesse sono de morte, uma vez livres deste invólucro mortal, fazem cismar", bradando com cinismo, "esse é o motivo que prolonga a desdita desta vida"; agora sua voz subiu e ele falou rápido, "quem suportara os golpes do destino". Ao dizer "suando o fardo da pesada vida", ele parou e sussurrou em tom macabro, "se o medo do que vem depois da morte — o país ignorado de onde nunca ninguém voltou — não nos turbasse a mente e nos fizesse arcar co'o mal que temos em vez de voar para esse, que ignoramos? Assim nossa consciência se acovarda …". Ele riu com desdém.

Apesar de Calvero não precisar de muito encorajamento, a admiração sincera de Terry o fez passar de um solilóquio a outro e sua voz ecoou pela casa. Porém, no clímax do monólogo do miserável, abjeto e sem valor, "…deprava-

Página de um dos primeiros rascunhos com muitas alterações.

---

* Todos os trechos de *Hamlet* foram extraídos da tradução de Barbara Heliodora (Shakespeare, W. *Teatro completo*. vol. 1. RJ: Nova Aguilar, 2009). (N. E.)

do, traiçoeiro, desumano miserável", alguém bateu à porta com força e a voz da sra. Alsop o interrompeu sem nenhum constrangimento.

"É melhor você parar com esse barulho, sr. Calvero… A vizinhança inteira está reclamando!" — o que acabou com o espetáculo, claro. Por isso, Calvero preparou o sofá e mais uma vez mergulhou no sono ao som das rapsódias do trio miserável que estava outra vez fazendo seu show na entrada do pub da esquina.

De repente, a música fez uma passagem suave para uma introdução animada, e Calvero, na fantasia cômica de um apresentador de circo, entrou saltitando no palco. Na mesma hora, começou uma canção, que era a seguinte:

I'm an animal trainer
A circus entertainer.
I've trained animals by the score:
Lions tigers and wild boar.
I've made and lost a fortune,
In my wild career.
Some say the cause was women:
Some say it was beer, some say it was beer.
Then I went through bankruptcy,
And lost my whole menagerie.
But I did not despair,
I got a bright idea,
While searching through my underwear
A thought occurred to me,
I'm tired of training elephants,
So why not train a flea.
Why should I hunt for animals
And through the jungle roam,
When there's lots of local talent
To be found right here at home.
(coça embaixo do braço)
Yes there's lots of local talent
To be found right here at home.
(coça o corpo todo)
I found one, but I won't say where,
And educated him with care.
And taught him all the facts of life
And then he found himself a wife,
He found himself a wife.
I gave them board and lodgings free

And every night they dine off me.
They won't eat caviar or cake,
But they enjoy a good rump steak
Off my anatomy, off my anatomy,
Off my anatomy, off my anatomy.
And since they've made their home on me
It is an odd sensation,
When every night they take a stroll
Around the old plantation.
But I'm as happy as can be,
I've taught them lots of tricks you see
And now they're both supporting me,
They're both supporting me.
SO
Walk up, walk up,
I've the greatest show on earth.
Walk up, walk up,
And get your money's worth.
See Phyllis, and Henry,
Those educated fleas,
Twisting and twirling
On the flying trapeze.
So any time you feel an itch,
Don't scratch or make a fuss,
You never can tell, you might destroy
*Some budding genius.**

---

* *Sou adestrador de animais/ Um artista de circo audaz./ Treinei bichos aos montes:/ Leões, tigres e rinocerontes./ Fiz e perdi dinheiro aos milhares,/ Na minha carreira destemida./ Alguns dizem que a causa foi mulheres;/ Outros, que foi a bebida, que foi a bebida./ No meu dinheiro, abriram crateras,/ E perdi todas as minhas feras./ Mas não fiquei cabisbaixo,/ Tive uma ideia brilhante,/ Enquanto olhava minhas roupas de baixo/ Um pensamento veio galopante./ Estou cansado de treinar elefante,/ Então por que não treinar uma pulga?/ Por que caçar animais/ E me enfiar no meio da selva,/ Quando existe tanto talento aprendiz/ Bem embaixo do meu nariz./ Sim, existe tanto talento aprendiz/ Bem embaixo do meu nariz./ Encontrei uma, não digo em que parte,/ E com carinho ensinei sobre a arte./ Contei os fatos da vida,/ E ele arranjou uma esposa querida./ Arranjou uma esposa querida./ Ofereci casa e comida sem fim/ Todas as noites eles jantam a mim./ Não comem da alta gastronomia,/ Mas apreciam um bom bife malpassado/ Da minha anatomia, da minha anatomia,/ Da minha anatomia, da minha anatomia,/ E desde que vieram morar deste lado/ É muito estranha a sensação/ Quando, de noite, eles passeiam/ Na velha plantação./ Mas estou feliz e contente/ Ensinei a eles um número diferente/ E agora os dois me sustentam,/ Os dois me sustentam./ ENTÃO/ Venham! Venham!/ É o maior espetáculo do universo./ Venham! Venham!/ Vale o preço do ingresso./ Vejam Phyllis e Henry,/ As pulgas adestradas,/ Piruetando e saltando/ No trapézio voador./ E se você sentir certas coceiras,/ Não coce nem perca as estribeiras,/ Você não sabe se vai destruir/ Um gênio ainda a surgir.*

Conforme a orquestra repetiu o refrão pianíssimo acima, Calvero, com um ar burlesco de profissionalismo, desdobrou uma pequena mesa, na frente da qual desenrolou uma bandeira que anunciava: "PULGAS ADESTRADAS DE CALVERO". Então, do bolso de seu colete, tirou uma caixinha de comprimidos, abriu a tampa e estalou seu chicote. Nada aconteceu. Ele conferiu dentro da caixa e, chocado e indignado, estalou o chicote outra vez.

"Henry! Phyllis! Parem com isso, vocês dois! Ouviram bem? Vocês deviam ter vergonha! Henry! Você me ouviu? Deixe-a em paz! Brigando desse jeito! Henry! Prepare-se. Vamos, vamos! Avante!"

Ele estalou o chicote e Henry deu um grande salto para fora da caixa, aterrissando na parte de trás da mão direita de Calvero, que estalou o chicote de novo. Henry saltou outra vez, bem alto, e pousou na mesma mão, os olhos de Calvero o acompanhando o tempo todo. E o chicote estala de novo! Dessa vez, Henry pula e faz uma cambalhota, Calvero acompanhando-o com o olhar o tempo todo, enquanto Henry para outra vez nas costas de sua mão. Seus olhos brilham com orgulho conforme Henry salta em arco de uma mão para a outra, vez após vez, fazendo cambalhotas duplas.

Calvero ajusta a posição, estabiliza os pés e se prepara como um malabarista de apoio; com a mão esquerda, segura a caixinha de pílulas em uma postura tensa. Henry também se prepara. Um momento de suspense. Os tambores começam a rufar. "Avante!" Henry salta muito alto e então dá uma cambalhota — não, duas! — não, uma cambalhota tripla! Depois, ele aterrissa exatamente no meio da caixinha.

Com muito gosto, Calvero abre um grande sorriso para receber os aplausos do público, enquanto limpa em um movimento discreto as costas da mão, onde a pulga deixou por acidente sua marca registrada.

Então ele estala o chicote e chama Phyllis, que é muito brincalhona e aterrissa no canto de seu olho.

"Phyllis! Pare com isso! Comporte-se!" Ele devolve Phyllis à caixinha e estala o chicote outra vez. "Phyllis!"

Dessa vez, a exuberante Phyllis salta de novo e vai parar em seu nariz. Impaciente, Calvero estala o chicote mais uma vez, mas Phyllis mergulha em seu colarinho e desce por seu pescoço. "Phyllis! Pare já com isso!"

Agora ela passeia de um lado para o outro, chegando,

enfim, na barriga. No mesmo instante, ele desabotoa o colete e olha para baixo. "Sua criaturinha doida! Venha aqui agora!" De repente, ele fica tenso. "Phyllis! Suba daí, agora!" Ele está prestes a abrir as calças, mas muda de ideia. Então Phyllis passeia por suas costelas e se esconde debaixo de seu braço. "Sua fedelha! Você quer que eu me coce? Venha aqui, já!"

Ele estala o chicote mais uma vez. "Phyllis! Venha aqui para fora!" Ele tenta persuadi-la a sair e, em tom amigável, conversa com ela pela manga. "Phyllis! Deixe disso… Seja uma boa menina. Henry precisa de você." Mas Phyllis está descontrolada. No mesmo instante, ela corre para o fundilho da calça. Calvero se surpreende e então pula, como se tivesse sido mordido!

"Phyllis, não!" Ele vira a cabeça e tenta enxergar a parte de trás das calças. "Phyllis! Está me ouvindo? Pare de aprontar aí embaixo! Você foi longe demais! Suba daí imediatamente!"

Mas Phyllis não obedece. Ela morde outra vez, e Calvero pula. "Phyllis, pare!" Mas ela morde de novo e Calvero pula. "Ouça o que estou dizendo! Você quer que eu me coce?" Ele tenta olhar para o traseiro outra vez. E Phyllis continua mordendo. Em um frenesi, ele pula pelo palco. Com a paciência esgotada, enfia a mão na parte de trás da calça. E, enfim, consegue achá-la. Ele a agarra! Ele a tem entre o polegar e o indicador, e a traz para perto do rosto. "Não é hora de brincar, Phyllis", diz Calvero. Então, de repente, uma expressão horrorizada toma conta de seu rosto. "Por Deus! Não é a Phyllis! Quem é você?"

Quando Calvero acordou, ainda era cedo. Ele se sentou no sofá, atordoado, e se coçou. O gesto o lembrou de alguma coisa. De repente, ele ficou alerta. Saltou da cama e foi apressado até a escrivaninha. Mas, ao se sentar com papel e caneta, uma expressão vazia se estampou em seu rosto. Ele largou a caneta com aversão e voltou ao sofá para dormir.

Três dias se passaram e Terry estava sentada na cama, tomando café da manhã. Ela se sentia muito mais forte e a cada dia ganhava mais confiança, apesar de ainda não conseguir ficar em pé.

Calvero estava sentado por perto, atrás de uma pequena mesa. Já tinha terminado seu desjejum e agora se reclinou na cadeira. "Como estão suas pernas hoje?"

"Bom, como você viu, consegui servir seu café da manhã", respondeu Terry.

"Sim, se apoiando em todos os móveis! Mas vou tirá-los de você!"

Ela riu. "Então você não terá café da manhã."

"Engraçado, ainda não recebi notícias de Redfern", comentou Calvero, pensativo.

"Faz apenas três dias que você conversou com ele", ela respondeu.

Ele não continuou o assunto. "Bom, preciso trabalhar", ele disse, se levantando e indo para o outro aposento. Sentou-se à escrivaninha e começou a rever suas anotações, enquanto Terry passava os olhos pelo jornal.

"Quais são as notícias?", ele perguntou de longe.

"Guerra e política, a Europa em corrida armamentista", disse Terry.

"Alguma coisa interessante?"

"Há uma matéria grande sobre o senhor e a sra. Zancig."

"O casal que lê mentes?"

"Sim. Estão dizendo que eles são extraordinários."

"Eu os conheço", disse Calvero, relendo as anotações. "Me apresentei com eles anos atrás. É o velho truque do código."

"Não é de verdade?"

"Claro que não", ele respondeu.

"Diz aqui que as mentes dos dois são tão afinadas uma com a outra que eles conseguem transmitir pensamentos entre si."

"Bobagem!", disse Calvero.

"Então, como fazem?", ela perguntou.

"Eu não sei. Mas não é por transmissão. Sei disso porque uma vez eu o vi mandando um telegrama para a esposa."

Terry quase engasgou com o café. Calvero largou os papéis que estudava e, em um impulso, se levantou e foi para o quarto de Terry. Ficou diante dela como se estivesse prestes a fazer um discurso.

"O que você acha disso? Bergson, o filósofo, diz que a psicologia do riso tem a ver com o instinto de rebanho. Que, basicamente, a risada é o chamado triunfal do seu bando. Em outras palavras, risos são contagiantes. É a isso que estou me dedicando agora — uma ideia para fazer a plateia rir até perder o controle. Eu entro. Rio das minhas próprias piadas. Quanto mais eu rio, mais eles riem comigo", explicou com entusiasmo. Então, atuou como se estivesse no palco e começou a rir aos poucos, progredindo até gargalhar conforme seu diálogo supostamente cômico foi em frente.

"Uma vez, caí de amores." (*risadinhas*) "Aliás, eu caio de várias coisas quando estou bêbado." (*risadinhas*) "Outro dia, eu estava passando por uma barbearia que ficava ao lado do consultório de um dentista, e pensei em dar um pulo para fazer a barba. Mas tropecei pela porta errada… Quer dizer… Entrei pela porta errada. Era o dentista… É claro que eu não sabia disso naquela hora, então me joguei na cadeira e caí no sono. Quando acordei, uma visão graciosa, toda vestida de branco, estava reclinada sobre mim, dando tapinhas na minha bochecha. (*risadinhas*)

"'O que posso fazer pelo senhor?', ela disse.

"Eu respondi: 'Quero o serviço completo'. (*mais risadinhas*)

"'Pois não. Abra sua boca', ela disse.

"Eu respondi: 'Não. Abra você a sua'. (*risadinhas*)

"Ela disse: 'Não. Abra a sua. Quero testar sua mordida'.

"E então eu mordi." (*acesso de risos*) "Bem no pescoço. E ela mordeu de volta." (*mais risos*) "E então, por algum tempo, foi um caso de estica e puxa. Eu esticando, ela puxando." (*mais risos*) "No meio de tudo aquilo, veio o dentista — era o marido dela." (*acesso de risos*)

"Ele disse: 'O que está acontecendo aqui?'.

"Ela disse: 'Ele precisa de uma jaqueta'. (*acesso de muitos risos*)

"Eu disse: 'Só um casaquinho basta até eu chegar em casa'.

"Então ele me deu uma jaqueta! Bem na boca!" (*acesso de risos*) "Quando acordei de novo, tinha os dentes mais bonitos que você já viu na vida. Ele trabalhou horas extras em mim! Então disse: 'São cento e cinquenta dólares'. (*risos*)

"Eu disse: 'Não seja tonto'.

"Ele respondeu: 'Você é que ficará tonto, se não pagar!'. (*acesso de risos*)

"Bom… Eu não paguei… E por isso sou tonto desde então!" (*acesso de risos*)

Terry, com os joelhos para cima e os braços em torno

deles, ficou quieta, com uma expressão séria no rosto, enquanto o observava. Ela ficou bastante impressionada, apesar de não ter demonstrado, e disse que quase sorriu diversas vezes. Mas, para Calvero, suas reações foram uma decepção, apesar de ela ter explicado que quase nunca ria abertamente, mas que no íntimo tinha gostado muito. Calvero concordou com as duas declarações. "De qualquer jeito", ele disse, "vamos continuar com o exercício."

Com as palmas das mãos, ele conduziu Terry pelo aposento. No processo, trocavam provocações e gracejos carinhosos. De vez em quando, ele tirava as mãos, o que a fazia se agarrar ao móvel mais próximo no mesmo instante. Enquanto estavam ocupados com o exercício, alguém bateu à porta da rua e depois tocou a campainha.

"O que será?", perguntou Terry.

"O carteiro", respondeu Calvero. "Talvez seja uma mensagem de Redfern." Sem demorar nem mais um instante, ele desceu as escadas.

No capacho da entrada, encontrou um envelope. Abriu com pressa e leu:

Prezado Calvero:

Data determinada para sua estreia no Middlesex, segunda-feira, dia 23, à noite, salário de três libras. Ligue para meu escritório amanhã para falarmos do contrato.

Sam Redfern

Calvero subiu as escadas em saltos. Seu impulso foi contar a Terry a boa notícia. Mas, pensando melhor no assunto, se deu conta de que a tensão e o entusiasmo da espera pela noite de estreia talvez causassem preocupação desnecessária a ela e afetassem sua saúde. Por isso, quando ela perguntou sobre aquilo, ele mentiu.

"Notícia boa?", ela perguntou assim que Calvero entrou no quarto.

"Não, era para a senhoria", ele respondeu, escondendo o próprio entusiasmo.

No Middlesex Music Hall, o público assistia a Calvero com mais apatia do que interesse. Espalhadas aqui e ali, risadas quase constrangidas. Seu número tinha sido deixado para o final e não ia bem. O Calvero dos velhos tempos não estava ali. O motivo talvez fosse a mudança de nome;

ele não tinha certeza. Mas sabia que sua alma tinha desaparecido. Ingenuamente, ele se recusara a beber antes de subir ao palco, porque queria provar que conseguia ser engraçado sem aquilo. Mas não conseguiu. Ele estava *outré*.[11] E quanto mais ele se esforçava, mais indiferente ficava a plateia.

Então aconteceu a coisa mais terrível... Um se levantou... depois outro, até que houve um êxodo. Uma voz, com razoável bom humor, berrou do poço da orquestra: "Tudo bem, velhote, agora vamos para casa!".

E Calvero respondeu: "É uma ótima ideia. Boa noite!". E saiu do palco. Foi sua única risada genuína. Houve uma mistura de vaias e aplausos e gritos de "volte!", mas Calvero não voltou.

Foi direto para o camarim, onde dois outros artistas ainda não tinham terminado de se trocar. Eles não disseram nenhuma palavra nem fizeram comentários quando Calvero entrou. Mas ele sabia que os dois sabiam o que tinha acontecido. E estavam constrangidos.

Um deles começou a assobiar baixinho e fez algum comentário sobre seus sapatos apertados. A voz do sujeito era áspera e irritou Calvero. Seu pente caiu no chão e um dos homens o pegou. Mas Calvero não percebeu. A única coisa que falou foi uma resposta para o "boa-noite" que eles disseram quando saíram do camarim. "Boa noite", respondeu.

Redfern prometera visitá-lo depois da apresentação. Mas não foi. E Calvero ficou aliviado. Não queria ver ninguém.

Ele deixou o teatro o mais rápido que pôde. Aquela provação terrível o derrotou. Sua confiança e respeito próprio foram aniquilados. Não havia mais nada além de um instinto assustado de sobrevivência. Ele queria esquecer o teatro e tudo o que fosse associado a ele. Queria esquecer a si mesmo.

Vagou sem destino pelas ruas, observando vitrines sem atenção e murmurando a abertura de *Zampa*, que ouvira baixinho naquela noite, do camarim. Apesar de sua resistência, a melodia ficava se repetindo inúmeras vezes em sua mente.

Então, ele se viu atravessando a Westminster Bridge. Parou no meio, apoiou os braços no parapeito e fitou, sem forças, as profundezas do rio dissimulado, que deslizava como um fantasma com vida própria. Parecia abrir um sorriso satânico para ele conforme refletia a miríade

(AFTER THE MIDDLESEX PERFORMANCE)   1.

          Calvero ~~left~~ *left* the theatre early
that evening because he had been on early. He hadn't
waited for any comment from the management. He
didn't want to hear any; not ~~that he was afraid~~,
~~but~~ he was too weak ~~to confront anybody~~. The terrible
ordeal, had ~~for the moment~~, lowered his resistance.
Gone was his confidence, his ~~interest, his desire~~, *and*
~~his~~ self-respect, ~~his personality~~.

          Gone was everything but a frightened
animalistic sense of survival. He felt empty, ~~He~~
~~felt~~ bowed, as though ~~looking~~ looking at the world
from beneath/thing~~s~~. *some-* He couldn't face anybody.
~~Everybody hurt~~. Everything ~~around~~ *about* the theatre hurt.
He wanted to get away from it ~~as quickly as possible~~.

          He intended ~~to stay out that night and~~
~~walk the streets~~, to get as far as possible (away) from
his own familiar surroundings. *He walked aimlessly in a numbed* ~~He found himself~~ *despair,*
looking abstractly into shop windows and humming ~~a~~
~~tune~~. ~~It was~~ the Zampa Overture, which he had faintly *the orchestra had played that eve*
heard ~~that evening at the theatre~~. *from in his dressing room.* ~~As he looked into of~~
~~the windows, he repeated~~ it over and over again *a kind of drowsy* *in his mind*
~~without being aware of it~~.

          Before long he found himself walking
over Westminster Bridge, He paused. It was so quiet...

salpicada de luzes da lua e das lamparinas ao longo da margem. Ele se debruçou na beirada da ponte, observando os turbilhões sedosos de água enroscando-se na base, formando pequenos redemoinhos antes de acompanharem a correnteza.

Ainda não era meia-noite e ele foi para casa seguindo um labirinto ao se afastar do Middlesex. Agora estava conformado com o vazio implacável do desespero. Seus pensamentos se voltaram para Terry. Ela estaria esperando por ele. Calvero sentiu uma pontada de frustração, certo ressentimento por ela. Terry estava no caminho — interferindo em sua miséria. Ele queria sondar as profundezas sozinho e ficar ali.

Aos poucos, começou a recuperar o controle sobre si. A sensação foi de uma pessoa renascida, mas alguém sem passado ou futuro, apenas com desejo de viver — o motivo ele não sabia, mas sabia que nunca poderia se matar. Mecanicamente, terminou a travessia da ponte e refez seus passos.

Quando chegou em casa, Terry esperava por ele com um ensopado de sobras[12] quentinho. Mas Calvero recusou. Taciturno, foi até a janela e observou a paisagem, comentando sobre a noite cristalina. Sua voz estava oca e Terry logo percebeu. Depois de alguns instantes, ele se sentou em uma cadeira e se afundou em pensamentos, tamborilando os dedos de leve na mesa. Então levantou a cabeça e cruzou os olhos com os dela, que sorriu, tentando parecer o mais neutra possível.

"Seria melhor você comer alguma coisa", ela disse.

"Por quê?", ele perguntou, abruptamente.

"Você parece cansado."

"Não estou com fome."

"Aproveite enquanto está quente", ela disse, quase tímida. Ele não respondeu.

"O carteiro veio quando você estava fora. Pode ter chegado uma carta de Redfern. Talvez esteja com a sra. Alsop."

Calvero não respondeu.

"Você falou com ela?"

"Não", ele respondeu.

"Eu queria poder ajudar."

"Ninguém pode ajudar! Estou acabado! Chega!"

Rascunho do início de "A história de Calvero", revisado meticulosamente por Chaplin.

"O que quer dizer?"

"É o fim…"

"O quê?"

"Foi hoje."

"Você quer dizer… Por que não me contou?"

"Não quis que você passasse pela angústia de esperar."

"Mas o que aconteceu?", ela perguntou baixinho.

Calvero sacudiu a cabeça. "Eles não quiseram escutar."

Houve uma pausa e então Terry respondeu. Estava calma e tranquilizadora. "O Middlesex… Eles não são o seu público."

"Não, não… Alguma coisa se perdeu."

"Claro que não."

"Sim. Perdi minha autoconfiança. Fiquei com medo deles. Foi como estar diante de um esquadrão de fuzilamento! Foi terrível… O silêncio, depois as vaias!" Um nó prendeu sua garganta. "Nunca vi isso antes! Eu era um queridinho naquele lugar — e ouvi-los…" Ele não conseguiu continuar.

"Mas eles não sabiam que era você!"

Ele sacudiu a cabeça. Houve outra pausa. "Perdi alguma coisa. Estou velho demais. Não sou mais engraçado."

Ele se debruçou sobre a mesa e cobriu o rosto com os braços.

"Você se lembra do que me disse, ali na janela, no pôr do sol?", perguntou Terry. "Você se lembra do que disse, sobre o poder do universo movendo a Terra e fazendo as árvores crescerem? E sobre esse poder estar dentro de você — se ao menos você tivesse coragem de usá-lo?"

Sem perceber, ela se levantou da cadeira e caminhou em direção a ele. "Agora é o momento para você praticar o que prega — usar esse poder — e lutar!" Então ela parou e se deu conta… "Calvero!", ela gritou. "Veja! Veja o que estou fazendo! Estou andando! Andando!"

"Eu posso andar!", ela ficou repetindo enquanto os dois caminhavam pelas ruas desertas de Londres. Tinham chegado às margens do Tâmisa e o Big Ben estava prestes a badalar os três quartos de hora.

Calvero, exaurido, afundou em um banco. Terry se sentou ao seu lado. Encolhido na outra extremidade estava um mendigo, encarando os próprios pés com indiferença.

"Você sabia que são quase cinco horas?", disse Calvero.

"Sim, eu sei", ela respondeu, "mas eu queria respirar o ar fresco."

"De qualquer jeito eu não conseguiria dormir", ele disse.

Uma brisa fria a fez se virar. "Veja... O amanhecer está começando. É um bom presságio."

Calvero sorriu. "Pelo menos, não podemos ficar pior."

"Oh, Calvero, temos sorte! Agora posso ajudá-lo, até você se recuperar."

Ele sorriu com ironia. "Até eu me recuperar…"

"Ora, claro!", ela disse, indignada.

Ele ficou pensativo por um momento. "Podíamos fazer um número juntos."

"Claro que sim!", ela disse, aproveitando qualquer oportunidade para ajudá-lo.

"Um vagabundo e uma bailarina… Pensei muitas vezes nisso."

"Acho uma ideia maravilhosa!", ela disse, animada.

"Sim, sim", ele respondeu, distraído, mas com entusiasmo crescente. "Seria fácil escrever material para isso. Um vagabundo cômico… cai no sono… sonha com uma bailarina adorável…"

"Isso! Isso!"

"Oh, existe um milhão de possibilidades!", ele continuou.

"Sim, é isso!", ela repetiu. Estava muito energizada. "Enquanto isso, eu vou procurar um emprego. Posso voltar ao Empire Ballet. Eles ainda vão ouvir muito sobre nós!"

O Empire, em Leicester Square, era o ponto de encontro para os europeus e asiáticos que visitavam Londres. Príncipes de turbante cor-de-rosa e oficiais estrangeiros com uniformes chamativos passeiam para lá e para cá sob um lustre de cristal na antessala entapetada do primeiro balcão, enquanto outros bebericam champanhe no bar ornamentado com espelhos, observando as belas "aristocratas" que passam desfilando e flertando, depois indo embora com elas no meio da apresentação. Um senhor antiquado com trajes de gala pergunta a um mensageiro cujo casaco tem detalhes dourados se uma senhorita em especial gostaria de se juntar a ele para uma taça de Pommery. O mensageiro, com uma piscadela sabida, vai até a moça e a traz para ele. Tudo isso aconteceu durante o espetáculo da noite.

A clientela mais séria estava em assentos reservados, acompanhando a apresentação que, naquele momento, era o final do balé, que agora desapareceu com o abraço das cortinas de veludo vermelho, atrás da qual Terry, com calor e transpirando, seguiu com o resto do corpo de baile para os camarins.

O prognóstico de Terry virou realidade. Em resposta à seção "procura-se" do semanário teatral *The Stage*, ela se candidatara para o Empire e fora contratada pelo sr. Bodalink, o diretor de dança, que se lembrava dela e ficou contente por revê-la. Já fazia três meses que ela era parte do corpo de baile.

Desde aquela noite intensa em que Terry descobriu que podia andar, ela tinha progredido consideravelmente em sua dança, pois praticara com assiduidade todas as manhãs. O sr. Bodalink a julgava como uma pupila e prometeu uma audição para o papel principal no próximo balé.

Quanto a Calvero, desde o fracasso no Middlesex ele afundara em melancolia e angústia e abandonara toda e qualquer ambição. Voltou a beber e começou a envelhecer; parecia magro e derrotado. Terry se preocupava muito com ele, pois o médico lhe disse que a bebida prejudicava a saúde dele. Mesmo assim, bêbado ou sóbrio, seu relacionamento com ela era sempre doce e carinhoso.

Ao sair do palco e passar pela porta de ferro, Terry parou para ler o quadro de avisos, que anunciava um ensaio às dez da manhã do dia seguinte, com audições para o novo balé. Enquanto ela lia o aviso, o sr. Bodalink apareceu.

"Acabei de deixar um bilhete sobre Calvero no seu camarim", ele disse. "Peça para ele vir ao meu escritório amanhã cedo, antes do ensaio, às nove e meia. Eu garanto um papel para ele."

"Excelente!", ela disse.

Naquela noite, Terry se apressou ao voltar para casa e contar a boa notícia a Calvero. Quando chegou à porta da frente, seu coração congelou, pois vários desconhecidos estavam do lado oposto da rua, olhando para a janela de Calvero. O que poderia ter acontecido? Ela entrou correndo. Ao subir as escadas, um rompante de música veio do quarto de Calvero. Mesmo com o susto, o mau pressentimento de Terry se foi. Ela entrou no apartamento e ficou parada, olhos arregalados, observando uma cena bastante inusitada. Ali estava Calvero tocando seu violino, acompanhado pelo trio de músicos mendigos que costumava tocar na região.

Nenhum deles viu que ela tinha entrado; os quatro continuaram fazendo um grande estardalhaço. Calvero só se deu conta de sua presença quando se virou por acaso; ele parou de tocar e pediu aos outros que parassem também. Era evidente que os quatro tinham bebido.

"Terry! Quando você chegou?", exclamou Calvero.

"Acabei de chegar", ela respondeu.

"Eu não ouvi. Permita-me apresentar meus amigos…" Ele hesitou.

"Felix Chrome", interveio o cego.

"Marty Oswald", disse o clarinetista.

"Cecil Leith", falou o violinista.

"Thesil Sleef", repetiu Calvero, e então se corrigiu. "De qualquer jeito, estes são meus amigos."

Terry fez um cumprimento discreto. "Como estão?" Em seguida, olhou para Calvero com uma expressão de quem pede um favor. "Já é muito tarde", ela disse.

"Só mais um prelúdio", respondeu Calvero, "e terminamos por hoje." Ele se virou para os músicos e, com seu jeito peculiar embriagado, cobriu o rosto com as mãos. "Toquem alguma coisa linda", ele pediu, emocionado.

"O que você quiser, sr. Calvero", disse o cego.

"Digamos… a Quinta Sinfonia de Beethoven. Toquem com ternura e sentimento."

O cego deu de ombros. "A Quinta de Beethoven", ele respondeu, decidido, e então o trio começou a tocar conforme o pedido, devagar e com sentimento, acrescentando um toque cigano.

Terry tentou se fazer ouvir em meio ao barulho. "Você não acha que é tarde para música, a esta hora?"

Calvero estava embriagadamente emocionado. "Estes homens são artistas. É a única chance que têm de tocar o que gostam."

"Mas está tão tarde. Além disso, o que dirá a sra. Alsop?"

Assim que Terry terminou a frase, a porta se abriu e a sra. Alsop entrou, também bêbada, com três garrafas vazias de cerveja.

"Ora!", ela disse. "Depois de descer até lá embaixo e de subir de novo, não encontrei nada além de três garrafas vazias de cerveja."

"Eu vou procurar", respondeu Calvero.

"Não adianta", disse a sra. Alsop. "Não tem mais nenhuma lá embaixo." Ela se virou e viu Terry. "Oi, queridinha! O show acabou? Não está tão tarde assim, está?"

"Já é bem tarde", respondeu Terry.

"É melhor irmos embora", interveio o cego.

Enquanto os músicos guardavam os instrumentos, a sra. Alsop conversou com Terry. "Não tem problema", ela disse. "É só uma celebraçãozinha. Calvero comprou um engradado e eu trouxe umas também…"

Os músicos estavam prestes a ir embora. "Boa noite", disse o cego. Os outros repetiram o mesmo.

"Esperem um pouco", respondeu a sra. Alsop, "esses degraus são bem íngremes. É melhor eu ir na frente para mostrar o caminho. Boa noite, senhor e sra. Calvero", ela completou, fechando a porta.

Letárgico, Calvero afundou em uma cadeira, apoiou os cotovelos na mesa e passou os dedos no cabelo. "Desculpe… Estou bêbado."

Terry pousou gentilmente a mão em sua cabeça. "É com a sua saúde que me preocupo. Faz apenas duas semanas que você saiu do hospital[13] e… Bom, você sabe o que o médico disse."

"Sim. Eu não deveria beber. Eu deveria me animar com meu futuro nas casas de convivência e nos abrigos dos indigentes… E contemplar a possibilidade de me juntar àquelas ninfas e Peter Pans envelhecidos que dormem às margens do Tâmisa à noite. Mas sou incapaz de apreciar esse tipo de alegria."

"Você nunca se juntará a essa fraternidade enquanto eu for viva", ela disse.

Ele foi tomado por uma súbita preocupação. "Ah! Me esqueci de fazer seu jantar. Sou um patife. Não sirvo para nada!"

Ela sorriu. "Bobagem. Eu mesma faço, mais tarde. Primeiro, vou acomodá-lo na cama." Ela tirou seu colarinho e gravata, então se abaixou e começou a desamarrar seus sapatos.

"Mas você ainda não comeu nada."

"Você tomou seu remédio?", ela perguntou.

"Que remédio?"

"Não tomou. É para aumentar seu apetite."

"Já matei minha fome."

"Você vai ficar doente outra vez. Precisa comer."

"Não, prefiro beber. O verdadeiro caráter do homem aparece quando ele está bêbado. Eu… eu fico mais engraçado. Pena que não bebi naquela noite, no Middlesex."

"Tenho uma notícia boa para você", ela disse, desamarrando o outro sapato. "O sr. Bodalink quer vê-lo no escritório dele amanhã cedo, às dez e meia [sic]."

"Quem é Bodalink?"

"É o diretor de dança, já falei sobre ele com você."

"O que ele quer?"

"Ele quer que você faça um papel em *Harlequinade*, o novo balé."

"Eu não chego perto do teatro, você sabe disso."

Ela não deu atenção ao que ele disse. "Quando ouvi que haveria um palhaço na peça", ela continuou, "contei a ele sobre você e quem você era. Ele ficou muito interessado e quer conhecê-lo."

"Mas eu não estou interessado. Não quero mais nada com o teatro. Quero ficar bem longe do Queen's Head, onde ficam me julgando... e me apontando como um mané! Não! Além disso, já não sou mais engraçado! Sou um humorista aposentado."

Ela sorriu conforme terminou de tirar os sapatos dele. "Você vai mudar de ideia amanhã de manhã."

E Terry estava certa. Calvero acordou cedo, se levantou animado e foi com ela ao teatro.

Enquanto ele era entrevistado no escritório de Bodalink, Terry, com uma roupa de ensaio, dançou sozinha no palco, pois o elenco ainda não tinha chegado. Ela estava com uma saia curta azul e uma blusa cinturada azul-clara, com mangas compridas que tremeluziam conforme ela fazia piruetas no palco à meia-luz, agora vazio exceto por um piano de cauda na extrema esquerda, uma poltrona e várias cadeiras comuns espalhadas por perto. Terry parou de repente. "Calvero!", ela exclamou quando ele entrou pela porta de ferro.

Ele estava contendo um entusiasmo silencioso. "Está tudo acertado", ele disse.

Ela pegou a mão dele com calma. "Vamos sentar para você me contar tudo." Ela o levou ao fundo do palco, onde havia um baú sobre o qual ela tinha deixado o casaco. Calvero o pegou e ajeitou nos ombros de Terry e os dois se sentaram no baú.

"O salário não é muita coisa", ele disse, mostrando três dedos.

Terry também ficou surpresa. "Três libras?"

Calvero deu de ombros.

"É uma porta de entrada. Eu disse a ele que não usaria meu nome, claro, e ele concordou. Esse Bodalink é um bom sujeito." Ele fez uma pausa e a observou com carinho. "Ele diz que você é uma grande dançarina."

Ela sorriu. "Se você não tivesse fobia de se aproximar do teatro, talvez já soubesse disso."

Ele olhou para ela e também sorriu. "Por que você não me disse que faria uma audição hoje?"

"Eu queria fazer uma surpresa. Além disso, não estou segura do resultado. Depende do sr. Postant."

"Postant!"

"É o dono do teatro."

"Eu conheço Postant", disse Calvero, "mas achei que ele tivesse se aposentado."

"Se aposentou mesmo, mas voltou a trabalhar."

"Hum, na última vez que me apresentei em um espetáculo dele fui a atração principal, aqui mesmo...", comentou Calvero, com ironia, observando o palco ao redor.

"E será outra vez! Como você mesmo disse, é uma porta de entrada. Calvero, nossa sorte mudou! Está no ar! Eu sei que está! Posso sentir!"

O sr. Postant, dono e gerente do Empire Theatre, era um homem corpulento com setenta anos, cabelo branco e pele rosada, jovial e com modos grosseiros. Tinha se aposentado havia seis anos e foi morar no sul da França depois de vender o Empire Theatre a uma corporação que, durante sua administração, perdeu dinheiro. Então, eles venderam de volta para ele por um terço do que tinham pagado. O sr. Postant era um negociante perspicaz; egocêntrico, mas gentil.

Usava roupas de gala todas as noites e era raro que perdesse uma apresentação. Podia ser encontrado sempre no fundo do primeiro balcão, sua risada extravagante ecoando pelo auditório. Seus gostos eram extremos: apreciava o balé na forma mais clássica e tinha paixão também pelo tipo mais baixo de comédia.

Quando o sr. Postant atravessou o palco naquela manhã, o elenco já estava reunido. Vinha acompanhado pelo sr. Bodalink e por outro homem que, pensou Terry, parecia bastante familiar.

"Senhoras e senhores", disse Bodalink, "este é o sr. Ernest Neville, o compositor do nosso novo balé."

"Não tenho tempo para ver os ensaios", respondeu Postant. "Quero apenas ver essa sua pupila."

"Thereza! Venha cá, por favor", chamou Bodalink, que então se virou para Postant. "O senhor gostaria que ela dançasse para a música de Neville ou para alguma que ela escolha?"

"Para a de Neville."

"Mas o senhor compreende que ainda não há uma coreografia fixa. Será puramente improviso."

"É assim que julgo um dançarino", disse Postant, se reclinando para ficar mais confortável.

Terry se aproximou e deixou o casaco sobre o piano. Foi apresentada a Postant e depois a Neville.

"Esta é a srta. Ambrose", disse Bodalink.

No mesmo instante, uma expressão de reconhecimento cruzou o rosto de Neville. Ele se levantou devagar e fez uma saudação, sem tirar os olhos dela.

"Creio que já nos conhecemos", ele disse.

Terry riu com nervosismo. "É mesmo?"

Ele hesitou e se sentou, um tanto confuso.

"O sr. Postant gostaria que você interpretasse a música do sr. Neville", explicou Bodalink. "Você acha que consegue?"

"Vou tentar", respondeu Terry.

"Está bem. Recomendo que você ouça primeiro."

Terry ficou ao lado do piano, observando o teatro escuro. Neville olhou para ela algumas vezes. Conforme ele tocava, ela foi transportada para aquelas noites melancólicas no Soho, quando ficava escondida sob os batentes para escutar sua música… E então para pensamentos abstratos — transfigurações claro-escuras, alívio contundente, cores pastéis contrastadas com um roxo profundo — e depois para memórias da infância. Apesar de a música ser brilhante, Terry sabia que a fonte de inspiração era fome e solidão. Claro que poderia dançar ao som daquilo.

Fez piruetas e poses com facilidade e autoconfiança radiante. Ela era leve… mercúrio… eflorescente. Uma Diana com carícias de beleza serpenteando à sua volta. Ela era a juventude, a corporificação da esperança que tropeça de leve no desespero. E, em um canto escuro no fundo do palco, Calvero chorou.

Quando ela terminou, o corpo de baile aplaudiu espontânea e fervorosamente, e Postant se aproximou para parabenizá-la enquanto Bodalink ficou por perto com um sorriso no rosto. Mas Neville não saiu do piano, sem conseguir tirar os olhos dela. Claro! Ela era a moça da Sardou! Mas o que ela estaria fazendo em uma papelaria?

O sr. Postant era um homem de poucas palavras. Ainda assim, antes de partir, ele se virou para Bodalink e disse: "Ela vai ser ótima. Venham ao meu escritório mais tarde e acertaremos o contrato".

Depois que ele foi embora, Bodalink se dirigiu a Terry. "Viu só? Você ouviu o que ele disse?"

Terry sorriu. Estava ofegante e transpirando.

"Você não tinha um casaco?", Bodalink perguntou.

"Sim, deixei no piano."

"Então vista, antes que pegue um resfriado."

Terry foi até o piano, percebendo que Neville a observava.

"Permita-me", ele disse, pegando o casaco das mãos dela e colocando sobre seus ombros. "Posso parabenizá-la também?"

"Obrigada", ela respondeu, e então se afastou para procurar por Calvero. Ela o encontrou sentado no baú. "Não vou demorar", ela disse. "Mas não fique aí sentado. Fique lá fora e tome um pouco de sol."

Quando ela voltou, o palco estava vazio e às escuras. "Calvero?", ela berrou.

Houve uma pausa. Então, do escuro, Calvero respondeu: "Estou aqui".

"Procurei por você lá fora. Por que está sentado no escuro?"

"Porque eu ficaria ridículo na luz", ele disse, enxugando os olhos com um lenço. "Olhe para mim, estou envergonhado, mas não consigo evitar. Sua dança foi maravilhosa."

"Calvero", ela disse com carinho, segurando as mãos dele.

"Minha menina, eu nunca imaginei que você fosse uma artista deste nível. Eu… eu…", ele não conseguiu continuar.

Em um movimento gentil, ela puxou as mãos dele para suas bochechas. "Era esse o momento que eu queria", ela disse, emocionada. Os dois estavam nas sombras e a única luz vinha da porta de ferro pela qual ela tinha entrado. "Eu amo você, Calvero. Agora posso dizer, pois você me deu um pouco de confiança. Eu amo você desde o dia em que pensou que eu estava doente — que eu fosse uma mulher da vida… e você cuidou de mim… Foi sua bondade que me fez querer viver, que me fez querer provar ser digna de você… Não porque salvou minha vida, e sim porque você foi minha inspiração."

"Que bobagem é essa?", perguntou Calvero.

"Não é bobagem. Eu amo você com toda a minha força, Calvero."

"Não, não, minha menina. Eu sou um velho…"

"Não me importo com o que você é! Tudo o que sei é que eu amo você. Tudo o que importa é que eu amo você."

Fazia três meses desde o início da guerra contra a Alemanha e o "desprezível" exército de cem mil soldados ingleses tinha acabado de chegar à França, pronto para uma resistência histórica com seus aliados em Verdun.[14] Todos acreditavam que a vitória seria alcançada em três meses e ficaram chocados com a previsão de Lorde Kitchener de que seriam necessários pelo menos quatro anos.

O alistamento obrigatório já tinha entrado em vigor e homens de uniforme começavam a surgir nos lugares públicos. Um ou dois poderiam ser vistos no Piccadilly Corner House Café, que, no momento, estava lotado. Era hora do almoço e uma multidão considerável esperava por mesas; entre essas pessoas estava Terry.

Duas semanas de ensaio já tinham se passado e naquela tarde ela estava sozinha, pois Calvero aproveitou a hora do almoço para visitar um possível apartamento novo.

Enquanto aguardava, ela se virou e descobriu que Neville estava perto. Ele sorriu, surpreso. "Como você está?"

Terry ficou um tanto pasma. "Oh, estou bem", respondeu.

"Como vão os ensaios?", ele perguntou.

"Ótimos. Você não viu nenhum?"

"Faz uma semana que não vejo. Estive fora. Mas vou fazer uma visita hoje à tarde."

"Você terá uma surpresa agradável."

Naquele instante, a garçonete se aproximou e chamou Neville: "Mesa para dois?".

Ele olhou interrogativamente para Terry, que hesitou. "Oh… uh… Está bem…", ela disse.

Em silêncio, os dois acompanharam a garçonete até uma mesa e se sentaram com timidez e embaraço. Depois que a garçonete saiu, Neville quebrou o silêncio.

"Espero não estar atrapalhando."

"De jeito nenhum", respondeu Terry em tom formal.

Outra garçonete veio ao resgate e entregou um menu para cada. Neville estudou o dele por um momento e então, percebendo que estava de ponta-cabeça, sorriu e o desvirou. Ele pediu bacon e ovos, torrada e chá.

"O mesmo para mim", disse Terry.

"Sempre uma aposta segura", ele acrescentou, depois que a garçonete se foi.

"Sim", ela respondeu.

A mente de Neville se esvaziou por completo; ele cruzou os braços e se reclinou na cadeira, observando o entorno com interesse fingido.

Depois de algum tempo, eles acabaram cruzando os olhares. Neville sorriu e Terry também. Após uma pausa, ele falou.

"Que pena ensaiar em um dia lindo como este."

"Sim, o dia está lindo", ela respondeu.

"Mas os jornais preveem chuva."

"Oh!", disse Terry.

"Sim." Houve outra pausa e ele sorriu.

"Por que está sorrindo?", ela perguntou.

"Eu estava pensando na ironia da situação… Eis que surge uma grande oportunidade e eu não tenho nada a dizer."

"O que pode ser mais eloquente do que o silêncio?", ela respondeu.

"Obrigado. Acho melhor eu mudar para outra mesa", ele comentou, bem-humorado.

Ela sorriu. "Eu não mordo."

"Não tenho tanta certeza. Desde que fomos apresentados na sua audição, fiquei com certo receio de você."

Ela riu. "Por quê?"

"Bom… Naquele momento, acho que provoquei uma reação fria."

"Desculpe."

"Mas fui presunçoso de achar que conhecia você, claro."

"Me conhecia?"

"Bom… Quer dizer… Desculpe, mas… Tenho certeza de que já nos encontramos antes."

"É mesmo?"

Ele fez um gesto desamparado. "É isso que acho desconcertante. Você diz 'é mesmo?'. Mas, se não nos conhecemos, então você tem uma cópia."

"Tenho?"

"Sim."

"Quem é ela?"

"Você quer mesmo saber?", ele perguntou, desafiador.

"Sim."

"Bom, é uma moça que trabalhava em uma papelaria onde eu costumava comprar minhas partituras."

"Entendi."

Ele parou para observar a reação de Terry e então continuou. "Uma moça bonita, muito tímida… Essa é a ironia, eu também era tímido; era uma cumplicidade entre nós. Mas o sorriso dela era acolhedor e atraente… Eu lia muitos significados nele. Ela costumava me dar partituras extras…" Ele fez uma pausa. "E, às vezes, troco a mais… Foi uma dádiva… A fome não conhece pudor… Devo continuar?"

"Sim… Continue."

"Ela veio assistir a minha primeira sinfonia. Eu a encontrei por um momento, depois que terminou. Quis conversar com ela, mas não tive oportunidade. Liguei para a papelaria no dia seguinte, mas disseram que ela tinha saído havia meses. Uma pena… Eu teria gostado de vê-la outra vez…"

"Bem, você viu…", ela disse, empalidecendo.

Ele manteve os olhos nos dela. "Eu sei, vi."

"Mas ela era muito jovem naquela época e muito infeliz", disse Terry.

"E agora?"

"Ela está muito mais velha."

Ele sorriu. "Dois anos mais velha."

"E, no momento, extremamente feliz", ela disse, pensativa.

"É?"

"Sim. Está prestes a se casar."

"Oh! É mesmo? Bom, meus parabéns."

"Obrigada." Ela conferiu o relógio. "A garçonete bem que podia se apressar. Preciso estar de volta ao ensaio em quinze minutos."

"Sr. Postant apresenta o espetáculo *Ballet-Harlequinade*; música de Ernest Neville; direção sr. Bodalink; Arlequim por Jardini; Pantaleão por Modea; Old Joey o Palhaço por 'Carver'; e Colombina por *mademoiselle* Thereza", dizia o programa do Empire. "Uma fantasia sério-cômica que retrata a morte de Colombina, filha de Pantaleão e amante de Arlequim, que, com sua máscara, pode aparecer e desaparecer quando desejar."

Em um sótão humilde, Colombina está morrendo, enquanto membros da Harlequinade *choram à sua volta. Ela pede que a janela e as cortinas sejam abertas para deixar o sol entrar e que a carreguem até a jane-*

la para que possa ver os telhados de Londres pela última vez.

Depois que a devolvem à cama, ela os repreende por estarem chorando e aponta para suas roupas: não são trajes de tristeza, e sim de alegria, para ajudá-la a esquecer da dor. Eles precisam cumprir seus papéis — ser engraçados! Então, levam salsichas, bexiga e banha de porco!

Enquanto os bufões fazem seu número, a risada de Colombina se torna tão silenciosa quanto um floco de neve. Pantaleão, seu pai, grita e desmorona ao lado da cama. A zombaria cessa. A máscara cai e os outros miseráveis vestígios de risos se aproximam sem pressa do leito de morte.

Em um cemitério rural, seus restos mortais são enterrados e, em uma lápide, uma palavra é talhada:
COLOMBINA

No silêncio do cemitério está Arlequim, sentado sozinho, chorando sob o luar. De repente ele se levanta, tomado por inspiração, e aponta para sua roupa dividida em cores — vermelho para o amor; amarelo, inveja; verde, ciúmes. Então ele aponta para o preto… a morte! À qual estala o dedo. Ele rodopia e gira no anoitecer esverdeado; então, com sua varinha mágica, toca o túmulo. Ele tem o poder! E usará! Evocará a magia! — Trará Colombina de volta à vida! Ele tenta repetidamente; porém, falha. Todos os seus esforços são ilusões! Meros truques. Em seu desespero, a música sobe e atinge um crescendo, como se dissesse que a própria vida é um truque, uma ilusão.

E, conforme o crescendo diminui, tons etéreos de violinos sobem e carregam Colombina de volta ao palco.

Mas, antes da entrada de Terry, aconteceu algo que quase se tornou uma tragédia. Pantaleão e o palhaço já tinham saído do palco, deixando Arlequim para sua dança solo, o que dava a Terry tempo de vestir uma saia de balé de chiffon. Ela veio do camarim, prateada e seráfica, com uma estrela azul reluzente no cabelo. Seus olhos, marcados e maquiados para parecerem ainda maiores; a delicada camada de vermelho dentro das narinas e a boca escarlate contra a brancura da pele a faziam parecer estranhamente glamorosa. Ela foi para a lateral da coxia. Enquanto esperava, Calvero surgiu ao seu lado.

"Reze por mim", ela sussurrou, pondo as mãos nas dele.

"Deus ajuda quem ajuda a si mesmo", ele respondeu.

Ela retraiu as mãos devagar e se virou para o palco. Porém ela olhou para ele de repente, com uma expressão de agonia, suas mãos agarrando as laterais da coxia. "Não consigo! Não consigo continuar!", gemeu.

"O quê?"

"São minhas pernas! Estão ficando paralisadas!"

"Não há nada de errado com suas pernas. É só o nervosismo. Vamos… Caminhe um pouco", ele disse, segurando-a pelo cotovelo para conduzi-la, mas ela se manteve agarrada à coxia.

"Não, não… Não consigo me mexer!"

"Escute!", ele sussurrou em tom áspero. "Você vai permitir que essa histeria acabe com sua saúde, com seu futuro? É histeria pura! Pare com isso! Você me ouviu?" A voz de Calvero foi subitamente afogada pela música de introdução. "É sua deixa! Você escutou? Entre no palco!"

"Não, não! Estou caindo… Traga uma cadeira!"

Com a velocidade de um raio, Calvero acertou-lhe um tapa forte no rosto. Sem perceber, ela levou a mão ao rosto, seus olhos se encheram de lágrimas e ela cambaleou para trás, cheia de dor.

"Veja!" (*apontando com agressividade para os pés dela*) "Não há nada de errado com suas pernas!"

Recuperando-se, Terry entrou dançando no palco. Calvero se virou e se afastou. Ansioso, foi para o fundo da coxia e agachou atrás de um painel apoiado em uma parede. Sozinho, caiu de joelhos e, olhando para cima em súplica, murmurou: "Seja quem você for ou o que for, não deixe que ela desfaleça". Um assistente de palco o encarou, inexpressivo, como se ele fosse um fantasma. Calvero começou a procurar alguma coisa. "Perdi um botão", ele disse.

"Um botão?"

"Não importa", disse Calvero, se levantando e indo embora.

Ainda não se ouvia aplausos. Por que não aplaudiam? Parecia uma eternidade. Tudo o que ele ouvia era a música! E, de vez em quando, pés batendo no chão. Ele queria saber o que estava acontecendo, mas não ousaria olhar! Estava nos fundos da coxia, andando de um lado para o outro como um leão enjaulado. Tudo era vazio e duro; as paredes, os cenários, tudo. Até mesmo os assistentes, observando da coxia, pareciam imóveis, estátuas. Um desejo intenso o levou a se aproximar de fininho do palco.

O que ele viu foi estranho, quase um devaneio. Terry, luminosa sob uma coloração dourada, fazia piruetas e flutuava na ponta dos pés. E sorria para o espaço. Calvero desviou o rosto, pois ela parecia prestes a hesitar — mas era apenas um *plié*, conforme ela explicou depois.

Ele subiu uma escada para a varanda de manobra. A música cresceu. Pelo canto do olho, ele viu o movimento dos refletores acompanhando uma figura, um redemoinho branco. Mas ele não teve coragem de ver mais. Agora estava na varanda. Passando por uma porta de ferro, chegou à passarela dos camarins superiores. No fim da passagem havia outro aposento. Ao perceber que era o que procurava, seguiu direto para lá.

Assim que Calvero desapareceu, um homem, metade caracterizado como um vagabundo cômico, vestido com uma bela fantasia roxa, saiu de um camarim e foi até a porta pela qual Calvero entrara. Seguro de si, tentou a maçaneta, mas estava trancada; por isso, ele voltou para o quarto de onde tinha saído.

Logo depois, Calvero saiu e se aproximou da porta de ferro. Apurou os ouvidos e pôde escutar aplausos estrondosos. No mesmo instante, abriu a porta e, da varanda de manobra, olhou para baixo. Terry e Arlequim curvavam-se em agradecimento conforme saltitavam para fora do palco. E então voltaram. E saíram de novo, acompanhados por aplausos ensurdecedores. Agora Terry entrou sozinha. E o público enlouqueceu. Bateram os pés e gritaram prolongados "Bravos!!!".

Calvero voltou para a plataforma com um ímpeto de descer ao palco. Mas outra vontade o impediu e o fez voltar para o mesmo "aposento" onde esteve antes.

Mais uma vez, o cômico fantasiado apareceu. Porém, com a mesma decepção, voltou ao camarim.

Depois que Calvero ressurgiu, bateu a porta e desapareceu escada abaixo, o cômico fantasiado reapareceu. Dessa vez, sua missão foi bem-sucedida.

Quando Calvero chegou ao palco, a plateia ainda aplaudia e chamava por Terry, que precisou voltar mais vezes. Um grande buquê de rosas foi colocado no palco. Terry, o diretor e Neville se curvaram em agradecimento; em seguida, Terry se curvou sozinha.

Enfim as cortinas se fecharam e pessoas surgiram por todos os lados, como uma avalanche, e cercaram Terry, inclusive Bodalink, Neville, membros do balé e estranhos em trajes de gala, todos parabenizando-a. Calvero ficou por perto, observando e sorrindo em um estado de deleite espantado.

Então ele ouviu seu nome. Era Terry chamando. "Calvero! Calvero! Onde está você?" A multidão se dividiu e abriu caminho; Terry surgiu e o viu. Ela estava suada e ofegante, o cabelo grudado na testa.

Sem hesitar, ela correu e jogou os braços ao redor de Calvero, enterrando seu rosto no pescoço dele. "Calvero! Calvero! Oh, Calvero!" Ela chorou, o que o fez sorrir de constrangimento.

"Pronto, pronto...", ele disse. "Não vá ficar resfriada. Você está encharcada... Toda suada."

Depois do espetáculo, Postant convidou a todos para um jantar de comemoração, que seria oferecido na antessala do primeiro balcão. Calvero deixou um aviso com o mensageiro do teatro, dizendo que encontraria Terry ali. Mas ele não tinha a menor intenção de ir, pois não queria passar pela vergonha de encontrar Postant, para quem trabalhara no passado, quando era uma estrela.

Assim, quando chegou a hora e todos estavam prontos para se sentar à mesa, Terry ficou alarmada e pediu licença a Bodalink, pois queria procurar Calvero. Mas Bodalink disse para ela não se preocupar; ele mandaria alguém para buscá-lo; era provável que ele pudesse ser encontrado no Queen's Head ou no Russell Arms.

Postant foi o anfitrião, com Terry sentada ao seu lado. Ele ficou extremamente grato pela apresentação daquela noite, pois seu regresso ao teatro tinha sido ainda mais grandioso, graças ao sucesso arrebatador de Terry.

Durante a refeição, ela descobriu que Neville estava à sua direita.

"O destino deve ser uma garçonete", ele disse.

Terry riu. "Por quê?"

"Ela nos sentou juntos outra vez."

"Então eu diria que, na verdade, ela é sua inimiga", respondeu Terry.

"Aceito meu destino de bom grado."

"Não se preocupe, eu acho que sobrevivo", ela respondeu, com um sorriso.

"De qualquer forma, seja o silêncio eloquente ou não", disse Neville, "vou fazer um comentário e serei muito sincero. Você esteve maravilhosa hoje. Meus parabéns."

"Obrigada."

Ela parecia agitada e preocupada, pensou Neville. Ele pousou a mão gentilmente sobre a dela, que estava apoiada na mesa. "Pronto, era isso que eu tinha a dizer. Continuarei eloquente[15] daqui em diante."

Terry sorriu e se virou para ouvir Postant, que fazia um longo discurso, expondo sobre o que é um bom empresário das artes. "Um artista pode reconhecer a qualidade de um trabalho, mas é preciso um empresário das artes para reconhecer seu valor." Depois, Postant se dirigiu a Neville. "Então, quer dizer que eles chegaram até você."

"Quem?", perguntou Neville.

"O exército. Ouvi dizer que você foi convocado."

"Sim, é verdade", respondeu Neville.

Terry se virou para Neville no mesmo instante. "Oh, isso é terrível!", ela disse.

"Concordo", ele respondeu, bem-humorado. "É levar a guerra longe demais." Uma orquestra começou a tocar e vários casais se levantaram da mesa. "Mas isso me dá a oportunidade de tirar proveito do seu patriotismo. Me concede esta dança? Você não pode recusar um soldado."

Ela sorriu e ambos deixaram a mesa.

Enquanto dançavam, nenhum dos dois falou, mas o coração de Terry estava acelerado.

Bodalink agora teve chance de conversar com Postant. "Quais são seus comentários sobre o espetáculo, mestre?"

"Excelente! Maravilhoso! Thereza foi impecável! Porém, convoque um ensaio geral."

"O que há de errado?"

"Conversaremos sobre isso no meu escritório. Chame todos, exceto Thereza, para uma reunião depois de amanhã, às dez."

Bodalink não se enganou quando disse que sabia onde encontrar Calvero, pois ele estava mesmo no Queen's Head, e bem alegre, tanto literalmente quanto do outro jeito. Ninguém conseguiria convencê-lo a voltar. Em vez disso, ele pediu que o mensageiro dissesse a Terry que ela não deveria se preocupar, que ele estava cansado e voltaria direto para casa, para dormir.

Depois da dança, Terry procurou Bodalink, que repassou a mensagem de Calvero.

"É melhor eu ir embora", ela disse.

"Vou chamar um táxi e acompanhá-la até sua casa", respondeu Neville.

Naquela noite agradável de outono, eles seguiram em silêncio. Havia algo de teatral no resplandecer da Piccadilly deserta. Era como um palco vazio. Trabalhadores usavam mangueiras para limpar a sarjeta, preparando tudo para a apresentação do dia seguinte. As vitrines estavam escuras, suas persianas sedosas fechadas como pálpebras.

Ao longo da Oxford Street,[16] algumas figuras fantasmagóricas ainda caminhavam pelas calçadas. Terry se lembrou de sua irmã e imaginou qual teria sido seu destino.

Quando chegaram, Neville dispensou o táxi, pretendendo fazer o resto do caminho até a casa dele a pé.

Terry olhou para cima, para a janela de Calvero. A luz estava apagada.

"Ele deve estar dormindo", ela disse. "Coitado, o entusiasmo foi demais para ele."

Neville ficou em silêncio.

Ela suspirou, exausta. "Eu mesma estou começando a sentir o cansaço."

"Então vou seguir meu caminho."

"Imagino que eu veja você antes de ir para o quartel."

"Não, eu parto esta manhã."

"Oh…" Ela se conteve e não disse mais nada. Afinal, não havia mais nada a dizer.

"Adeus", ele disse, oferecendo a mão. Ela estendeu a dela.

Gentilmente, ele a puxou para si. Ela tentou resistir.

"Não… Não…", ela pediu.

"Diga que me ama", ele implorou, abraçando-a. "Só um pouco…"

"Pare, por favor! Isso é loucura!"

"Eu te amo! Tentei lutar contra isso, mas não consigo! Sempre te amei!"

Calvero se mexeu. Não tinha ideia de onde estava. Aos poucos, o contorno dos degraus ficou perceptível no corredor mal iluminado. Sobrepondo sua letargia, cresceu a consciência de ter fechado a porta da frente e escorregado por ela até o chão… E então seus sentidos evaporaram para o esquecimento. Aos poucos começou a se sentir desconfortável e se

ergueu para ficar sentado, apoiando a cabeça na caixa de correspondência na porta. Ouviu alguém falando do outro lado. Era Terry. Ele quis se levantar, mas ficou congelado.

"Por Deus, me solte!", choramingou Terry.

"Eu te amo… E você me ama!", ele disse, emocionado. "Você é tão desamparada quanto eu! E sabe disso! Não pode negar!"

"Eu nunca disse que te amo", ela sussurrou.

"Você me ama… Eu sei disso… Apesar de tudo! Apesar de Calvero!… Amamos um ao outro!…"

"Não! Não! Vá embora! Não ouse dizer isso! Odeio você!… Me deixe em paz!", ela gritou, chorando.

"Estou indo", ele disse, com tristeza. "Eu só queria ouvir a verdade… É tolice perguntar… Eu sei… Mas seria maravilhoso ouvir isso de você. Ouvir você dizer que me ama… Com isso, posso viver e morrer."

Ela fechou os olhos. "Por que você me tortura desse jeito?"

Ele a abraçou com carinho. "Terry… Minha querida Terry… Você pode negar a própria felicidade, mas não pode negar a verdade!"[17]

Calvero se levantou sem fazer barulho, andou vacilante pelo corredor e subiu os degraus um a um. Apesar de seus passos incertos, sua mente estava clara. O que ele tinha entreouvido o mergulhou em desespero. Contra qualquer bom senso, ele passara a amar Terry — porém, o inevitável chamado da juventude tinha enfim acontecido.

Não foi uma surpresa para ele. Conforme escalou as escadas, sorriu com amargura, como um homem castigado pelos deuses por ser tão tolo.

Murmurando "Calvero!", ela se afastou devagar de Neville. "Não… não… A verdade inegável é que eu amo Calvero."

"Você tem pena dele."

"Você está enganado", ela disse, resoluta.

"É pena. Você sabe que é!"

"Não. É maior do que isso; mais profundo do que isso. É algo que eu aprendi a… com o qual eu vivi… É a alma dele, a gentileza… a tristeza. Nada pode me separar disso."

Neville virou a cabeça, imerso em pensamentos, enquanto Terry chorava em silêncio. Depois de uma pausa, ele se virou para ela, estendendo a mão. "Boa noite, Terry", ele disse baixinho, então acrescentou: "E adeus". Desceu as escadas apressado e desapareceu na noite.

Quando ela espiou a sala de Calvero, ele fingia estar dormindo no sofá. Pelas pálpebras quase fechadas, ele a viu pôr uma jarra de água e um copo ao lado do sofá e então, em silêncio, fechar a divisória.

Durante o café da manhã, Calvero leu as resenhas. Todas eram unânimes ao elogiar Terry, proclamando-a uma descoberta. Mas ela não ficou tão lisonjeada, atitude que divertiu Calvero.

"Cá está você", ele disse, "com todo esse sucesso, e tão indiferente a ele."

Ela abriu um sorriso lânguido e deu de ombros, parecendo distraída. De repente, se virou para Calvero. "Oh, Calvero, vamos embora daqui… Vamos morar em algum lugar no campo, onde a gente possa ter paz e um pouco de felicidade…"

"Felicidade… É a primeira vez que ouço você mencionar essa palavra." Ele olhou para ela com atenção. "Você não está feliz?"

Ela concordou com a cabeça, os olhos cheios de lágrimas. "Claro que sim. Você sabe disso."

"Não sei. Esse é um segredo que apenas o coração sabe."

"Eu amo você. É tudo o que eu sei", ela respondeu.

Ele sorriu com amargura. "… desperdiçado em um velho."

"O amor nunca é desperdiçado."

"Você é estranha."

"Por quê?", ela perguntou.

"Essa sua devoção — é como uma freira — se isolando de todo o resto da sua vida. Hum…" Ele riu. "Somos uma combinação esquisita, uma freira e um palhaço."

"Você não é um palhaço."

"Todos somos palhaços." Ele parou e olhou para ela por um tempo. "Por que você se aprisiona dessa maneira, desperdiçando sua juventude com um velho decrépito?"

"Calvero, o que deu em você?"

"Não consigo evitar", ele disse, emocionado, "profanando sua vida desse jeito! Você é jovem, amável e bela… Merece mais do que isso."

"Calvero!"

"Me deixe ir embora…"

"Calvero, não!"

"Se ao menos eu tivesse força para ir… Mas fico aqui, magoando você e me torturando. Não é certo! Nos poucos anos que me restam, quero a verdade… a dignidade que devo à vida e que ela deve a mim."

Ela fez uma pausa antes de responder, em tom desesperado. "Se você me deixar, eu me mato!", ela disse, desesperada. "Você não entende? Eu amo você!"

"Você *quer* me amar, mas é Neville quem você ama, e não posso culpá-la."

"Isso não é verdade."

Houve um silêncio. "Ele é o compositor que você conheceu na Sardou…"

"Sim", ela respondeu, soluçando. "Eu não contei porque achei que…"

"De algum jeito, eu intuí", ele interveio.

"Mas eu não amo Neville!"

"Vocês ficam tão bem juntos…"

"Estou dizendo que não amo Neville! Nunca amei! Era a música dele, a arte… Ele simbolizava um mundo que me foi negado. Nunca pensei nele de nenhum outro jeito. Por favor, acredite em mim! Você precisa acreditar!", ela disse, lacrimosa.

"Claro que acredito."

"Oh, Calvero!", ela chorou. "Não posso viver sem você! Me recuso! Eu odeio a vida!… O tormento e a crueldade e a brutalidade da vida. Eu não conseguiria continuar sem você! Não entende?"

Antes do ensaio, Postant estava em seu escritório, repassando suas considerações a Bodalink. "A dança foi excelente", ele disse, "mas a comédia… Onde foi que você arranjou aquele palhaço? Precisa se livrar dele."

"Estamos pagando apenas três libras a ele", disse Bodalink, como um pedido de desculpas.

"Mesmo assim, ele precisa ser competente."

"Por três libras?"

"Eu não espero um Calvero."

"Mas é ele", interveio Bodalink.

"O quê?!", disse Postant, incrédulo.

"Calvero", respondeu Bodalink.

"Por que o nome dele não está no programa?"

"Ele está sob outro nome. Não está usando o próprio."

"Então ele chegou a esse ponto." (*depois de uma pausa*) "Mas ele estava no jantar?", perguntou Postant.

"Ele não foi. Por isso Thereza estava chateada."

"Thereza? O que ela tem a ver com isso?"

Bodalink riu e deu de ombros. "Parece que ela vai se casar com ele."

"O quê? Aquele velho depravado!", disse Postant.

Bodalink deu de ombros outra vez. "Ninguém sabe."

"Ora, abençoada seja minha alma, ainda existe esperança para mim!" Ele olhou para o relógio. "É melhor descermos para o ensaio."

O elenco estava reunido. Calvero e Terry estavam sentados juntos no fundo do palco.

"Eu queria que você não se preocupasse tanto", ela sussurrou.

"Mas eu gostaria de saber o que Bodalink achou. Ele não disse nem uma palavra — se estou bem, mal ou indiferente", disse Calvero.

"Ele anda tão ocupado", respondeu Terry.

"Você teve uma chance de conversar com ele?"

"Ainda não."

"Teve, sim! E não quer me contar!"

"Oh, Calvero, seria melhor você não ficar nervoso desse jeito!"

"Bom dia a todos e parabéns", disse Postant. "O espetáculo está maravilhoso! Entretanto, há um ou dois momentos que precisam ser revistos, e vamos começar com os palhaços."

"Certo", berrou Bodalink. "Palhaços, venham!" Calvero e os outros se aproximaram.

Quando Postant o viu, fingiu grande surpresa. "Ora, abençoada seja minha alma! Como está?"

"Estou bem, sr. Postant", disse Calvero, com educação sem exageros. "E você?"

Postant ficou constrangido. "Gordo como sempre", respondeu, dando tapinhas na barriga. "É o que dá se aposentar! Mas vou melhorar, agora que estou de volta à ativa. E você, parece bem."

"Estou me sentindo muito melhor. Andei doente, sabe?"

Postant observou Calvero, analisando-o. "Ouvi dizer. Mas você parece estar bem agora."

Os olhos de Calvero se iluminaram. "Obrigado. Mas é claro que ainda estou um pouco enferrujado."

"Enferrujado?"

"Digo, no papel", respondeu Calvero.

"Oh, sim, muito bom, muito bom…", disse Postant, ajustando a postura, constrangido.

"Você gostou?", perguntou Calvero, ansioso.

Postant ficou em uma situação difícil. "Oh, sim, excelente", ele disse, muito sério, mordendo a pontinha do charuto e cuspindo-a com veemência para o lado. Ele se virou para Bodalink. "Bom, estarei no escritório, se você precisar de mim."

Bodalink olhou para ele com espanto inexpressivo. "O senhor está indo embora?"

"Tenho algumas questões para resolver no escritório", disse Postant.

"O senhor não vai ficar para ver o ensaio?"

"Você não precisa de mim aqui", ele disse, alegre, e então saiu do palco.

"Mestre, espere um momento", pediu Bodalink, alcançando-o quando ele passava pela porta de ferro e baixando a voz. "E quanto a Calvero?"

"Pode ser que dê certo", disse Postant.

"E se não der?"

Postant pensou por um tempo. "Bom, se não der certo, peça para ele ir ao meu escritório quando acabar."

Quando Bodalink voltou ao elenco, parecia preocupado. "Certo", ele disse, com ânimo exagerado. "Vamos começar o ensaio."

Alguém bateu à porta do escritório de Postant.

"Entre."

Calvero entrou. "O sr. Bodalink disse que você queria me ver."

"Sente-se, Calvero. Charuto?"

"Não, obrigado."

"Como vão os ensaios?"

Calvero deu de ombros. "Estou totalmente confuso. Não sei muito bem o que o sr. Bodalink quer."

Postant o examinou com uma expressão crítica. "Sejamos francos, Calvero", ele agitou o braço de um jeito afrontoso. "Você não pode esperar que Paganini seja segundo violino em uma orquestra, e é isso que você está fazendo."

Calvero sorriu com ironia. "Eu tocarei até apito, se puder sobreviver com isso.".

"Por Deus, homem. Você foi a maior atração que já se apresentou aqui... E agora, vejo você fazendo uma ponta. O que aconteceu?"

"O tempo e as circunstâncias são minhas desculpas."

"Ainda bebendo?"

Calvero (*hesita*). "De vez em quando."

Postant deu de ombros. "Essa é a resposta."

"Oh, sim", disse Calvero, com sarcasmo.

"Sempre foi seu calcanhar de aquiles, Calvero."

"Bom, eles estão se vingando."

"Você não pode culpar o público, Calvero", disse Postant, lacônico.

"Não estou culpando o público. Eles são o que são."

"São cobaias", disse Postant. "Reagem a qualquer injeção que você der."

"Todos nós somos assim", respondeu Calvero.

"Então dê a eles a injeção certa e eles vão reagir decentemente", disse Postant. "Beba menos e faça seu trabalho."

"Mas eu não bebo — pelo menos, não durante o trabalho."

"O trabalho não está satisfatório", respondeu Postant, sem rodeios.

Calvero ficou pálido. "Entendo... Qual é a resposta para isso?"

Postant deu de ombros. "Para ser sincero, prefiro pagar três libras para que você não faça nada do que ver um artista do seu status destruindo a si mesmo."

Calvero meneou com a cabeça, pensativo. Levantou-se e, sem olhar para Postant, caminhou devagar até a porta. "Obrigado", ele disse, antes de fechá-la.

Ele deixou o escritório de Postant entorpecido e foi embora pela porta da frente, a fim de evitar Terry. Ele não teria coragem de olhar em seus olhos e dar a notícia. Seguiu automaticamente para o Queen's Head. Ainda era cedo e o lugar estava quase vazio. Pediu conhaque e soda.

Meia hora depois do fim do ensaio, Terry decidiu descobrir o que tinha acontecido com Calvero. Postant contou a ela que ele deixara o escritório havia mais de uma hora, e que era bem provável que estivesse à espera dela em casa. Apesar de Terry ter estranhado o fato de ele ter ido embora sem avisá-la, não ficou preocupada, nem mesmo quando chegou em casa e não encontrou Calvero. Porém, quando chegou a hora de sair para a apresentação daquela noite, começou a ficar apreensiva.

Nesse ínterim, Calvero visitou inúmeros bares. Ele não tinha nenhuma lembrança de onde encontrou o trio de músicos miseráveis, mas estavam com ele, acompanhando-o de bar em bar.

Ele cantou e dançou e se apresentou ao som da música do trio. Para onde fosse, levava-os consigo e, juntos, criaram uma atmosfera bastante congenial. Calvero nunca esteve tão engraçado. Ele cantava e os clientes o acompanhavam nos refrões.

"Este é o grande Calvero", disse um cliente. "Voltou ao que fazia de melhor."

"Ele é maravilhoso!", disse outro. "Nunca houve ninguém como ele."

"Ele está ótimo, como sempre foi", disse um terceiro, enxugando as lágrimas depois de uma das apresentações espontâneas de Calvero. E era verdade, pois ele estava genuinamente engraçado, e sabia disso.

A aventura foi feliz e lucrativa também para os músicos, já que passavam o chapéu em qualquer oportunidade e os clientes contribuíam com generosidade. Mas Calvero não se deu conta disso. O álcool o imbuíra de um espírito cômico. Ele foi espontâneo, inspirado. Fez palhaçadas, tirou sarro e fez imitações, usando todos os artifícios cômicos que eram possíveis e realizáveis em uma sala de bar. E os clientes ficaram em polvorosa.

Não era surpreendente que, nesse estado alvoroçado, o inevitável acontecesse. Os médicos tinham avisado Calvero poucos meses atrás que mais exageros seriam muito perigosos para sua saúde. Foi às onze horas, no salão do White Horse, em Brixton, que Calvero, em plena comicidade febril, desmoronou inconsciente e foi levado ao hospital St. Thomas.

Naquela noite, os músicos miseráveis esperaram por Terry na porta de serviço do Empire Music Hall para dar-lhe a notícia.

No hospital, Calvero estava fraco e seu progresso foi lento. Ele tinha se tornado angustiado e melancólico, e Terry temia por ele, pois já fazia quase um mês desde sua internação. O médico disse a ela que ele estava entrando em colapso e perdendo o interesse pela vida. E, apesar das tentativas dela para alegrá-lo, ele mostrava pouco avanço. Ainda assim, Calvero era muito grato por tudo o que ela fez, e ela aproveitava todas as oportunidades que surgiam para ficar ao lado dele.

Enquanto isso, Terry foi conversar com Postant sobre o que o médico tinha dito a ela.

"Ele não tem mais desejo de viver", ela disse. "Parece estar afundando rápido."

"Receio ser responsável em parte", respondeu Postant.

"Oh, não", ela exclamou.

"Não pude evitar. Precisei dizer que ele não estava bem no papel."

"Você não precisava ter dito. Ele sabia", respondeu Terry.

"Eu sei que ele sabia", disse Postant. "É impossível enganar Calvero."

"Eu sei. Sr. Postant, se ao menos o senhor pudesse dar uma chance a ele! Ninguém mais dará!"

"O que quer dizer?"

"Ele quer trabalhar para fazer uma volta triunfal! Ele ainda é um grande artista... Se ao menos o senhor desse a ele uma semana aqui, no Empire, onde ele foi uma grande estrela. Seria um sucesso estrondoso! Eu sei que seria!"

"Não posso fazer isso", disse Postant.

"Por que não?", ela perguntou, quase implorando.

"Vamos ser honestos, Terry, ele está acabado. Não é mais como antes."

"É, sim!", ela exclamou com paixão. "Eu sei que é!"

Postant sacudiu a cabeça. "Sou um homem de negócios, Terry, e preciso considerar a reputação deste teatro."

Terry enterrou o rosto nas mãos. "Ele morrerá", ela chorou. "Tenho certeza disso."

"Não se preocupe. Tenho uma ideia melhor. Faremos um evento beneficente para ele."

"Mas ele não quer caridade. Ele quer trabalhar."

"Não seria caridade. Seria uma homenagem ao Grande Calvero. Todos os artistas na ativa participariam. Acho que é uma ideia maravilhosa", ele disse, energizado com um entusiasmo súbito. "Posso fazer disso o maior evento teatral do ano!"

"E Calvero se apresentará?"

"Claro que sim! No espetáculo em homenagem a ele... Por que não?"

Foi com surpresa e choque consideráveis que Terry, quando foi ao hospital dar a boa notícia a Calvero, encontrou Neville sentado ao lado dele. Ele estava muito bonito em seu uniforme militar ao se levantar para cumprimentá-la e ficou bastante constrangido quando Calvero, consciente da ironia da situação, os apresentou.

"Você já conhece Neville, claro."

"Oh, sim", disse Terry, baixando os olhos.

Neville repetiu o mesmo: "Oh, sim". Um silêncio veio em seguida. Então, ele se virou para Calvero. "Bom, preciso partir."

"Quando você volta ao quartel?", perguntou Calvero.

"Parto hoje", ele respondeu.

"Tão rápido", disse Calvero.

"Temos um fim de semana de licença todo mês."

"Então veremos você de novo", disse Calvero.

"Espero que sim", ele respondeu, estendendo a mão. "Até logo."

"Até logo, Neville", disse Calvero.

Neville se virou e olhou para Terry; por um momento, seus olhos se encontraram. "Até logo, Terry, foi bom vê-la mais uma vez."

"Até logo", ela respondeu.

Ele saiu do quarto e Terry assumiu seu lugar na poltrona ao lado da cama de Calvero. Os dois ficaram em silêncio enquanto ouviam o som dos passos de Neville desaparecendo no corredor. Então Calvero se virou e sorriu para Terry. "Vocês ficam tão bonitos juntos", ele disse, melancólico.

"Ora, deixe disso...", ela respondeu em uma repreensão gentil, "você não devia falar assim."

Ele sacudiu a cabeça e fitou o teto com um olhar distante. Havia um leve tremor em sua boca, e lágrimas surgiram em seus olhos.

Terry pegou suas mãos com carinho. "No que você está pensando?"

Provável página da última versão de *Footlights*. As marcações de Chaplin parecem já antecipar o roteiro de *Luzes da ribalta*.

"I couldn't help it. I had to tell him
he wasn't good in the part."

"~~You didn't have to tell him.~~ He knew
it," Terry replied.

"~~I knew he knew~~," Postant answered.
"You can't fool Calvero."

"I know it. Oh Mr. Postant, if only
you'd give him a chance! Nobody else will!"

"What do you mean?"

"He wants to work...to make a comeback!
He's still a great artist...~~he's so much to give~~! *and*
If only you'd give him a week, here--at the Empire,
where he was a great star... He'd be a sensation!
I know he would!"

"I can hardly do that," said Postant.

"Why?" she said imploringly.

"Let's be frank, Terry, he's through.
He's not there any more."

"But he is!" she cried passionately. "I
know he is!"

Postant shook his head. "I'm a showman,
Terry, and I have the reputation of this theatre
to consider."

"No que é verdadeiro… e em como isso, devagarinho, sobrepõe-se a tudo." Ele mais uma vez mergulhou em devaneios.

"Por que está sorrindo?"

"Eu não sei", ele murmurou com tristeza.

"Tenho uma boa notícia para você", ela disse baixinho. "Postant fará um espetáculo beneficente para você."

"Por que eu iria querer um espetáculo beneficente?"

"Será o maior evento teatral da história, ele diz, e você aparecerá", ela continuou.

Seus olhos febris se iluminaram. "Onde? No Empire?", perguntou.

"No Empire…", ela disse. "Está tudo acertado. Então se apresse e fique bom logo."

Calvero já estava fora do hospital, convalescendo havia duas semanas. Vivia com tranquilidade e recuperava a força aos poucos. Ainda assim, o médico tinha lhe dito que ele deveria evitar excitação o máximo possível e se abster por completo de qualquer tipo de bebida alcoólica. E Terry garantiu que ele assim o fizesse. A data para seu evento beneficente tinha sido determinada para dali a um mês.

Enquanto isso, a ascensão de Terry foi vertiginosa. Desde os tempos de Jenet, ninguém foi mais bem-sucedido do que ela. Todas as papelarias e lojas de bugigangas vendiam cartões-postais com fotos dela. Até mesmo a Sardou os exibia na vitrine abarrotada. Certo dia, quando Terry passou por lá para comprar alguns acompanhada por Calvero, o sr. Sardou a reconheceu, mas não como a famosa Thereza. Ele a cumprimentou com muita cordialidade — era evidente que o passado tinha sido esquecido. Terry reparou que agora, em seu lugar, estava uma mulher do tipo solteirona prestativa.

Terry comprou meia dúzia de cartões-postais de si mesma em poses diferentes, o que surpreendeu o sr. Sardou. "Entendo por que você gosta destas fotos", ele disse. "Ela se parece com você."

"Sou eu", ela respondeu com doçura.

Ele riu e quase no mesmo instante se censurou. "Você só pode estar brincando, não?"

"Não", ela respondeu, modesta. "Sou eu mesma."

"A própria", interveio Calvero, com bom humor.

O sr. Sardou observou a foto outra vez. E a solteirona, se esquecendo por completo das boas maneiras, se aproximou e olhou por cima do ombro dele conforme o sr. Sardou examinou as fotografias como relíquias tiradas da tumba de Tutancâmon.

"De fato! É você mesma! Ora, quem diria…" Ele se controlou, olhando para a solteirona por cima do ombro. "Eu estou…" Ele leu a legenda sob a fotografia: "'*Mademoiselle* Thereza, do Empire Ballet'. Claro! Thereza é seu primeiro nome. E pensar que você era uma dançarina e eu nunca soube! Ora, ora, estou contente por vê-la se saindo tão bem", continuou o sr. Sardou.

Calvero sorriu de um jeito exagerado.

"Obrigada", disse Terry, abrindo a bolsa para pagar pelas fotografias; então, hesitou. "Faz muito tempo que eu queria lhe dizer que ainda devo oito xelins que peguei emprestado da caixa registradora…"

"Não, não, você pagou tudo de volta."

"Felizmente para mim, o senhor cometeu um engano na soma. Ainda devo oito xelins."

"Ora… Esqueça tudo isso!", ele disse, com um gesto.

Mas Terry insistiu, deixando meia libra sobre o balcão.

"Volte sempre", disse o sr. Sardou.

"Você deveria ter aceitado a generosidade dele", comentou Calvero quando eles saíram, "e ficado com o dinheiro."

Terry sorriu. "Se ao menos ele tivesse sido tão generoso na época que precisei", ela respondeu.

"Essa, minha cara, é uma das ironias do sucesso."

Calvero estava repleto de otimismo. Desde que saiu do hospital, tinha trabalhado com assiduidade, ensaiando seu número, e agora estava pronto.

Por uma semana os jornais publicaram matérias sobre sua antiga fama, anunciando que o evento beneficente seria sua última e exclusiva aparição.

E Calvero aproveitou o destaque que aquilo lhe garantia. Sua aparência tinha melhorado e ele se sentia melhor, mas ainda havia momentos de melancolia quando ele pensava no anúncio: "A última e exclusiva aparição do Grande Calvero".

No tumulto das marteladas, gritos e objetos se esbarrando no palco, Calvero ensaiava sua música para a apresentação beneficente, batendo o pé, iluminado pelos holofotes no poço da orquestra. Ele acariciava um gato preto que tinha resgatado da fúria de um velho acrobata alemão, que tropeça no animal quando passou pela porta do palco. Agora Calvero pôs o bichano no chão para explicar ao maestro que precisaria de um espaço na orquestra, perto do tambor, que fosse suficiente para esconder uma mesa e um colchão, sobre os quais ele mergulharia no final do número. Quando terminou seu ensaio, Paul Chinqualvalet,[18] o maior malabarista do mundo, o cumprimentou.

Calvero invejava Paul, pois ele era bonito e inteligente, um solteiro convicto de quarenta anos cuja vida doméstica era tão precisa e disciplinada quanto seu malabarismo. Todas as manhãs ele praticava até a hora do almoço, então saía para passear ou fazer compras. Às quatro e meia estava sempre em casa para sua soneca vespertina, depois da qual escrevia cartas até o jantar, que começava pontualmente às seis. Depois da refeição, ele descansava ou lia até a hora do teatro. Sua rotina quase nunca variava. Sua vida era organizada, tão exata quanto o mecanismo de um relógio.

Quatro horas por dia, durante sete anos, Paul ensaiara um número com bolas de bilhar, que consistia em jogar uma bola para cima e pegá-la com a ponta de um taco de bilhar equilibrado no queixo, então lançar outra bola e posicioná-la no topo da primeira. Cinco anos tinham se passado desde a última vez que Calvero encontrara Paul.

"Hoje vou fazer meu número novo em sua honra", disse Paul.

"Que número?"

"O com o taco de bilhar", ele respondeu, surpreso.

"Por Deus! Você ainda não fez?", perguntou Calvero.

"Ainda não", sorriu Paul.

"E pensar que você estava ensaiando esse truque na última vez em que trabalhamos juntos."

"Sim", respondeu Paul. "Pratiquei esse número por quatro horas diárias nos últimos sete anos."

"Com um pouco mais de ensaio, você será perfeito", disse Calvero.

Foi a vez de Paul de ensaiar com a música.

O sr. Postant finalizou o contato com a bilheteria e descobriu que todos os assentos reservados para o espetáculo beneficente de Calvero estavam esgotados. Ele se reclinou na cadeira do escritório, satisfeito. Pela janela, observou um painel luminoso intermitente que piscava *Thereza — no Empire* do outro lado da Leicester Square. Enquanto ele se ocupava com isso, alguém bateu à porta.

"Entre", pediu Postant.

Era Terry. "O senhor está muito ocupado?", ela perguntou.

"Não, não estou. Sente-se, Thereza... Não consigo chamar você de Terry", ele comentou, pegando uma caixa de bombons. "Chocolate?"

"Não, obrigada."

"O que tem em mente?"

"É sobre Calvero..."

"O quê, de novo?", ele disse, com bom humor.

"Desculpe incomodar o senhor, mas estou preocupada com ele. Como o senhor sabe, essa apresentação é muito importante para ele. Ele está determinado a ser um sucesso."

"Não há dúvida, o público será solidário", disse Postant.

"Mas ele não quer solidariedade. Ele quer fazê-los rir. Rir de verdade."

"Bom", respondeu Postant, dúbio, "isso, não podemos garantir."

"Mas podemos ajudar", interveio Terry. "Quero dizer, podemos usar a claque. Não só para aplaudir, mas para rir também... Fará com que os outros riam. Ele precisa desse encorajamento."

"Espere um pouco, deixe-me ver se entendi", disse Postant. "Você quer que a claque ria das piadas dele?"

"Claro que isso é estritamente confidencial", ela suplicou. "Eu não quero que Calvero saiba. Tudo o que preciso são cinco minutos com a claque, para explicar os momentos em que devem rir. Essas são listas com as deixas. Eu anotei tudo."

"Mas você não acha que será estranho ouvir risadas em uma parte do teatro, e só?", perguntou Postant.

"Oh, mas eu garanto que não será assim", ela disse, enfática. "Ele será um grande sucesso. Sei que será!"

"Bom, faremos o que você quer. Chamarei os rapazes ao escritório às sete e meia para você conversar com eles."

"Obrigada, sr. Postant."

Naquela noite, multidões se aglomeravam no Empire, à espera de uma oportunidade para entrar. Uma fila se estendia pela Coventry Street desde cedo. E agora, conforme o prelúdio começava, centenas de pessoas precisariam ser dispensadas.

Calvero estava sentado, com a fantasia pela metade, analisando a si mesmo no espelho. Era um rosto velho, um rosto triste. Ele levantou as sobrancelhas e fez uma careta. Ainda não tinha aplicado nada da maquiagem cômica. "Hum… Não preciso dela", ele disse a si mesmo.

Em seus devaneios solitários, foi interrompido duas vezes pelo contrarregra, que batia à porta como um relógio da morte. "Vinte minutos até as cortinas se abrirem, sr. Calvero… dez minutos, sr. Calvero…" E uma luz branca e leitosa tomava conta de seu estômago.

O espetáculo já tinha começado e vários números tinham sido apresentados. Seu amigo, Paul, cujo número acontecia naquele momento, se vestiu no mesmo camarim de Calvero. Inúmeros telegramas abertos estavam sobre a penteadeira, um de Claudius, em turnê pela Escócia. Alguém bateu à porta e Postant entrou.

"Está cheio até o teto e ainda tem gente querendo entrar. Que noite! Nunca houve nada assim na história do show business", ele disse, com satisfação presunçosa. "Todas as cartas importantes da Europa estão aqui — reis, rainhas, valetes. E que programa! Veja!", ele disse, entregando o programa a Calvero, "dê uma olhada nesses nomes! E você, como se sente?"

"Nervoso… Aparecer depois de todos esses talentos."

"Bobagem! Suba no palco, seja como você era e fará todos eles parecerem amadores."

"Somos todos amadores", respondeu Calvero. "Nenhum de nós vive o suficiente para ser qualquer outra coisa."

"Bom, de um velho amador para outro, boa sorte!", disse Postant.

"Obrigado", respondeu Calvero, sorrindo quando os dois se cumprimentaram.

No momento seguinte, depois que Postant tinha ido embora, Paul Chinqualvalet entrou, vestido com um roupão branco. Estava ofegante.

"Como está o público?", perguntou Calvero, olhando para ele pelo espelho.

"Oh, muito bem", ele respondeu.

"E como foi o truque novo?"

"Excelente", disse Paul, vestindo um casaco e passando uma toalha em torno do pescoço, pois ele se apresentaria em outro teatro e precisava ir embora imediatamente.

"Deveria ter feito a casa vir abaixo."

"Bom, não fiz."

"Não fez?", perguntou Calvero, incrédulo.

"O problema é que parecia fácil demais", disse Paul.

"Erre uma ou duas vezes."

"Preciso de mais treino para fazer isso."

Calvero riu. "Haha! Acho que você vai precisar de mais sete anos para aprender a errar!"

Alguém bateu à porta. "Sr. Calvero, para o palco, por favor…"

Calvero fez uma careta e pôs as mãos na barriga.

"O que foi?", perguntou Paul.

"Tenho uma luzinha branca que fica ligando e desligando."

Paul riu. "Boa sorte", ele disse.

"Obrigado", respondeu Calvero, fechando a porta ao sair.

Na passagem, Terry esperava por ele, já vestida com o figurino de balé. Estava tensa — ao mesmo tempo, receosa e entusiasmada, emoções que tentava esconder. Ela mal reconheceu Calvero com a maquiagem burlesca. "Você está muito engraçado", ela disse, com uma risadinha nervosa.

"As aparências enganam, minha cara."

Terry sorriu. "Eu tenho toda a confiança do mundo!"

Naquele instante, um assistente de contrarregra apareceu com uma caixa de calmantes. "Aqui está, madame. O farmacêutico disse que é a melhor coisa para nervosismo. A receita está dentro."

"Obrigada."

"Então sua confiança a deixa nervosa", comentou Calvero.

Eles estavam no fundo à direita da coxia, sozinhos. A maioria dos assistentes de palco estava nas laterais do palco, assistindo à apresentação, que agora era a de três acrobatas fazendo números de equilíbrio para uma valsa de Strauss.

"Você ainda tem tempo, faltam quatro minutos", disse Terry.

Calvero ficou em silêncio.

"Não se preocupe", ela pediu. "Hoje é um grande triunfo para você."

"Veremos."

"Eu sei que é!", ela disse, com intensidade. "Mesmo assim, aconteça o que acontecer, temos um ao outro."

Ele olhou para ela, melancólico. "Mesmo?"

"Para sempre", ela respondeu.

"Para sempre…", ele murmurou e, de repente, ficou desconfortável. "É melhor eu ir para a lateral do palco. Já está quase na hora." No caminho, parou abruptamente. "Esqueci de uma coisa", ele disse, e então passou correndo pela porta de ferro e foi até o camarim. Não havia ninguém. Ele estendeu o braço atrás do espelho e tirou de lá uma garrafa de conhaque e um copo. Apressado, serviu uma dose e bebeu em um único gole; encheu mais meia dose e bebeu em outro gole.

Quando voltou ao palco, Terry o recebeu com um sorriso angustiado. Ela suspeitava do que ele tinha feito, mas não disse nada. O número dos acrobatas tinha terminado e o pano de boca estava sendo baixado. Ele esperou na coxia, Terry a seu lado. Ela reparou que ele estava estranhamente relaxado e absorto. Calvero sorriu para ela, que sorriu de volta, nervosa.

"É uma boa plateia, a de hoje", ela disse, encorajando-o.

"Não se preocupe", ele respondeu com um ar de confiança. "Vou pegá-los."

"Sei que vai", ela disse.

A orquestra começou um alegre compasso dois por dois. Era a introdução de Calvero.

"Boa sorte!", ela berrou.

Quando ele apareceu, foi recebido por uma tremenda ovação, mas Terry não conseguiu ficar para ver. Ela foi direto para o camarim onde, por um momento, uniu as mãos e fechou os olhos, como se rezasse. Andou de um lado para o outro, então parou para ouvir. Não escutava nada. Abriu a porta e foi outra vez para a passagem. Ali, ela podia ouvir um pouco da voz de Calvero, mas abafada. A voz era pontuada por ondas de gargalhadas — e as gargalhadas não vinham apenas da claque, vinham do público todo, pois uma coisa estranha aconteceu.

Quando Calvero começou, estava nervoso. A claque riu de acordo com as deixas, mas, depois de um tempo, eles perceberam, para a própria surpresa, que havia risos intermináveis entre as deixas, sobre os quais eles não sabiam.

Até mesmo as senhoras blasées do círculo de elite pararam de tentar seduzir os cavalheiros para ver o que estava acontecendo. E Postant ficou ocupado com seu lenço, dividido entre enxugar as lágrimas que acompanhavam as risadas e abafar as crises de tosse.

Não havia a menor sombra de dúvida — o evento ia bem, mas Calvero foi um sucesso sem precedentes.

Terry continuava a andar de um lado para o outro na passagem. Ela não conseguia suportar aquilo. Precisava saber o que estava acontecendo. Abriu a porta de ferro. Um estrondo de risadas veio até ela como uma avalanche, e depois outro. Ela cambaleou, prestes a desmaiar, e teria caído se não fosse pelo diretor de palco, que a segurou e a levou até uma cadeira.

Amontoados na entrada estavam cenotécnicos e outras pessoas, que também riam às gargalhadas.

"Você não quer ver?", perguntou o diretor de palco. Antes que ela pudesse responder, ele abriu espaço entre eles. "Deem licença."

Mas Terry sacudiu a cabeça, enfática. "Não, não! Obrigada, eu só quero…" Ela não terminou a frase, pois outra onda de risadas a interrompeu. Seus olhos brilhavam de êxtase. "Vou voltar ao camarim", ela disse. Ao chegar lá, chorou de alegria, borrando a maquiagem, o que fez seus olhos arderem. E precisou se maquiar outra vez.

No clímax, Calvero mergulhou no poço da orquestra e foi trazido de volta ao palco enfiado em um tambor, um final que provocou gargalhadas e aplausos. Porém, quando a cortina desceu e Calvero não saiu do tambor, o diretor de palco percebeu que havia alguma coisa de errado.

"O que foi?", ele perguntou.

"Minhas costas", disse Calvero. "Devo ter distendido."

"Acho melhor chamarmos um médico", disse o diretor de palco.

"Não, não é nada sério", respondeu Calvero.

O diretor de palco o ignorou e instruiu o contrarregra a telefonar para um médico. Então, dois homens carregaram Calvero ao depósito de cenografia.

"Devo ter batido a espinha", ele disse. "Sinto dor nas costas e no peito."

"É melhor levarmos você para o camarim", disse o diretor de palco. Mas a tentativa de erguer Calvero provocou uma dor tão excruciante que preferiram deixá-lo onde estava, até a chegada do médico.

Depois que o contrarregra tinha ligado para o médico, foi bater à porta de Terry para contar a ela o que tinha acontecido.

No mesmo instante, ela pôs um xale nos ombros. Quando viu Calvero, ele estava deitado em uma *chaise longue*, com um travesseiro embaixo da cabeça. Ele sorriu com fragilidade conforme ela se aproximou. Ela se ajoelhou calmamente ao seu lado, controlando-se o melhor que podia. Ele tentou falar, mas ela o impediu. "Poupe suas forças, meu amor", ela disse. "O médico logo estará aqui."

"Sinto muito… Você deve me detestar por eu ter tomado aquele drinque."

"Claro que não."

"Eu precisei tomar. Não pude arriscar."

"Claro."

"Sou um mau apostador."

Lá fora, o público ainda aplaudia. "O que é isso?", ele perguntou.

"Ainda estão aplaudindo você", disse Terry.

O rosto dele se contraiu e ele comprimiu a boca.

"Preciso avisar que houve um pequeno acidente", disse o diretor de palco.

"Não faça isso!", respondeu Calvero. "Vamos, me ponham de volta no tambor. Tenho uma ideia."

O diretor de palco olhou para ele, desconfiado. "Você não acha melhor eu dizer que…"

"Não, não, não! Apenas me carreguem para lá."

O diretor de palco deu de ombros. Não havia nada a fazer além de acatar o pedido. O rosto de Calvero se contorceu de dor conforme o ergueram para enfiá-lo de volta no tambor. Quando ele apareceu no palco, houve um grande alvoroço. Depois que o tumulto diminuiu, ele falou. "Perdoem a informalidade, mas o diretor de palco não conseguiu encontrar o pé de cabra. Mesmo assim, quero agradecê-los por esta noite maravilhosa… E pelas risadas que pude oferecer a vocês… e pelo prazer que ofereceram a mim. Foi mútuo e sincero. Eu gostaria de continuar, mas receio estar entalado!"

Quando o levaram de volta, um médico estava à espera. "Recomendo tirarem a maquiagem dele", ele disse, e então acrescentou: "Há um sofá no camarim?".

"Não", respondeu o diretor de palco.

"Então levem-no de volta ao sofá", disse o médico, "ele ficará mais confortável."

Pediram que todos esperassem do lado de fora enquanto o médico o examinava. Postant e Neville foram parabenizar Calvero e ficaram chocados quando Terry contou o que tinha acontecido.

O médico ressurgiu com uma expressão sombria no rosto. "Precisamos chamar uma ambulância agora mesmo."

"O que foi, doutor?", perguntou Terry.

"O problema não são as costas", ele respondeu. "Ele teve um derrame. Receio ser um caso muito sério."

"O senhor quer dizer que…" Ela não terminou a frase e foi direto para o depósito de cenografia. "Calvero…", ela sussurrou, ajoelhando-se ao lado dele.

Calvero pressentiu que havia alguma coisa errada. "Aquele médico disse alguma coisa?"

Ela sacudiu a cabeça, lutando contra as lágrimas.

"Não se preocupe. Sou como uma velha erva daninha. Vou renascer."

Neville, Postant e o médico entraram e se aproximaram do sofá. Calvero levantou os olhos melancólicos para Neville e sorriu ao vê-lo ao lado de Terry. "E haverá jantares sob céus amarelo-alaranjados em uma sacada com vista para o Tâmisa… E na melancolia do crepúsculo, você dirá a ele que o ama…" Ele olhou para Terry e estendeu a mão, que ela segurou e encostou no rosto.

"Por favor, Calvero, não!"

Ele olhou para os dois. "Vocês ficam tão bem juntos…"

"É você quem eu amo… Só você", ela disse, baixinho, acariciando seu cabelo.

Como resposta, ele apertou a mão dela e murmurou: "O coração e a mente… Que enigma…". Ele se virou e viu Postant. "Como foi?"

"Maravilhoso", disse Postant, rouco.

Calvero se virou para Terry. "Você ouviu aquilo?"

Ela sorriu e desviou o rosto para esconder as lágrimas.

O contrarregra entrou sem fazer barulho. "Tudo pronto, srta. Thereza."

"Não! Não!", ela chorou, histérica. "Não posso ir!"

"Vá", disse Calvero, "ou você vai perder sua deixa."

Ela hesitou e então envolveu a cabeça dele com os braços. "Você está bem?"

"Claro", respondeu Calvero.

"Não vou demorar, meu amor", e ela correu para o palco, em tempo de fazer sua entrada.

Depois que ela tinha saído, Calvero suspirou. "Acho que estou morrendo", ele murmurou, exausto. "Mas não sei… Já morri tantas vezes."

"Sente alguma dor?", perguntou o médico.

"Não mais", disse Calvero. Ele se esforçou para virar a cabeça. "Onde ela está? Não consigo vê-la… Quero vê-la dançar…"

"Virem o sofá", disse Postant, e então acrescentou, quase sem pensar: "… levem para perto do palco."

E Calvero foi gentilmente carregado à coxia lateral, de onde podia ver Terry. E Neville ficou ao lado dele. Calvero a observou, tristonho, seus olhos cansados e opacos. "Ela é tão linda", ele sussurrou. Então reclinou a cabeça e seus olhos se fecharam. E, no canto de uma pálpebra, surgiu uma lágrima, que desceu pela bochecha.

Neville percebeu que Calvero estava imóvel. No mesmo instante, foi procurar o médico, que ia em sua direção com dois homens da ambulância, recém-chegados. Depois que Neville conversou com ele, o médico tentou sentir o pulso de Calvero e então desabotoou a camisa e pôs um estetoscópio para ouvir o coração. Mas não adiantava. Logo depois, ele pousou as mãos de Calvero sobre o peito. E, com um dos homens da ambulância, pegou um lençol e cobriu Calvero até a cabeça, enquanto, no palco, Terry fazia piruetas e poses com autoridade radiante. Ela era leve… Mercúrio! Eflorescente! Uma Diana com carícias de beleza serpenteando à sua volta.

FIM

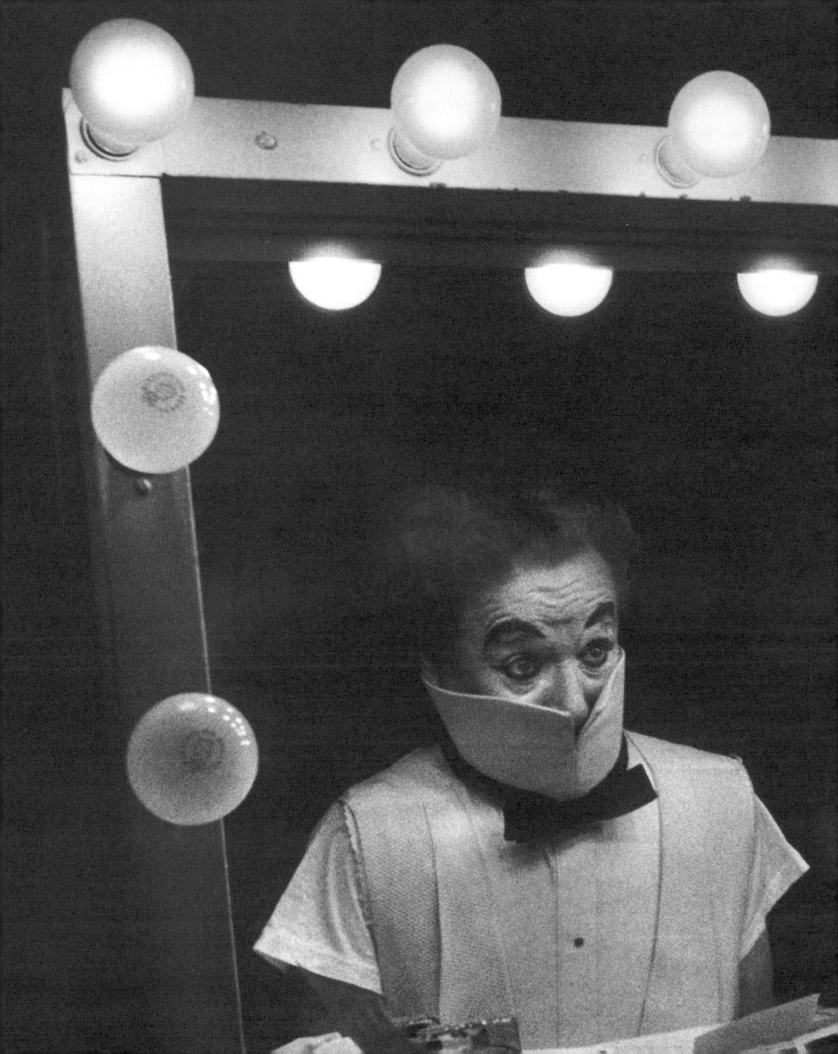

Fotografia de W. Eugene Smith, 1952.

In his youth he yearned to be a musician
but could ~~never~~ afford any sense of an instrument upon which to
learn;   Another ~~dream~~ longer was to be a romantic actor,
but he was too small and his diction too uncultured.
Nevertheless, he believed himself to be the greatest
actor living. Necessity made him turn to comedy, which
~~and~~ he loathed ~~it~~, because it demanded of him ~~a con-~~
~~viviality~~, an intimacy with his audience which he
did not feel and which never came natural to him.

Calvero ~~fundamentally~~ was not gregarious.
He was shy and reserved and difficult to know. At
times ~~he was~~ strange, melancholy and austere ~~and~~
~~would avoid people~~.

He was never comfortable in the company of ~~the~~
philistines, no matter how much ~~they~~ he was flattered and
praised, ~~him~~ And although he had many acquaintances
~~among them~~, and made extensive efforts to reciprocate
their regard ~~superficially~~ as it was, ~~he knew they~~
~~never understood him and never could.~~ Not ~~one could~~
be counted on as a friend -- nor did he want ~~them as~~
~~friends~~.

He was always uneasy in their company,
because he never wanted to measure up to the nomes
and demands of their society.

That's why he would have to get half drunk
before he could face an audience. Each night, an hour

"A HISTÓRIA DE CALVERO"

Na verdade, o texto reproduzido a seguir como "A história de Calvero" não tem nome nas versões progressivas de Footlights. *O título foi atribuído para facilitar a leitura deste livro.*

Na juventude, ele queria ser músico, mas não tinha dinheiro para comprar nenhum tipo de instrumento com o qual poderia aprender. Outra vontade era ser ator romanesco, mas era baixo demais, e sua dicção era inculta. Ainda assim, acreditava, do fundo do coração, que era o mais grandioso ator em atividade. Por necessidade, precisou seguir para a comédia, que detestava, pois exigia dele uma intimidade com o público que ele não sentia e que nunca parecia natural.

Calvero não era gregário. Era tímido e reservado, nunca se abria. Às vezes, era esquisito, melancólico e austero.

Nunca se sentiu confortável na companhia de filisteus: não importava o quanto o lisonjeavam e admiravam, sabia que nenhum deles conseguia entender sua essência. E, apesar dos muitos colegas e de seu próprio esforço para que a estima fosse recíproca, ele sabia que não tinha entre eles nenhum amigo de verdade — e tampouco queria.[1]

Ficava sempre inquieto na companhia deles, porque nunca teve vontade de satisfazer as normas e as exigências que a sociedade deles impunha.

Era por isso que precisava ficar semibêbado antes de encarar um público. Toda noite, uma hora antes de subir ao palco, ele se embebedava de propósito. Em seu camarim, enquanto se maquiava, quase sempre pedia três doses duplas de conhaque, que lhe davam a ajuda necessária para confrontar o público. Conforme o tempo passou, a quanti-

Página de um rascunho intermediário de "A história de Calvero", com revisões feitas por Chaplin.

dade de conhaque aumentou. Os médicos avisaram que aquilo o estava matando, mas ele nunca parou, pois tinha medo de perder seu domínio do público. Fazia quatro anos que bebia constantemente, desde o fim de seu casamento com Eva Morton, filha de uma antiga paixão que, na juventude, lhe causara muito sofrimento por um amor não correspondido, que acabou por fugir com seu rival, se casou com ele e foi morar em Cape Town, na África do Sul. Eva era a filha do casal, vinte e cinco anos mais nova do que Calvero. Ela tinha fugido com um jovem ator em turnê pela África do Sul e ido para Londres com ele. Não muito depois, eles se separaram e ela acabou isolada em Glasgow, na Escócia.

Eva escutou a mãe contar muitas vezes sobre o romance com o grande Calvero; por isso, ela lhe enviou um telegrama explicando quem ele era e sua situação difícil.

Calvero fez uma transferência de dinheiro para que ela fosse a Londres e o encontrasse na Paddington Station.[2] Ela usaria um cravo proverbial, e ele também. Mas não foi necessário, eles reconheceram um ao outro quase de imediato. Eva se parecia tanto com a mãe... Era mais atraente do que bonita, com cabelo marrom-escuro e olhos cor de violeta que reluziam com malícia. Tinha uma boca provocante, com cantos delicadamente para cima; lábios carnudos e generosos, que se equilibravam, fechados, sobre dois dentes da frente em ligeiro desalinho. Sobre seu caráter, Calvero não sabia quase nada. Ela tinha sido muito honesta com ele e contara sobre seu caso com o jovem ator, que durou até ela perceber o engano que cometera. E, apesar de ele ter prometido casar-se, ela recusou, pois percebeu que não o amava e que tudo aquilo tinha sido apenas uma paixãozinha adolescente.

Calvero achou melhor mandá-la de volta para a África do Sul na mesma hora, mas Eva não quis saber. Ela implorou e rogou com toda a lógica e ardor que tinha; empregou toda sua feminilidade e charme para persuadi-lo a deixá-la ficar na Inglaterra. E conseguiu.

Ele reservou um quarto para Eva no Adelphi Hotel, sob a condição de ela encontrar trabalho dentro de um mês, ou então voltaria a Cape Town. Em duas semanas ela se tornou sua amante.

O romance começou em uma tarde de sábado. Eva telefonou para ele, sugerindo que, se ele não estivesse ocupado no domingo e o tempo fosse favorável, ela adoraria passar o dia em Henley-on-Thames. E foi um dia de sol e cores extravagantes; de flanelas brancas e sombrinhas alegres; de cestas com morangos, peras bem amarelas e uvas grandes e azuis; de sorvetes rosa e verde e de bebidas geladas em garrafinhas; um dia de música de violões aqui e ali e da ondulação de pedalinhos e barcos a remo deslizando pela água.

E foi assim que Calvero e Eva passaram o fim de semana. Na volta, pararam para jantar em uma pequena pousada em Staines e passaram a noite. Logo depois, Calvero abriu mão de seu quarto em Belgravia e se mudou para um apartamento próximo à Oxford Street, onde ele e Eva moraram como marido e mulher. Dentro de três meses, estavam casados.

Durante um tempo, foram felizes. Então aconteceu uma coisa que despertou a suspeita de Calvero. Ele percebeu que, sempre que iam juntos a festas, ela dedicava atenção excessiva a uma pessoa, invariavelmente um homem bem-apessoado, ou, se não houvesse nenhum homem por perto, ela ignorava todo mundo e ficava entediada.

Depois, quando estavam sozinhos, ele a questionava sobre isso, mas Eva nunca negava as acusações e tampouco ficava aflita com elas, porque em sua natureza havia um elemento de honestidade, quando se sentia em terreno sólido e era dona da situação. Ela abria um sorriso inescrutável para Calvero, às vezes inócua ou voluptuosa ou fosse qual fosse seu humor no momento — e olhava para ele de um jeito brincalhão, sorrindo como se não tivesse nem ouvido o que ele tinha dito. Depois de seis meses de casamento, ela era segura em relação a Calvero; sabia que ele a amava completa e ardentemente, e isso lhe dava confiança, uma sensação de poder que ela sempre gostava de ter sobre um homem. Além disso, ela reconhecia e entendia seu próprio amor por ele, que tinha um lugar especial em seu coração, mas não o preenchia por completo; nenhum

homem jamais preencheria.[3] Essa restrição estava nos alicerces de sua natureza e acabaria por levá-la a uma promiscuidade trágica. Ela sabia que tinha um desejo insaciável, patológico, que ficava ainda pior com a consciência do mal que causava. Era algo independente e distinto dela e de sua vida com Calvero.

Sua inteligência felina, intuitiva, sabia que Calvero sabia; e sabia, também, que ele não tinha coragem para confrontá-la — e nem a si mesmo — com tal fato. Ela sabia que ele preferia não ter certeza sobre sua infidelidade porque a amava muito. E, do jeito dela, ela também o amava, pois ele representava gentileza, proteção e compreensão. Era por esse motivo que, quando ele a repreendia sem convicção e com meias acusações, ela nunca respondia.

"Você nunca me dá nenhuma satisfação", ele disse a ela, depois de discutirem em uma ocasião em que ele abriu, por engano, uma carta endereçada a Eva Calvero. Apesar de não haver nenhuma prova de indiscrições, ainda assim a carta foi suficiente para alimentar suspeitas na mente de Calvero. Foi endereçada apenas para Eva Calvero, não para o casal. O conteúdo era o seguinte:

"Como quinta é dia de matinê, pensei que você talvez possa escapar. Nos vemos no Criterion, às 14h30. Vou esperar por meia hora. E."

"Quem é 'E.'?", questionou Calvero.

"Um amigo."

"Amigo? Um homem?"

"Que diferença faz?"

"Então você foi se encontrar com um homem!", ele disse, nervoso. E Eva era frustrantemente vaga e criava alguma desculpa absurda. Ele ficava zangado por dias, o que dava a ela a oportunidade de fazer o que bem entendesse. Passava o dia inteiro fora e não aparecia para os jantares; o abismo aumentava e ele ficava com o coração apertado, afligia-se e torturava-se com suas imaginações. Então, havia uma reconciliação e eles continuavam juntos e em paz — pelo menos por alguns dias, até ela se engraçar com outro.

O que causava a agonia na mente de Calvero era o toque de ambiguidade em Eva. Na verdade, ele não tinha certeza absoluta de que ela tinha sido infiel a ele. Mesmo assim, ele nunca foi tolo o suficiente para acreditar em sua fidelidade. Se soubesse a extensão da promiscuidade da esposa, sua atitude teria sido diferente. Talvez a tivesse abraçado, como a uma criança doente — pois era isso que ela era — e pudesse ter cuidado dela, garantindo que recebesse tratamento médico. Mas, do jeito que era, ele se sentia amargo e ressentido, apenas à espera do dia em que tivesse coragem e força moral para se afastar. Ela era um vício para ele. Calvero estava loucamente apaixonado. Obcecado por sua personalidade elusiva. Havia algo de picaresco em Eva que ele reconhecia em si mesmo. Ela era errante — uma renegada, uma apóstata de todas as convenções sociais. Eram essas qualidades que o atraíam e fascinavam, porque eram qualidades que ele mesmo possuía. Ainda assim, por outro lado, ele não aprovava tais características. E sabia que eram fatais em uma mulher, não apenas para ela mesma, mas também para os que se aproximavam dela.

Ela nunca conseguiria suportar o bastião de preconceito colossal que se acumularia à sua volta. Era por isso que ela despertava sua pena... Era por isso que ele a amava.

Naqueles momentos doces de reconciliação, ele abria a alma. "Se ao menos eu pudesse confiar em você, Eva, poderíamos ter uma vida maravilhosa", ele disse, melancólico, até com um pouco de humor.

Eva olhou para ele com uma expressão de sabedoria gélida. Sacudiu a cabeça devagar. "Você não me entende... Eu queria tanto que entendesse", ela respondeu, depois de uma pausa.

"Entendo tanto sobre você..."

"Então você sabe que eu te amo e que ninguém mais importa, independentemente do que você pense. Independentemente de você confiar em mim ou não. Eu te amo... E amarei para sempre, mas..." Ela parecia esconder algo que queria desabafar; era inefável, ela não conseguiria dizer.

Calvero pensou saber o que era, mas tinha medo de escutar. Receava que fosse uma confissão de infidelidade, mas não podia ter certeza — e isso ele não conseguiria suportar, mesmo que fosse a verdade; pois, de uma maneira indefinível, ele a amava.

E era verdade: ela tinha sido infiel. E queria contar a ele. Detestava enganá-lo, pois tinha muita consideração por ele e sabia que o estava magoando. Queria dizer toda a verdade e contar que fazia parte da natureza dela, que nunca poderia ser fiel a homem algum. Estava dividida entre a miséria que causaria se partisse e o tormento espiritual que ele so-

freria se ela ficasse... E, então, ela se deu conta de que ele não queria saber.

Assim, o inefável continuou por três anos, nos quais Calvero foi torturado com períodos de incerteza e momentos de esperança de que ela mudasse e que os dois fossem, enfim, felizes juntos. Se ele soubesse a extensão da promiscuidade de Eva, teria partido havia muito tempo, com nojo — felizmente, ele seria poupado de tudo isso. É claro que, reforçando o mito do marido proverbial, ele foi o último a saber sobre as estripulias dela. Ela esteve envolvida em todo tipo de infidelidade, inclusive com homens que trabalhavam com ele no mesmo espetáculo. Agora havia um jovem dono de fábrica, muito rico, que o casal conheceu em um banquete beneficente.

No começo, Calvero foi ingênuo o bastante para achar que era ele o objeto da amizade do sr. Addington. E foi levado a acreditar nisso; foi sob esse pretexto que Addington acompanhou os Calvero de uma cidade para outra, apesar de, às vezes, se ausentar para voltar a Manchester a trabalho. Eva e o dono de fábrica eram vistos com frequência no camarote do teatro, assistindo às apresentações de Calvero. Com desconfiança angustiante, Calvero os observava pelas cortinas.

Por fora, eram bons amigos, mas Calvero tinha ciúmes principalmente de Addington e sabia que, mais cedo ou mais tarde, haveria conflito aberto. E isso aconteceu na temporada de pantomimas natalinas no Drury Lane Theatre, onde Calvero era a atração principal.

Foi na matinê de sábado. O teatro estava lotado de crianças e pais, tão pretensiosos quanto modestos, homenageando Calvero com suas gargalhadas.

No segundo camarote, ocultos da plateia, estavam Eva e Eric Addington. Enquanto isso, nos bastidores, observando os dois com atenção através de um pequeno buraco no centro da cortina, estava Calvero, vestido com seu traje cômico. Quando o prelúdio terminou, ele foi para a coxia lateral.

A primeira cena da pantomima era o balé; Calvero viria em seguida, satirizando-o. Enquanto o balé era apresentado, ficou na coxia, taciturno e angustiado. De repente, ele passou correndo pela porta de metal que levava à plateia e subiu uma escada estreita, que levava aos camarotes. Esgueirou-se sem ser visto até o segundo camarote e, com muito cuidado, abriu uma fresta na cortina de entra-

Unobserved, he crept along to the second box. The curtains
were closed. Cautiously he parted them and peered in.
Eva was in profile watching the ballet; ~~while the~~
Addington had his back turned completely to Calvero. A
golden glow emanat̲ing̲ from the stage ~~and~~ silhouetted them
both as they watched the performance. Then Eva turned
slightly, and without taking her eyes off the ballet,
slipped her hand into Addington's and their fingers
intertwined and became locked in a tender clasp.

Calvero saw it and paled under his makeup. He
grew weak, yet he felt neither outrage nor despair. As
a matter of fact, he felt a tinge of relief. He could act
with decision now -- could part from her ruthlessly. Still,
a sudden emptiness possessed him. The pity of it all;
those tender years together, cleaved off! ...discounted..
a total loss.

Slowly he went down the narrow stairs through
the iron door onto the stage again. He moved mechanically
to the side of the wings. ~~He was conscious of activity,~~
ballerinas ̂near̲ rushing and brushing by him, getting on and
off the stage, excusing, smiling and apologizing. The
music, the dancing, and the hustle and bustle of it all
had ~~no reality.~~ a negative obpealenting
part of the audience
As he stood in the wings, he could see a triangle
of static humanity sitting stiff ~~and~~ silent, watching ~~the~~ ballet
~~dancers.~~ To Calvero, the ~~activity that was taking place~~ performance

da e espiou. Eva, sua esposa, estava de perfil, acompanhando o balé, enquanto Eric Addington estava de costas para Calvero. Um brilho dourado vinha do palco e marcava a silhueta dos dois em cores quentes enquanto eles observavam a apresentação. Então, Eva se virou um pouco e, sem tirar os olhos do balé, pôs a mão embaixo da de Addington; os dedos se entrelaçaram e as mãos ficaram unidas com carinho.

Calvero viu tudo e empalideceu sob a maquiagem. Sentiu fraqueza, mas nenhuma fúria, nenhuma indignação. Na verdade, sentiu até uma pontada de triunfo — um alívio; chegara ao fim de toda incerteza. Agora podia agir com determinação, podia se separar dela sem remorso, sem ser assombrado por pena. Ainda assim, não conseguiu escapar da agonia, do desespero solitário e do vazio que, de repente, tomaram conta dele. O desperdício de tudo aquilo; aqueles anos de amor que tiveram juntos, decepados, anulados… Uma perda completa. Mas agora sua mente estava decidida. Ele a confrontaria a respeito de tudo e eles se separariam.

Sem pressa, desceu a escada estreita, passou pela porta de ferro e estava mais uma vez no palco. Seguiu com passos mecânicos para a lateral da coxia. Estava consciente da atividade à volta; bailarinas passavam e relavam nele, pedindo licença, sorrindo e se desculpando para entrar e sair do palco. Agora Tony, o diretor de palco, conversava com ele; uma socialização sem importância, talvez. E Calvero, sem ter ouvido nada, responde qualquer coisa. Tony olha para ele, incrédulo. A agitação, o entusiasmo, a dedicação sincera de todos não eram registrados, [*palavra ilegível*] pela mente de Calvero. Não eram realidade para ele. A música, a dança, os sons e os movimentos e toda a atividade das coxias eram como um caldeirão fervente da falta absoluta de qualquer sentido. De onde estava, podia ver parte do público — um vislumbre de humanidade estática, com postura rígida e em silêncio. Era um contraste esquisito com a atividade insana no palco. Era tudo tão sem significado quanto o eterno ritual da rotação dos planetas; tão assustador quanto pensar no espaço-tempo.

Página de um rascunho intermediário de "A história de Calvero", com revisões feitas por Chaplin.

De repente, Calvero sentiu que havia uma tensão. Todos pareciam olhar em sua direção; alguém cutucava suas costas. Era Tony, com olhos arregalados. "É sua vez! Sua vez! Eles estão esperando!"

Calvero subitamente acordou. Foram-se a angústia, o desespero, a solidão, os problemas. Naquele momento, ele era Calvero, o Palhaço, o comediante que podia fazê-los chorar de tanto rir, que conquistava a confiança irrestrita da plateia, que os tinha na palma da mão. Quando ele surgiu, uma tremenda salva de palmas o recebeu. Quando chegou ao centro do palco, o público começou a rir, apesar de ele não ter dito ou feito nada além de olhar para eles. E, naquela tarde, por alguma razão, quanto mais ele apenas olhava, mais eles riam. Sua caracterização era ridícula — um pequeno bigode quadrado, um pequeno chapéu-coco e um fraque apertado; calças largas e um par imenso de sapatos velhos.

Toda vez que ele tentava falar, a plateia ria. Primeiro, ele se fez de constrangido; depois, orgulhoso; então, tentou ser agradável. Em seguida, pareceu desinteressado, e o público riu ainda mais; depois, impaciente; depois, austero. Então, abriu o tipo de sorriso que precede um anúncio nas aulas de catecismo e, em seguida, fez-se de indignado; por fim, caiu no choro e tirou um lenço do bolso, que escondia uma esponja cheia de água. Enxugou os olhos e torceu a esponja — o que fez água escorrer, claro. Ele sacudiu o lenço e torceu outra vez, e mais água jorrou. Parecia um fluxo interminável. Quanto mais ele torcia o lenço, mais água saía! Ele guardou o lenço no bolso da calça e estava prestes a falar, mas ficou alarmado quando sentiu o lenço encharcar suas calças; começou a sacudi-las de leve. Acabou por precisar sair do palco, segurando as calças para não se molhar.

Quando voltou, estava com outra calça. O público demorou algum tempo para ficar em silêncio e ele os observou com um olhar zombeteiro ao perguntar:

"Vocês já se apaixonaram?… Seus pais devem ter se apaixonado, pelo menos. Eu espero. Vocês já foram ao teatro e se sentaram no camarote, e seguraram a mão um do outro, entrelaçando os dedos?… Oh, que emoção! Aquela proximidade — os dedos dela, enroscados nos seus! Você fica com, oh, uma sensação tão boa de segurança, especialmente se a moça for batedora de carteiras. Quando você a segura desse jeito, ela não pode fazer nada", ele disse, mostrando seus dedos entrelaçados para a plateia. Então, ele olhou para o camarote onde estavam Eva e Addington. "Vocês deviam tentar uma vez."

Eva empalideceu ao se dar conta de que ele tinha dirigido o comentário a ela, que ele talvez soubesse; era ainda mais incrível pensar que não passava de uma coincidência.

"Ele sabe!", ela disse a Addington.

"Como poderia saber?", ele respondeu. "Além disso, não acho que ele estava olhando para nós."

"É uma coincidência. Só pode ser", declarou Eva. "Mas vamos para o camarim no intervalo."

E foram. Calvero os recebeu de um jeito quase bem-humorado. Tinha plena consciência de que Eva o estava sondando, e ela fez observações errantes para descobrir o quanto ele sabia sobre suas relações com Addington. E Calvero os manteve na dúvida por bastante tempo. Os três estavam sozinhos no camarim. O assistente de figurino tinha saído. Addington assumira uma postura preocupada e ficava cada vez mais sério. Para cada pergunta de Eva, Calvero oferecia uma resposta mecânica e direta e, apesar de o que dizia sugerir que ele sabia de alguma coisa, ainda não era suficiente para convencer os dois.

"Se você não estiver muito cansado, achamos que seria divertido ir à casa de Burgess depois da apresentação de hoje; ele fará uma festa para Eric", disse Eva.

"Sim, pode ser divertido…", ele respondeu, e fez uma pausa antes de acrescentar, "… para você e… Eric."

Houve outra pausa e os dois concentraram seus olhares em Calvero, enquanto ele se observava no espelho, com uma expressão de crítica, mantendo o queixo para cima em uma careta cômica. Então, Eva falou.

"Por quê? O que você quer dizer?", ela perguntou, com uma meia risada.

"Addington", ele disse, ignorando a esposa. "Você ama Eva?"[4]

"Ora, claro que não."

"Puxa, que pena."

"Calvero! Você está louco?", interveio a esposa.

"Nunca estive tão lúcido ou tão realista. Se você não ama minha esposa, então por que a importuna o tempo todo? Por que quer destruir a vida de Eva?

"O que não entendo é… Você pode ter todas as mulheres parecidas com Eva que quiser — e sem compromisso. Você é rico, solteiro…", ele disse, dirigindo-se a Addington.

"Ainda assim, prefere manter um caso com uma mulher casada. Seria diferente se você a amasse. Mas você não ama", continuou Calvero, em tom controlado e firme. "… Portanto, preciso tomar alguma providência. Não, não vou matá-lo. Mas vou feri-lo em um ponto mais vital, que será… sua conta bancária. Vou processá-lo, e pedirei muito dinheiro. Até o último centavo. Não sou um palhaço de graça. Sou pago para isso. E me mantive ocupado. Andei colhendo provas. Sim. Enquanto eu trabalhava duro, você profanava minha esposa; levando-a ao seu apartamento, a hotéis… e posso listá-los… Oh, não, você não escapará impune depois de destruir as vidas e os lares das pessoas, como você fez. Por outro lado, se a ama, se pretende se casar com ela depois do divórcio, então, minha bênção aos dois. Não custará nem um centavo."

Naquele momento, o contrarregra bateu à porta. "A cortina vai abrir."

"Pronto", disse Calvero, com afeto fingido e exagerado, "hora da cortina. Não percam a segunda metade. É muito mais engraçada do que a primeira. É melhor se apressarem. E de mãos dadas."

Assim que ele disse isso, o assistente de figurino entrou. Não havia mais nada para os outros fazerem além de ir embora. E, como um último golpe, Calvero acrescentou: "Addington, pense no assunto".

Claro que Eva e Addington nunca voltaram ao camarote. E Eva nunca voltou ao apartamento de Calvero. Era evidente que Addington tinha pensado no assunto e decidido que amava Eva.

Eles se encontraram apenas duas vezes depois daquilo, no escritório do advogado, para acertar o divórcio.

A partir de então, Calvero passou a beber todos os dias.

Aqui termina "A história de Calvero". Entretanto, em uma versão mais antiga de Footlights [*referência ECCI00312563 no catálogo do Chaplin Archive*], *marcada como "construção antiga", o texto ainda faz parte da novela e entra logo antes da cena em que Calvero visita o Queen's Head e encontra Claudius, o Prodígio Sem Braços. Nessa versão, a história continua por mais uma página, para levá-la até o momento de início do enredo de* Luzes da ribalta.

A partir de então, Calvero passou a beber todos os dias, não tanto por conta da separação de Eva, mas por causa de uma ferida psicológica mais profunda. Claro que Eva tinha agravado a neurose, mas Calvero estava ficando velho. Seu assistente de figurino, um ilustre palhaço no passado, costumava dizer, depois das apresentações, que ele estava "forçando" — trabalhando demais. "Quando eles percebem que você está suando, se reclinam e relaxam. Você precisa mantê-los sempre na ponta da cadeira", ele dizia. "Deixe que eles façam todo o trabalho, para que você relaxe." Dizia também que havia duas coisas que poderiam destruir um palhaço: as mulheres e a introspecção. "Quanto mais você pensa, menos engraçado você fica", ele teorizava. "O meu problema", continuava, "... eu nunca pensava. Foram as mulheres que mataram minha comédia. Mas você... Você pensa, você é sério."

E o assistente estava certo. Calvero era essencialmente analítico e introspectivo. Precisava conhecer e entender as pessoas, saber suas falhas e fraquezas. Era assim que conseguia fazer seu tipo específico de comédia. Quanto mais conhecia sobre as pessoas, mais conhecia sobre si mesmo — um conhecimento que não era lisonjeiro; a consequência era uma grande autocrítica e a necessidade de ficar semibêbado antes de subir ao palco.

Era inevitável que o esforço e a tensão sob os quais ele trabalhava provocassem um colapso. Foi o que aconteceu. Sua mente ruiu. Ele perdeu sua identidade e desapareceu por várias semanas. Quando o encontraram, descobriram que ele sofria de amnésia.

Por três anos, Calvero ficou internado em uma clínica. Quando saiu, era outro homem. Tinha envelhecido muito. Sua fortuna estava praticamente esgotada. Ainda assim, tinha fundos suficientes para uma vida modesta por algum tempo, pelo menos até voltar à ativa. Dessa vez, estava determinado a fazê-lo sem o estímulo do conhaque. Mas, na noite de sua volta, Calvero sucumbiu. Precisou tomar um drinque. O pavor de enfrentar o público outra vez foi demais para ele. Mas não fez diferença. O espírito cômico não estava lá, tampouco a sagacidade ou a emoção, e Calvero sabia. Começou a se adiantar, mas não foi rápido o suficiente, pois o público começou a abandoná-lo.

E, assim, Calvero aos poucos perdeu espaço. Seus compromissos profissionais diminuíram, bem como o cachê que pedia, até que suas apresentações de vaudevile cessaram por completo.

Cinco anos tinham se passado desde sua tentativa de regresso ao Holborn Empire. Desde então, ele se sustentava com as perenes doze semanas de trabalho na pantomima de Natal de Drury Lane, onde era apenas um mero coadjuvante entre os muitos palhaços envolvidos com a temporada.

Teve trabalhos intermitentes em teatros diversos, quase como figurante. Como detestava aqueles atores principais para os quais servia apenas de apoio! Como cobiçava seus papéis! Claro que, em trabalhos irrelevantes como aqueles, ele nunca usava o próprio nome. Preferia ficar anônimo. E ficava. Mas no Queen's Head era celebrado. Ali, se misturava com aqueles que o conheceram no passado; vaudevilianos, atores, agentes, críticos; os jóqueis e os apostadores.

Isso leva à cena no Queen's Head, com a chegada de Claudius.

Fotografía de W. Eugene Smith, 1952.

LUZES DA RIBALTA

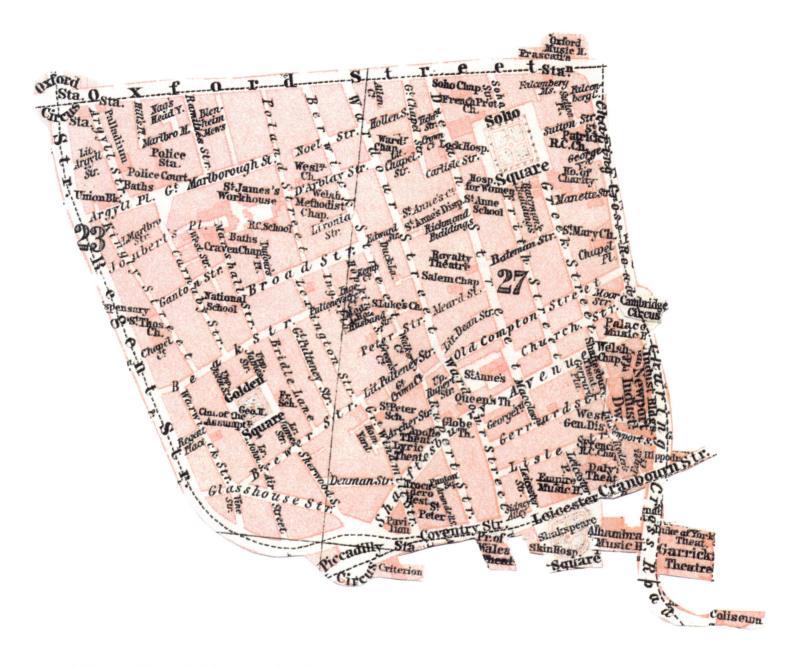

O Soho em 1914. O mundo de *Luzes da ribalta* está contido nos cerca de 400 m² que compunham o Soho, inclusive dez teatros e music halls, com mais seis no perímetro imediato (a fronteira exata do Soho está marcada por uma linha tracejada).
Quando criança, Chaplin se apresentou muitas vezes com os Eight Lancashire Lads, no Oxford Music Hall (acima, à dir.), e com onze anos fez o papel de um gato no gigante Hippodrome (abaixo, à dir., na Cranbourn Street). Com dezesseis, interpretou Billy em *Sherlock Holmes*, no Duke of York's, perto da St. Martin's Lane (abaixo, à dir.). Com as companhias Karno, se apresentou no Coliseum (extremo abaixo, à dir.). Entretanto, o foco de *Luzes da ribalta* está nos dois grandes music halls da Leicester Square (abaixo), o Empire e o Alhambra, aos quais nenhum Chaplin aspirou. Entre os outros pontos de referência do filme que ainda existem estão o Queen's Head, na Denman Street, ao norte de Piccadilly Circus. Os sofisticados restaurantes Frascati's, Criterion e Trocadero estão destacados; a Lyon's Corner House ficava na esquina da Rupert Street com a Coventry Street. É possível que Calvero tenha encontrado o médico para Terry no dispensário St. Anne, perto da Dean Street (não havia nenhuma clínica médica no Soho), o que sugere que esse seja o endereço da pensão da sra. Alsop. Para a loja de penhores, ele precisaria ter ido para mais longe, para a Hawes and Son, no nº 7 da Cranbourn Street.

Baseado no último mapa de Londres pré-guerra dos guias turísticos da editora Baedeker.

David Robinson

O MUNDO DE
LUZES DA RIBALTA

Preparação de uma cena no "Soho", no set nova-iorquino de tijolos aparentes do Paramount Studio.

SACUDINDO A ÁRVORE

"*Luzes da ribalta*", escreveu Chaplin em *Minha vida*, "exigiu dezoito meses de preparação." Sua memória pregou uma peça. Na verdade, entre o dia em que ele começou oficialmente a ditar *Footlights*, 13 de setembro de 1948, até o início do trabalho em estúdio, em novembro de 1951, passaram-se mais de três anos. Em termos de duração, foi mais longo do que o cronograma de criação inteiro de *Luzes da cidade*, reconhecido como sua produção mais demorada e penosa.

Apesar de os métodos de trabalho de Chaplin terem, ao que tudo indica, passado por uma revolução com a mudança para filmes falados e também por causa das finanças mais exatas do estúdio no pós-guerra, o processo criativo continuou o mesmo na essência. Ele disse a Jean Cocteau em 1936 que um filme era como uma árvore: você sacode, e tudo que for solto e desnecessário cai, deixando apenas a forma essencial. Porém, no caso de Chaplin, a árvore sempre começava gigantesca e exagerada. Na época de seus filmes mudos, o processo duplo de cultivar e sacudir a árvore era feito todo em estúdio, na maior parte diante da câmera. Cada filme era produzido em "frações", uma estratégia inusitada usada também por outros estúdios de comédia na Hollywood daqueles tempos. Cada fração era construída e montada individualmente antes de começarem a próxima: muitas vezes, as frações eram terminadas sem uma noção clara da função que teriam no todo. O processo fracionado começava com reuniões demoradas, mas leves, entre Chaplin e os colegas de maior confiança, nas quais ideias para gags eram desenvolvidas e anotadas — às vezes, meros rabiscos abreviados em pedaços de papel — por uma secretária.

Entre as reuniões, Chaplin levava o elenco e a equipe ao estúdio para testar as ideias mais promissoras diante da câmera, refinando-as e aperfeiçoando-as a cada tomada, e então começando tudo de novo depois de ver as rushes.* Esse processo era feito pelo tempo que fosse necessário para satisfazer Chaplin — e, mesmo assim, ele era capaz de voltar a etapas anteriores para reformular uma fração específica. O trabalho era, muitas vezes, interrompido quando Chaplin ficava em casa e refletia sobre novas ideias com privacidade. Não havia pressão, afinal: o estúdio era dele e contava com uma equipe permanente; além disso, a película era barata. *Em busca do ouro* precisou de 170 dias de filmagem, espalhados em um período de 405 dias; para *Luzes da cidade* foram 179, em um período de 683.

Porém, depois da Segunda Guerra Mundial os custos aumentaram e as restrições dos sindicatos se tornaram rigorosas e inevitáveis. Agora, era impossível manter uma equipe de produção permanente: entre os filmes, o estúdio vazio precisava ser alugado para outras empresas. Sob as novas circunstâncias, *Monsieur Verdoux* foi filmado em oitenta dias e *Luzes da ribalta*, em apenas 59 — ainda assim, dezenove dias além do planejado.

Apesar das mudanças radicais na rotina do estúdio, o princípio de cultivar e depois sacudir a árvore continuava — agora feito conceitualmente, em papel, em vez de fisicamente, em película. Chaplin desenvolvia, refinava e registrava suas ideias por meio de um processo de escrita demorado e minucioso. Na prática, isso envolvia sessões longas de ditado para uma secretária; em seguida, vinha o manuscrito de Chaplin e/ou revisões para o texto datilografado, o que, por sua vez, resultava em um novo texto datilografado e mais correções. Era um processo implacável. Chaplin era

---

* *Rushes* ou *dailies* são as primeiras cópias feitas com o negativo de um filme, muitas vezes no mesmo dia em que essa película foi exposta. Dessa forma, o diretor e outros membros importantes da equipe podem acompanhar quase de imediato os resultados da produção e, assim, adaptar o trabalho conforme necessário. Com o advento do cinema digital, esse procedimento tem mudado. (N. T.)

LUZES DA RIBALTA

Desenho conceitual de Eugène Lourié para o apartamento da família Ambrose nas cenas cortadas da infância de Terry.

difícil de satisfazer — ainda mais no que dizia respeito ao próprio trabalho. Mesmo na época, os procedimentos demorados e a quase escravidão das secretárias eram notórios:

> É de conhecimento público que a empresa de mimeografia que cuidava do roteiro de Chaplin entrou em desespero e acabou por desistir do projeto, recusando-se a ter qualquer participação. "Não queremos o roteiro nem o dinheiro dele", dizia a mensagem que rompeu o contrato. O que aconteceu com o roteiro de *Luzes da ribalta* pode ser definido por uma cena que se passou na casa de Chaplin:

> Chega a versão final e é entregue a Chaplin por uma sorridente secretária, Lee Cobin. Era o fim de uma jornada longa e árdua. Estavam lá todos os pingos nos "i"s e todos os traços nos "t"s; aquela era a versão final. Chaplin recebe o roteiro e vira as páginas com um enorme sorriso de felicidade. Ele já tem tudo decorado, é claro. Sob o olhar da sra. Cobin, ele lê em voz alta algumas das falas, depois baixa a voz para um murmúrio. Está folheando as páginas. Tudo está bem. "Calvero diz…" De repente, uma sombra passa por seu rosto e o coração da sra. Cobin congela. "O que é isso? Como isso entrou aqui? Calvero… mmm… mmm. Isso não faz sentido.

Barbara Cobin como Terry e Doris Lloyd como sra. Ambrose em uma das cenas cortadas da infância de Terry.

Mmm mmm… Não, diabos. Não." Com um gesto de asco, ele pega um lápis. "Vejamos." A sra. Cobin se apressa para pegar um caderno. Está pronta para o ditado. "Agora…" e as palavras não poderiam vir mais rápido. "Mmmm…" A essa altura, ele está furioso. "Fora!" Ele arranca a página do roteiro. Em poucos minutos, a secretária está andando em círculos. Mais páginas flutuam para o chão. Quando a paz é, enfim, restaurada, o roteiro final está em frangalhos. "Vamos precisar repassar tudo."

"Sim, sr. Chaplin."[1]

A sra. Cobin trabalhou com exclusividade na rotina minuciosa de destilar os processos criativos de Chaplin desde sua contratação, em 13 de setembro de 1948, até a semana de 10 de setembro de 1951. Nunca fez parte da equipe do estúdio, mas recebia por hora e, no geral, trabalhava quatro dias por semana — quando possível, Chaplin iniciava seu fim de semana às sextas, zarpando com seu barco, *The Panacea*.[2]

O processo de ditado e as correções de Chaplin eram uma provação para secretárias e estenógrafas, e continua um desafio para os historiadores. O Chaplin Archive tem

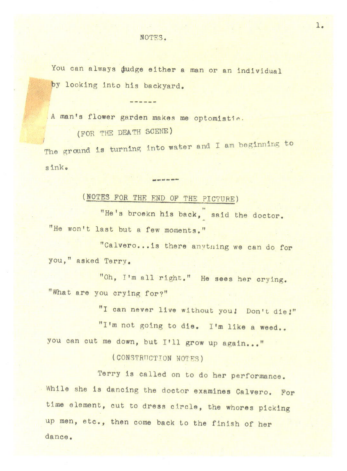

Anotações preliminares para diálogos.

cerca de 4 mil páginas de textos datilografados pela sra. Cobin. Alguns são miscelâneas erráticas de cenas, ideias e revisões que devem ser as páginas que "flutuaram para o chão" no grande entusiasmo criativo de Chaplin, recolhidas às pressas e guardadas por acaso. Outros, versões mais formais de roteiros que, à primeira vista, têm paginação e conteúdo idênticos, mas que acabam por trazer variações extensas de texto, muitas vezes sem oferecer nenhuma pista de cronologia. Inúmeras páginas têm correções à mão, anotadas como uma prévia do ditado seguinte, algumas com a letra de Chaplin, outras com a da sra. Cobin, às vezes usando estenografia.

Ainda assim, certos elementos fundamentais da história mudariam pouco entre as primeiras versões e o filme terminado: Calvero salvando Terry da tentativa de suicídio; o ponto de virada no destino de ambos quando Terry, em sua paixão para ajudar Calvero, redescobre a capacidade de andar; o romance platônico que surge entre os dois, mesmo com a grande diferença de idade; a reversão do relacionamento, que começa com Calvero reacendendo a fé de Terry em si mesma, e depois a ajuda dela a Calvero para recuperar seu talento e respeito próprio; o envolvimento romântico com o homem mais novo, Ernest Neville, que Terry luta para reprimir em nome do amor por Calvero.

Desde o princípio, era certo que haveria um balé, no qual Calvero teria um papel; ele curaria o pavor histérico de Terry antes de entrar no palco com um tapa forte, que a impulsiona para o palco, onde dança para o estrelato. A estrutura do final passou por muitas transformações, mas Chaplin tinha certeza desde o início que o último número de Calvero, fosse qual fosse, terminaria com ele caindo do palco e aterrissando em um tambor, e depois morrendo na coxia.

Certas frases e incidentes persistiram durante o processo. A última linha das rubricas* do roteiro, que também aparece em outros pontos do filme, nunca variou com as versões progressivas: "Ela era leve... Mercúrio! Eflorescente! Uma Diana com carícias de beleza serpenteando à sua volta". Do mesmo modo, apesar de os diálogos compridos entre Calvero e Terry sobre vida, morte, amor, arte, teatro e público mudarem o tempo todo em extensão e posição no texto, muitas frases permanecem inalteradas, quase reverenciadas. Chaplin nunca escondeu seu gosto por frases bonitas, ainda mais se fossem dele.

Não existe prova do momento exato em que começou o processo de transformação da novela *Footlights* no roteiro cinematográfico chamado *Limelight* — que viria a ser conhecido como *Luzes da ribalta* no Brasil —, mas decerto foi muito antes do verão de 1950. Em 30 de agosto, quarta-feira, uma carta foi enviada para Arthur Kelly, o representante de Chaplin na United Artists, pedindo para ele registrar o título *The Limelight*. Em seguida, no dia 2 de setembro, um telegrama o instruiu a registrar, também, *Limelight*. Na mesma semana, o relatório diário de produção do estúdio registrou que "a sra. Cobin datilografa o roteiro de *Luzes da ribalta* (outrora *Footlights*)

---

* Rubricas são as descrições visuais, de ação e de intenções dramáticas nas cenas de um roteiro. (N. T.)

no Beverly". Na segunda-feira, 11 de setembro, apesar de a sra. Cobin ainda estar trabalhando, o relatório de produção diz "Roteiro de *Luzes da ribalta* enviado para o escritório de Lloyd Wright para registro de direitos autorais na Biblioteca do Congresso, Washington D.C., em nome de Charles Chaplin". A cópia que pode ser encontrada no Archive consiste em 148 páginas, e tem uma ou duas pequenas emendas de diálogo escritas à mão pelo próprio Chaplin. O título no topo do texto mimeografado ainda é *Footlights*.

Essa versão do roteiro foi precedida por um tratamento de 185 páginas e também uma revisão intermediária, das quais restam oitenta páginas não contínuas. Levando em conta a precisão e a velocidade do trabalho de Chaplin com as secretárias, parece provável que o trabalho de adaptação para roteiro tenha começado em algum momento no fim de 1949. Desconsiderando pequenas variações e redatilografias parciais, os roteiros sobreviventes correspondem a cinco estágios de desenvolvimento:

1) O primeiro tratamento, com 185 páginas, do fim de 1949.

2) A revisão intermediária, da qual apenas uma parte foi preservada.

3) O tratamento de 148 páginas submetido ao registro de direitos autorais em 11 de setembro de 1950.[3]

4) O roteiro de produção de 166 páginas, presumivelmente concluído na semana de 10 de setembro de 1951 — os últimos dias de Lee Cobin na casa de Chaplin, depois de três anos de trabalho no projeto — e enviado para o escritório de Lloyd Wright para ser submetido ao registro de direitos autorais em 19 de setembro.[4]

5) Um roteiro de pós-produção, com 143 páginas, feito provavelmente antes da mixagem final, pois uma ou duas marcações sonoras são diferentes do filme terminado. Ainda inclui a cena com Claudius, o Prodígio Sem Braços, no bar Queen's Head, que — assim como uma cena antes dessa, no corredor da sra. Alsop — foi cortada depois das estreias britânica, francesa e norte-americana do filme.

A adaptação da novela para o roteiro foi um processo variado. Algumas passagens de *Footlights* são diálogo puro, e a maioria delas foi transferida quase sem mudanças para o roteiro e, por fim, para a tela. As canções e os monólogos de Chaplin no palco — inclusive o número em parceria com Terry — foram roteirizados com precisão desde o começo: apenas uma ou outra palavra foi mudada durante o demorado processo de escrita. É de se supor que ele tenha se divertido muito em casa criando aqueles pastiches de versos estapafúrdios do velho teatro de revista, mesmo antes de se dedicar com mais afinco a *Footlights*.

While searching through my underwear
A thought occurred to me,
I'm tired of training elephants,
So why not train a flea.
Why should I hunt for animals
And through the jungle roam,
When there's lots of local talent
*To be found right here at home.**

Porém, outros trechos da novela — em especial os que constituem "A infância de Terry Ambrose" — eram bastante descritivos e exigiam adaptação considerável para se tornarem diálogos e imagens. Em *Footlights*, a história da infância de Terry e os eventos que precedem a tentativa de suicídio — o início propriamente dito da história — foram incorporados quase na íntegra como um flashback ou um prólogo que representa cerca de um sexto do total da narrativa. Houve uma redução significativa na primeira adaptação de *Footlights* para o roteiro de *Luzes da ribalta* — com a omissão do pai de Terry, da doença e hospitalização da mãe, da entrada de Terry para o corpo de baile do Empire, de sua hospitalização com febre reumática, de seu emprego na fábrica de picles, da gentileza do mentor de balé (o sr. John) e da visita que ela faz ao Albert Hall para ouvir a sinfonia de Neville. Todos esses incidentes (exceto o pai de Terry, que é abandonado por completo) sobreviveram no roteiro, mas apenas como menções breves no diálogo. As cenas com Neville na papelaria Sardou foram mantidas, porém reposicionadas na forma de flashbacks, mais adiante no roteiro.

---

* *Enquanto olhava minhas roupas de baixo/ Um pensamento veio galopante./ Estou cansado de treinar elefante,/ Então por que não treinar uma pulga?/ Por que caçar animais/ E me enfiar no meio da selva,/ Quando existe tanto talento aprendiz/ Bem embaixo do meu nariz?* (N. T.)

(acima e abaixo) Arte conceitual de Eugène Lourié para a papelaria Sardou e a cena como foi filmada.

(página ao lado) Notas de figurino para as amigas de Terry na escola de dança.

Além dessas exclusões, muito da infância de Terry permaneceu no roteiro de filmagem na forma de flashbacks enquanto Terry está deitada inconsciente na cama, no início do filme. No primeiro deles, Terry "sai do próprio corpo" fantasiada para *Les Sylphides* e dança.[5] Depois disso há duas cenas estendidas de "A infância de Terry Ambrose", com regressos esporádicos à Terry inconsciente:

Sequência 1
Mãe, trabalhando em uma máquina de costura no velho apartamento em que vivem, manda Terry entregar um vestido.

Terry entrega o vestido para a srta. Stella Lascar, uma prostituta, que pede que ela compre uma garrafa de gim.

Terry volta para casa com a sensação de mãos sujas por ter tido contato com a prostituta. Louise chega cedo em casa e confidencia a Terry que perdeu o emprego. A senhoria diz para as meninas que a mãe delas está doente.

Sequência 2
Enquanto Louise se veste, Terry está sentada, com uma fita preta amarrada no braço. Elas estão de luto pela morte da mãe. Louise e a faxineira insistem que ela saia com as amigas. Louise diz que, quando puder, pagará por aulas de dança para Terry.

Terry em uma aula de dança.

Quando a aula termina, as amigas a convencem a dar um passeio para ver vitrines. Em Piccadilly, elas ficam fascinadas pelas prostitutas e riem delas.

Entre as mulheres, Terry reconhece Louise. A sequência termina com um close no rosto de Terry, "chorando e correndo", que faz uma fusão com o plano de Terry deitada na cama, murmurando "Louise... Louise" — o plano que (sem as palavras) é o início do filme.

Tudo isso chegou a ser filmado. Apenas na sala de montagem reconheceram que "A infância de Terry Ambrose" era um início falso que atrasava a história — e cuja maior parte precisava ser sacudida da árvore.[6]

Desse ponto em diante, a transição de *Footlights* para *Luzes da ribalta* envolveu poucas mudanças. Diálogos foram refinados e estendidos, inclusive com as referências aos elementos descartados de "A infância de Terry Ambrose". Algumas cenas mudaram um pouco de ordem.

Uma cena que não fez a transição da novela para o roteiro — o que talvez tenha sido bastante sensato — foi aquela em que Calvero volta de uma apresentação de *Hamlet* no

Dc - 3 - 7 - 12 <u>Terry (as a child)</u> Barbara Colvin
Chg #1 Int - Living Room -
        Act - Delivering Packages -
              Buying Gin - 8 -
Tan + Red Stripe Check gingham dress
Black Button Highe shoes!
Tan Cotton stocking -

No Ribbons Nothing on Hair
No Hat - Bag - Coat.

Chg #2 -   Piccadilly St.
   Black Highe Button shoes.
   Tan cotton stockings,
   Black Coat. Beads Braid Trimmed
   Tan + Red Stripe Plaid cotton dress (Chg #1)
   Orange Ribbon Bows on Hair   (without Coat)

Int 3 Int Dancing Class

Das cenas cortadas da infância de Terry: ela e as amigas da escola de dança observam uma prostituta em Piccadilly.

Apollo Theatre e interpreta de seu próprio jeito o solilóquio "ser ou não ser" para Terry. Em outra decisão feliz, o roteiro usado na produção omitiu também a cena em que Calvero demonstra para Terry parte das teorias de Bergson sobre a risada.[7] Ele recria uma cena dolorosamente sem graça, uma confusão entre um consultório de dentista e uma barbearia, acompanhando com suas próprias gargalhadas. Terry observa "com uma expressão séria no rosto" e depois se desculpa, explicando que "quase nunca ria abertamente, mas que no íntimo tinha gostado muito".

A estrutura para a última parte do filme, do balé à morte de Calvero, passou por diversas variações entre *Footlights* e *Luzes da ribalta*. Desde o início, ficou determinado que, depois do balé, Calvero perceberia que era um obstáculo para a atração irresistível entre Terry e Neville, e que, por isso, sairia da vida dela. Depois, ela o reencontraria e, com a ajuda de Postant, o proprietário do Empire, possibilitaria sua volta aos palcos em uma apresentação beneficente, na qual ele reconquistaria seu antigo estrelato e, em seguida, morreria. Para encontrar o caminho entre esses dois momentos, Chaplin precisou de muita autorreflexão e sacudidas na árvore.

Em *Footlights*, Postant e Bodalink concordam que a apresentação de Calvero como palhaço foi insatisfatória. Postant conversa com ele no escritório, falando de um jeito bastante moralista e acrescentando que preferia pagar-lhe três libras por semana para não fazer nada a vê-lo se degradando. Calvero vai embora, fica bêbado e começa a se apresentar — com todas as suas habilidades cômicas renovadas — com os três músicos de rua que apareceram ao longo da história. Mas a bebida cobra seu preço e ele desmaia no White Horse, em Brixton, e é levado para o St. Thomas Hospital. É visitado tanto por Neville quanto por Terry, que, preocupada com sua saúde cada vez pior, pede a Postant — se sentindo culpado pelo estado de Calvero — que ofereça a ele um trabalho no Empire. Postant não arriscaria a reputação do teatro, mas tem a ideia de oferecer um evento beneficente.[8]

Na primeira versão da história em forma de roteiro, ainda antes do registro de direitos autorais, Postant expressa estar bastante satisfeito com o palhaço no balé e fica surpreso ao descobrir se tratar de Calvero. Assim, ele tem a ideia de oferecer o evento: "Diga a ele que é meu presente de casamento. Ele precisa se apresentar". Entretanto, depois de entreouvir a declaração de amor que Neville faz a Terry, Calvero desaparece do apartamento e, mais tarde — assim como no filme que chegou aos cinemas —, é encontrado tocando em bares e tavernas, primeiro por Neville e Postant e então por Terry, antes de ser persuadido a aceitar o evento beneficente.

No roteiro registrado, Calvero desaparece do apartamento, deixando Terry tão preocupada que ela fica doente e é hospitalizada, para então se recuperar e voltar à dança e alcançar o estrelato no Empire. Mais uma vez, Calvero é encontrado tocando em bares por Neville, Postant e Terry, e é persuadido a aceitar o evento beneficente.

A apresentação em si é apenas esboçada e sempre bastante incompleta em todos os tratamentos sucessivos do roteiro. As cenas no camarim foram roteirizadas, mas o que acontece no palco é mostrado apenas através das reações do público, e também pela reação de Terry aos aplausos cada vez mais ruidosos para Calvero. O roteiro de produção oferece orientações vagas para um número musical, sugerido pela observação que Calvero faz a Terry quando começa a aceitar a ideia do evento beneficente: "Tenho trabalhado em [uma ideia] um número cômico, para mim e um amigo que tenho. Ele é quase cego, mas é um excelente pianista e tem um senso de humor ótimo. Juntos, seremos um grande sucesso, tenho certeza". As rubricas do roteiro de produção para a cena no camarim revelam que Calvero terá um parceiro: "À esquerda de Calvero está sentado seu parceiro, o pianista, que aplica uma maquiagem estilo Chester Conklin". Conforme veremos no próximo capítulo, o número musical cômico — que marcou a única parceria entre Chaplin e Buster Keaton — parece ter sido concebido e, até certo ponto, improvisado nos últimos estágios das filmagens.

Dois incidentes planejados para a sequência no camarim desapareceram ao longo do caminho. O encontro com o grande equilibrista Cinquevalli (no texto de Chaplin, "Chinqualvalet"), descrito com razoável detalhamento em *Footlights*, nunca apareceu em nenhum roteiro. Entretanto, Chaplin se esforçou para tentar incluir um vestígio da ideia antiga de uma história sobre uma trupe de meninos acrobatas e seu líder brutal. Em *Footlights*, há uma pequena referência a Calvero resgatando um gato que foi chutado por um acrobata alemão. Ainda assim, em todas as versões do roteiro de *Luzes da ribalta* Chaplin inseriu uma cena entre a conversa de Terry com Postant sobre a claque e a sequência do camarim. Os acrobatas alemães são vistos no palco: quando saem, o líder dá um bofetão no menino mais novo por ele ter cometido um erro e então o proíbe de chorar,

A cena cortada dos acrobatas, com Hanns Schumm (à esq.), Phil e Dotty Phelps e Billy Aimone (centro) como o menino maltratado.

pois a apresentação continua. A cena foi filmada, mas acabou sendo cortada durante a montagem.

Algumas das notas soltas ou sem associação clara que foram ditadas por Chaplin revelam outros problemas, soluções e ideias rejeitadas. No filme terminado, Neville praticamente desaparece depois da conversa com Terry na soleira da porta, na noite anterior à sua partida para o serviço militar. Sua presença na cena final é mal justificada: ele apenas ressurge, sem explicação, e fica em pé, sem nenhuma fala, com o grupo que cerca Calvero à beira da morte. Depois de certo tempo, ele e Terry são apostrofados por Calvero ("E na melancolia do crepúsculo, você dirá a ele que o ama…") e, quando Calvero para de respirar, é Neville quem corre para buscar o médico.

Em determinado momento, Chaplin pensou em um desfecho muito mais radical para a história de Neville, que teria permitido a expressão de sua opinião sobre a guerra. Enquanto espera pelo evento beneficente, Calvero encontra Neville por coincidência no Queen's Head. Neville perdeu o braço direito e sofre de neurose de guerra. Ele parece magro e pálido, e andou bebendo. Calvero o leva para a própria casa (Terry está no teatro). Neville fala "sem parar, de um jeito febril, expressando seu ódio e admiração por Calvero; sua amargura e desprezo pela vida e também pela guerra". Pelo telefone, Calvero é chamado para um ensaio musical no teatro. Antes de ir embora, ele volta para a sala, onde encontra Neville dormindo no sofá. Ele o cobre com um roupão e sai de fininho do apartamento para pegar um táxi e ir ao Empire.

Terry, ao voltar, fica chocada quando encontra Neville, que acorda e explica que voltou em abril (o que sugere que houve uma elipse para 1915; a guerra começou em agosto de 1914). Ele se recusa a esperar pela volta de Calvero: "Descobri que gosto dele. E concordo com você, ele tem a capacidade de inspirar lealdade e afeto, e não quero sucumbir a isso". Ele continua:

"O futuro é um pesadelo. Por enquanto, vou me aproveitar do meu status de herói… Adorado pelo clubinho das senhoritas modernas."

"Terrível", ela disse, cobrindo os olhos com os dedos.

"De jeito nenhum. Você encontra pessoas exclusivas e bebe uísques ainda mais exclusivos. A guerra está apenas começando. No momento, sou uma novidade e tanto", ele disse, ajustando a manga sem braço. "Depois haverá muitos de nós, então é melhor aproveitar agora… As coisas nunca mais serão as mesmas. Algo se perdeu, e não gosto nada disso. Mas temos que continuar vivendo, não temos?"[9]

Em termos de roteiro, os três números musicais de Chaplin tiveram suas próprias trajetórias independentes. Tanto que, nas cópias do roteiro de filmagem que foram distribuídas para a equipe, as três canções (tanto as letras quanto os monólogos) foram excluídas por completo, e sem um motivo muito convincente, exceto a paranoia de serem pirateados. As músicas, intactas desde as primeiras versões de *Footlights*, foram gravadas antes do início de qualquer filmagem. Em 18 de outubro de 1951, quinta-feira, Kathleen Pryor escreveu no registro de produção do estúdio: "C. C. gravando canções em Glen Glenn Sound Co., com Ray Rasch no piano. (Fez três vocais e dois con-

(acima) Página da cena — cogitada, mas por fim cortada — do regresso de Neville, ferido na guerra.

(abaixo) O reencontro de Calvero e o soldado (não ferido) Neville como está no filme.

certos de piano)". Em 6 de novembro de 1951: "C. C. em Glen Glenn Sound Co. gravando música de fundo para suas canções — feitas previamente com Ray Rasch no piano, na quinta-feira, 18 de outubro". É de imaginar que a "música de fundo" seja o acompanhamento da orquestra, e que essas duas faixas tenham sido sobrepostas, apesar de não haver nenhum indício de piano nas gravações de voz com orquestra na versão final do filme. As canções foram filmadas em playback quase dois meses depois das gravações, e a sincronia labial de Chaplin é impecável.

As três canções eram "Oh For the Life of a Sardine", "I'm an Animal Trainer" (o número com as pulgas) e "Love, Love, Love". É evidente que a indecisão de Chaplin sobre em qual momento do filme poderiam ser inseridas chegou ao estágio da montagem. Tanto o roteiro registrado quanto o roteiro de produção tinham três apresentações de Calvero em sonhos: a primeira, a canção da sardinha; a segunda, o amor primaveril, "Love, Love, Love", que introduzia o número em dupla com Terry; e a terceira era o número com as pulgas. A canção da sardinha, com o monólogo bastante reduzido, foi então reprisada para o desastroso espetáculo no Middlesex. Todas as três foram filmadas com as respectivas numerações de cena atribuídas no roteiro.

Mas Chaplin mudou isso no processo de montagem. No filme que chegou aos cinemas, a primeira apresentação em sonho foi o número com as pulgas e a segunda continuou sendo "Love, Love, Love", mas a terceira foi omitida por completo. A canção da sardinha, consideravelmente reduzida, foi então usada no show em Middlesex — o que foi muito apropriado, pois é, sem dúvida, a mais fraca das três, com seu monólogo comprido e tedioso. Para o espetáculo beneficente, trechos de tomadas das canções da sardinha e das pulgas foram reaproveitados.

(acima) Um dos primeiros rascunhos do número com as pulgas adestradas: as canções de Calvero parecem ter sido finalizadas por Chaplin logo no início da escrita de *Footlights*.

(abaixo) A canção "The Animal Trainer".

Improviso cortado? Ao que tudo indica, esta cena — provavelmente mostrando a nova estrela, Thereza, assediada ao sair de casa — foi filmada, mas não usada, e não estava prevista em nenhum rascunho de *Footlights* ou no tratamento de *Luzes da ribalta*.

Preparação para a filmagem da morte de Colombina no balé: Claire Bloom de camisola e Wheeler Dryden em figurino de Pantaleão. É provável que as figuras mais ao fundo sejam Karl Struss, o diretor de fotografia, e a assistente de roteiro, Cora Palmatier.

DO ROTEIRO PARA A TELA

Chaplin precisava de um diretor de produção. O fiel Alf Reeves, seu diretor de estúdio desde 1918, tinha morrido logo antes de *Monsieur Verdoux*, e o detestado sucessor de Reeves, John McFadden, quase incitou um motim naquele filme. Para *Luzes da ribalta*, Chaplin contratou Lonnie D'Orsa (1897-1993). D'Orsa era brigão, experiente e tinha vindo da escola certa: depois do serviço militar na Primeira Guerra Mundial, se tornou assistente de Mack Sennett e, mais tarde, escreveu e dirigiu comédias de um e dois rolos. Depois, foi produtor executivo em inúmeros longas-metragens, inclusive *Em cada coração um pecado* (1942), *Por quem os sinos dobram* (1945) e *Mulher exótica* (1945). Após *Luzes da ribalta*, se tornou diretor de televisão, responsável por 75 episódios do primeiro seriado de hospital, *Medic* (1954). Henry Gris deixou um vislumbre divertido da relação de D'Orsa com Chaplin, que tinha pedido refilmagens de algumas tomadas:

"Refilmagens", respondeu D'Orsa, severo, "custam dinheiro." Entre as pessoas da comitiva de Chaplin, ele é o único que consegue demonstrar crueldade suficiente para pôr Chaplin em seu devido lugar. Somente D'Orsa se permitia observações como "onde ele acha que estamos, em um playground?", intencionalmente dentro do campo de audição de Chaplin. Ele é o freio poderoso e tamanho gigante da máquina de Chaplin, sem o qual — se tudo fosse concedido — ela sairia do controle, girando para todo lado e levando Chaplin ao caos financeiro. "Refilmagens", disse Chaplin, dando firmeza imaginária à sua voz aguda, "às vezes são necessárias. Todo mundo faz." "Certo", respondeu D'Orsa, "quais são os requerimentos?" A resposta de Chaplin foi vaga, mas D'Orsa estava acostumado o suficiente com os métodos do patrão para definir um cronograma. "Deixo você usar cinco dias", ele disse, pensando consigo mesmo que eram quatro a mais do que o necessário. E estava certo. Chaplin descartou

a maior parte das novas tomadas depois de vê-las, mas, pelo menos, serviu para ele provar a si mesmo que o material já filmado não podia ser superado. "Eu dou graças a Deus", D'Orsa comentou com alguém, mais tarde, "que Claire Bloom voltou para Londres. Se estivesse por aqui, não haveria fim. Pelo menos, ele não pode pensar novas versões para as cenas com Bloom."[1]

D'Orsa estava enganado. Para a refilmagem de uma tomada que precisava de Terry deitada na cama ao fundo, Oona Chaplin foi dublê para Claire Bloom, que estava ausente.[2]

Para diretor de fotografia, Chaplin empregou Karl Struss, que assumiu a função em *O grande ditador*. Isso pareceu, mais uma vez, uma desfeita a Roland Totheroh, o fiel operador de câmera do estúdio que filmara as produções de Chaplin desde 1916. Totheroh era quatro anos mais novo que Struss e um ano mais novo que Chaplin, portanto a explicação frequente de que Chaplin o considerava velho demais não parece muito convincente. Talvez não tenha sido uma questão de insatisfação com o trabalho de Totheroh (ele foi creditado como "consultor de fotografia", foi o diretor de fotografia interino na primeira semana de filmagem e sempre tomou muito cuidado com os closes de Chaplin), e sim que, na nova e competitiva Hollywood, ele precisava de um nome com prestígio, o que Struss oferecia.[3] Estranhamente, Wallace Chewning, operador de câmera em *Monsieur Verdoux* e também em *Luzes da ribalta*, não teve seu nome incluído nos créditos do filme.

O diretor assistente foi Robert Aldrich, que, depois de *Luzes da ribalta*, embarcaria em sua própria carreira de sucesso como diretor. Em sua década anterior como assistente, seus projetos mais memoráveis foram *Corpo e alma* (1947), de Robert Rossen, e *A força do mal* (1948), de Abraham Polonsky. O segundo assistente foi Jack Berne,

LUZES DA RIBALTA

Equipe principal de produção em foto tirada no fim das filmagens, em 8 de maio de 1952. As últimas tomadas de refilmagem para os palhaços do balé, com Chaplin, Charles Chaplin Jr. e Wheeler Dryden, foram terminadas às 17h30; Chaplin ainda está com a maquiagem de palhaço. Henry Gris descreveu como a fotografia se tornou realidade:
"Não havia mais nada para eles fazerem além de uma espécie de cerimônia melancólica de despedida. 'É isso', disse Nate Slott. 'Acabou, rapazes. Ponto final. A linha de chegada.' Um silêncio estranho tomou conta e todos pareciam desconfortáveis.
"Então veio Crocker ao resgate. 'Uma última foto, um grupo, todos nós. Venham, senhores. Aqui.' Eles se juntaram em um grupo tradicional com duas fileiras, e Chaplin ficou agachado na fileira da frente. Ele ainda estava com a maquiagem branca e o figurino de palhaço, mas tinha vestido um paletó social, o que fez seu rosto parecer ainda mais cômico. Ele olhou à volta para todos, contando os rostos. 'Cadê o Karl? Vamos esperar pelo Karl.' Karl Struss, o operador de câmera [sic], veio se juntar ao grupo. Eles tentaram parecer felizes. Devem ter pensado, todos eles, que algum dia aquela foto seria uma relíquia para exibir com orgulho na lareira... Chaplin leu suas mentes e perguntou em voz alta, usando um tom esquisito e engraçado: 'E quem é aquele sujeito com o rosto branco? Ora, é Charlie Chaplin'. Em seguida veio o último flash do fotógrafo e ele murmurou alguma coisa sobre ser a primeira vez que uma coisa daquelas acontecia com ele.
"Depois da foto, eles foram se separando, um por um, cada um tentando dizer alguma coisa, e Chaplin tentando ignorar a nostalgia daquele momento. No fim, restávamos apenas nós três e as luzes estavam sendo apagadas. 'A vida pode ficar vazia daqui em diante', eu disse. 'Qual rumo você vai seguir quando estiver tudo terminado?' 'Começarei outro', disse Chaplin sorrindo, com a voz rouca."
Infelizmente, é impossível nomear todos; o arquivo não tem nenhuma fotografia identificada como sendo de Lonnie D'Orsa, por exemplo. E a ausência de Charles Chaplin Jr. e Wheeler Dryden é surpreendente.
Fileira de trás, da esq. para a dir.: ?, ?, ?, Harry Crocker, Jerry Epstein, Sydney Chaplin, Roland Totheroh, ?, ?, ?, ?, ?, ?.
Fileira da frente, da esq. para a dir.: Wallace Chewning, Karl Struss, ?, Chaplin, Ray Rasch, Keith Williams, ?

tão experiente quanto ele, e outros assistentes foram chamados para as grandes cenas de teatro no RKO-Pathé Studio. Devemos ser especialmente gratos a Cora Palmatier,[4] supervisora de roteiro, cujas anotações meticulosas a lápis vermelho em duas cópias do roteiro de produção oferecem um registro de valor inestimável sobre o progresso do filme.

Wheeler Dryden, meio-irmão de Chaplin, e Jerry Epstein, que Chaplin conheceu como colaborador de Sydney Chaplin no Circle Theatre, em Hollywood, foram creditados como assistentes de produção. Epstein se tornaria um colaborador indispensável e amigo íntimo da família Chaplin.

Existem poucos documentos no vasto arquivo Chaplin que se referem ao processo de seleção de elenco para os longas-metragens, quando Chaplin não usava mais os serviços da pequena companhia que povoou com tanta alegria seus primeiros curtas-metragens. Ao que tudo indica, o processo era bastante casual, por meio de recomendações e indicações, Chaplin descobrindo um rosto em um filme ou decidindo que um visitante aleatório do estúdio poderia interpretar um papel. Mas, no caso de *Luzes da ribalta*, sabemos — graças aos registros do estúdio e ao relato autobiográfico da atriz[5] — de sua ansiedade duradoura e incerteza na escalação de Claire Bloom para o papel vital de Thereza. A atriz, disse Chaplin, precisava de "beleza, talento e um grande escopo emocional". Aparentemente, um anúncio foi publicado nos periódicos especializados, sem identificar a produção como sendo de Chaplin. As audições começaram em fevereiro de 1952, com Sydney Chaplin e Lee Cobin conduzindo o processo inicial de seleção. Nesse meio-tempo, o produtor e roteirista Arthur Laurents recomendou Claire Bloom, então com vinte anos, que ele tinha visto nos palcos de Londres na peça *Ring Round the Moon*; ele mesmo ligou para ela e pediu que enviasse fotografias a Chaplin. Ela achou que fosse um trote e desconsiderou, até que, algumas semanas depois, o próprio Chaplin mandou um telegrama pedindo fotos. Assim, ela conseguiu uma semana de folga do teatro para ir à Nova York, acompanhada pela mãe, para fazer testes de cena com Chaplin, assistido por Jerry Epstein. Ela ficou surpresa com seu estilo idiossincrático de direção, que era instruir o ator em cada detalhe de cada gesto ou inflexão vocal, mas logo passou a confiar nele. Encorajada pela reação de Chaplin, voltou a Londres

com a promessa de receber notícias dentro de uma quinzena, mas ficou sem nenhum contato por quatro meses.

Durante esse tempo, tirando a distração com o nascimento da filha, Victoria, e reformas grandiosas em sua casa, Chaplin continuou a sofrer com a seleção para o papel, entrevistando outras candidatas, assistindo a filmes com atrizes em potencial e revendo inúmeras vezes os testes de Claire. Ele chegou a passar dez dias testando uma atriz de Nova York, Joan Winslow. Por fim, em agosto de 1951, a decisão foi tomada, e ele parece não ter se arrependido nem por um instante. Claire Bloom acredita que sua semelhança extraordinária com Oona Chaplin — tão grande que as duas eram muitas vezes confundidas uma com a outra — ajudou na escolha.

A sra. Alsop, a excêntrica senhoria da pensão em que Calvero e Thereza alugam quartos, locação central em boa parte do enredo, é uma figura importante no começo do filme. O papel deslancharia a carreira de Marjorie Bennett (1896--1982), já com mais de cinquenta anos. Ela era uma de três irmãs australianas que, cheias de otimismo, foram buscar a sorte em Hollywood nas primeiras décadas do século XX. Enid (1893-1969) foi a mais bem-sucedida, como estrela coadjuvante de filmes mudos e com casamentos duradouros com os diretores proeminentes Fred Niblo e, depois da morte dele, Sidney Franklin. Catherine (1901-78) teve uma carreira breve em comédias mudas, muitas vezes fazendo parceria com Monty Banks. Porém Marjorie sumiu de vista depois de quatro papéis no cinema, em 1917-8. Em 1946, ela enfim fez seu regresso, com um papel não creditado como assistente de vendas em *Melodia fatal* (1946). É provável que tenha sido por causa desse filme que Chaplin a selecionou para o papel de uma empregada em *Monsieur Verdoux*. Esse papel deu a ela uma sequência de dezessete pequenas participações antes de Chaplin a escolher outra vez, agora para *Luzes da ribalta*. Depois de sua atuação como sra. Alsop, ela ganhou fama como atriz de personagens excêntricos e apareceu em 180 filmes entre 1952 e 1980; alguns títulos de destaque foram *O que aconteceu com Baby Jane?* (1962), *Mary Poppins* (1964), *Meu nome é Coogan* (1968) e *O homem que burlou a máfia* (1973).

Para o papel de sr. Postant, dono e gerente do Empire, Chaplin escolheu Nigel Bruce, o invariável dr. Watson para o Sherlock Holmes de Basil Rathbone. Um verdadeiro aristocrata, figura de destaque da colônia inglesa em Hollywood, Bruce ofereceu um toque sutil de esperteza à boemia extrava-

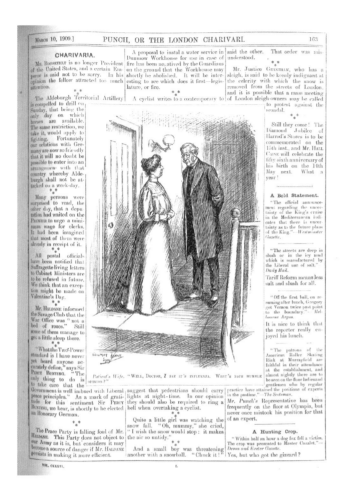

Chaplin selecionou imagens nas revistas *Punch* e *The Strand* de sua coleção para que Lourié, o diretor de arte, tivesse referências de como ele queria as cenas. Aqui, podemos comparar sua escolha de um cartoon da *Punch* de 6 de março de 1909 com o trabalho de Lourié na escadaria da pensão da sra. Alsop.

gante de Postant. Norman Lloyd, selecionado para o papel de Bodalink, diretor de dança do Empire, começou sua carreira como ator em Nova York, trabalhando com Orson Welles e John Houseman no Mercury Theatre. Ele foi a Hollywood para assumir o (pequeno) papel-título de *Sabotador* (1942), de Alfred Hitchcock, e, depois, se tornou produtor associado e diretor na série de televisão *Alfred Hitchcock Presents* (1955-62). Lloyd era admirador de Chaplin desde 1942, quando viu seu discurso no comício "Artists' Front to Win the War", realizado no Carnegie Hall. Depois, ele escreveu uma carta de fã que terminava assim:

Foi um discurso que ninguém mais neste mundo poderia ter feito a não ser você. Eu acredito nisso.

"O homem é mais vasto que seu trabalho." Você com certeza acentua essa frase, imigrante, peregrino, amigo das crianças e de qualquer outra pessoa reconhecível como ser humano.

Eles se tornaram amigos uma década depois, quando o ator Tim Durant o levou para uma partida de tênis na casa de Chaplin, para que ele descobrisse sua habilidade de fazer o sotaque inglês. Em 2014, seu centésimo aniversário, Lloyd continuava um ótimo contador de histórias, cheio de memórias sobre suas experiências em *Luzes da ribalta*.

O trio de músicos de rua deve ter trazido nostalgia especial a Chaplin. Os cinquenta anos de carreira cinematográfica de Snub Pollard,[6] nascido na Austrália, começaram com comédias de dois rolos no Essanay, na mesma época em que Chaplin trabalhava no estúdio. Loyal Underwood se juntou ao estúdio de Chaplin em 1916 e, a partir de *O conde*, esteve em quase todos os filmes de Chaplin para o Mutual e para o First National. *Luzes da ribalta* é seu único crédito em um filme sonoro. É evidente que o muito mais jovem Julian Ludwig (1924-2007) atraiu a atenção de Chaplin por sua inteligência afiada e rosto lúgubre.

Membro do Circle Theatre e amigo de Sydney Chaplin e Jerry Epstein, ele teve permissão para assistir a uma diária e filmagem, e — de acordo com seu próprio e fascinante relato[7] sobre a filmagem em uma única tomada do recital bêbado dos músicos na casa da sra. Alsop — foi escolhido por Chaplin em um ímpeto.

A decisão de Chaplin ao escolher o próprio filho, Sydney, para interpretar Neville em seu primeiro papel no cinema não foi favoritismo: ele tinha ficado genuinamente impressionado com a seriedade e a habilidade na atuação do até então errático jovem em seu trabalho no Circle Theatre. Henry Gris e Eugène Lourié (diretor de arte de *Luzes da ribalta*) ficaram impressionados com a paciência e a gentileza de Chaplin ao dirigi-lo, e a interpretação resultante justificou o esforço. Sydney Chaplin faria mais 36 filmes (inclusive *A condessa de Hong Kong*, de seu pai), mas *Luzes da ribalta* se tornou seu papel mais memorável. Ele teria maior sucesso no teatro, com destaque para os musicais *Bells Are Ringing* (1956) e *Funny Girl* (1964), apesar de os problemas com suas coestrelas nos espetáculos, respectivamente Judy Holliday e Barbra Streisand, quase terem acabado com seu amor pelo palco. Na última parte de sua vida, tornou-se playboy, jogador de golfe e dono de restaurante.

O irmão mais velho de Sydney, Charles Chaplin Jr., fez o papel não creditado de Policial Palhaço no balé *Harlequinade*, o que também deu início a uma carreira em filmes. Porém, ele logo passou de protagonista de filmes com baixo orçamento para figuração e pontas sem crédito, em um total de quinze títulos. Um fato surpreendente: em cinco deles, fez papéis pequenos ao lado de Jackie Coogan, coestrela-mirim de Chaplin em *O garoto* (1921), que também tinha passado por dificuldades nos anos que antecederam seu regresso, na série de TV *A família Addams* (1964-6). *Luzes da ribalta* garantiu dois pequenos papéis — médico e Pantaleão — também ao meio-irmão de Chaplin, Wheeler Dryden, que tinha feito figuração em *Monsieur Verdoux* e a voz do intérprete em *O grande ditador*. Por fim, Geraldine, Michael e Josephine Chaplin fizeram pequenas pontas como crianças, em suas estreias na tela.

Uma característica peculiar de *Luzes da ribalta* é que a música — não apenas o balé e as canções de Chaplin, mas também a maior parte dos temas incidentais — foi composta, gravada e editada antes do início da produção. Para seus filmes sonoros anteriores, Chaplin trabalhara com arranjadores e maestros da eminência de Alfred Newman, Edward Powell, David Raksin, Rudolph Schrager e Meredith Willson, portanto não se sabe por que ele optou por dois músicos desconhecidos, sem experiência em Hollywood e com apenas poucas canções gravadas em seus créditos para serem o arranjador e o maestro de *Luzes da ribalta*. Independentemente da explicação, o resultado foi triunfal. Apesar de não haver nenhuma pista de como Chaplin encontrou Ray Rasch (1917-64), Henry Gris, que o considerava "um jovem músico de muito talento", nos deixou um relato vívido da colaboração entre os dois:

> Rasch aceitou o cargo temporário de arranjador para Chaplin graças às manipulações de outros arranjadores, que garantiram a ele que assumiriam a função mais tarde. É de conhecimento público que poucos músicos consideravam possível trabalhar com Chaplin, que não tolera nenhuma contradição. Porém, seu conhecimento sobre técnica musical é limitado. Ele não sabe ler partituras. Toca de ouvido, em um único tom, fá, embora não saiba disso, mas tem acessos de raiva quando é corrigido ou lhe dizem que sua tonalidade foi construída de maneira errada.
>
> Mesmo enganado pelos colegas, o ex-pianista de bar ficou tão fascinado pela personalidade de Chaplin que permaneceu no projeto, e trabalha todos os dias com Chaplin já faz mais de um ano. A essa altura, Rasch se tornou uma cobaia humana para Chaplin, uma fonte de histórias — Chaplin pede que o rapaz, vindo de uma família polonesa pobre de St. Louis, conte sobre sua infância, e escuta com atenção sobre as batatas que a mãe assava para alimentar os seis filhos ou sobre o pai, que tocava rabeca em bares; ele absorvia tudo e depois voltava ao trabalho, renovado [...]. Para Chaplin, música tem importância máxima. Seus filmes sonoros talvez dependam mais dela do que dos diálogos. Chaplin sabe escrever o diálogo, e escreve; o mesmo vale para todo o resto do filme. Mas não sabe escrever música. É por isso que [...] precisava de um Ray Rasch todos os dias, para complementar o resto das funções cumpridas por ele mesmo.[8]

Rasch começou a trabalhar com Chaplin em 15 de dezembro de 1950, sexta-feira, e, com a exceção de alguns

PRE SCORE   11-6-51

CUE	NAME	TAKE	TIME

PIANO ONLY:

1st strain interout

M188   Concerto O.S. - ① ②ch

M188X   Terry's Theme - 1 - 2   F.S. F.S.F.S. ③ ④ - ⑤ ++   1.41

M242 Pt I   Concerto (Terry's Try Out) 1 - 2 ch

M242 Pt II   ✓   ✓ ✓ ✓ 1 - 2 - ③ ④ ch   1:53

M16   Children's dancing school

MFX · ① Tune up

─────────────────────────────

ORCHESTRA:

M134A   Love - Intro - Orch. - 1 - 2 - ③ - 4 - ⑤ - ⑥ ++   :22

M134 PT. I   Love - Orch - Plbk. - 1 - 2 - 3 - ④ ⑤ - ⑥ - ⑦ - ⑧ ⑨ - 10   1:16
   A-II   ① - 2 - ③ - ④ - 5 - ⑥ - ① ② - ③

M134B   Love - Vamp   ① ②   M134 Pt II FREE - ① ② - ③

M135   Love - Reprise - 1 - ② - 3 - ④

M196X   Slow Version (Free) 1 ②

M196 ⑮   Flea Song - Orch. 1ST VERSION → ① - 2 - 3 - ④
M196F   2ND VERSION

M196A   Flea Song - Intro & Vamp (Trumpet) 1ST V
M196AF   2ND V

M196AC   Flea Song - Intro & Vamp   (Cornet)

M196B   Flea Song - Background - ①

intervalos quando Chaplin estava ocupado com outros afazeres, continuou regularmente com ele, na casa da Summit Drive, até 25 de outubro de 1951 — muitas vezes, seis dias por semana. Em comparação, a trilha sonora de *Tempos modernos* — sem dúvida, a empreitada musical mais difícil de Chaplin, com sua saga dramática de demissões e abandonos — levou apenas cinco meses.

Chaplin instalou um gravador de rolos — ainda um equipamento relativamente novo e complexo — perto do piano Steinway. Rasch relatou que, certa noite, Chaplin acordou inspirado com uma melodia para o final e foi ao solário gravar. Quando Rasch chegou, no dia seguinte, Chaplin tentou tocar o resultado para ele, mas entrou em uma batalha monstruosa com os controles do gravador.

> O rosto de Chaplin ficou sombrio e raivoso. Ele estava pronto para jogar aquilo pela janela, melodia e tudo. E, então, a máquina começou a tocar. Surgiu uma cacofonia de barulhos, guinchos humanos esquisitos, pés batendo — mas, por trás de tudo aquilo e dos estrondos do piano em tom de fá, havia harmonia. Rasch a identificou e tocou, primeiro com simplicidade, depois criando acordes mais ricos.
>
> "Lindo", disse Chaplin, "lindo." Ele se emocionou e ficou contente — a briga com o gravador foi esquecida. "Agora, vamos tentar partir disso."[9]

É evidente que Rasch não se intimidava com Chaplin e acreditava ser uma grande pena o fato de ele ter permanecido iliterato em teoria musical,

> [...] pois ele sente música com tanta profundidade. Tentei ensiná-lo. Sugeri que ele usasse o teclado completo do piano, explicando a simplicidade da escala. Para mim, ele não teria problemas para dominá-lo. Há apenas quatro tríades, maior, menor, diminuta e aumentada, e essas quatro são a base para infinitas vozes melódicas. E eu mostrava para ele no piano. Ele ouvia. Chaplin se dedica por um tempo a qualquer coisa, porque está disposto a adquirir mais conhecimento de qualquer pessoa. Então, ele dizia: "Ray, não consigo. Você quer que eu mecanize meus pensamentos. Isso é impossível!".[10]

Relatório de sessão de gravação de 6 de novembro de 1951.

Rasch parece ter tido sua própria maneira de evitar os famosos acessos de raiva:

> Eles estavam compondo a trilha sonora para uma das cenas mais importantes, Rasch transcrevendo em música o que Chaplin cantarolava; Chaplin expressando da melhor maneira possível a melodia que tocava dentro dele. Em pouco tempo, Rasch se dedicava às calistenias mais complexas, tentando reproduzir no piano os instrumentos que Chaplin tinha em mente. "Agora, as trompas", ele ordenava, "onde estão as trompas?" Um momento depois, "Cadê o contraponto?". Quando ele esbravejou "Onde está a harpa?", Rasch parou e levantou o rosto. "Não tem nenhuma harpa aqui", ele disse, "isso é só um piano." Chaplin estremeceu e seus olhos piscaram, como se tivesse levado um tapa. Era como se tivesse sido maltratado pela realidade crua que não permitia que um piano fosse qualquer outra coisa. Por quê? A expressão magoada mudava aos poucos para uma de tristeza, tristeza por si mesmo.[11]

Quando chegou o dia 3 de agosto de 1951, eles estavam prontos para gravar a sequência de músicas do balé no Glen Glenn Sound Co., com um conhecido diretor musical de Hollywood, Joseph Bernard Katz (1909-92), como maestro. Na sexta-feira, dia 10, voltaram ao estúdio para editar a faixa, mas, quando a tocaram no dia seguinte, era evidente que Chaplin não estava satisfeito. De acordo com Henry Gris,

> [...] ele pretendia assumir a função de conduzir a orquestra ele mesmo, depois de uma experiência desagradável com um maestro que foi embora. Pedindo a ajuda de Rasch, ele questionou se era mesmo necessário saber todos aqueles sinais básicos que os maestros usam e quais eram para os membros de uma orquestra. Ele dizia que poderia fazer um bom trabalho sem eles, e começou a provar isso assumindo a posição de maestro.
>
> "Ele agitou as mãos no tempo perfeito", relembra Rasch, "e traduziu a música em rotações rítmicas que faziam sentido, mas que, ainda assim, não significavam nada para uma orquestra. Quando eu disse que ele precisaria aprender os sinais de qualquer jeito, ele fechou a cara por um tempo, recusando-se a aceitar. Depois, quando outro maestro assumiu, ele esqueceu daquilo."[12]

Calvero e os músicos de rua interpretados por (da esq. para a dir.) Julian Ludwig, Snub Pollard e Loyal Underwood.

O novo maestro foi Keith R. Williams, que regravou a trilha sonora no estúdio Sound Service. Nas seis semanas entre as gravações, Rasch e Chaplin trabalharam na música por mais 21 dias. A segunda gravação foi dividida em três sessões, totalizando sete horas e meia, em 19 e 20 de setembro de 1951; Chaplin editou a música da maneira que queria na semana seguinte. Em 18 de outubro, quinta-feira, Chaplin e Rasch voltaram à Glen Glenn Sound Co. para gravar as três canções e dois "concertos de piano" de Calvero, com Rasch no acompanhamento. A música passou por outros pequenos ajustes quando o filme estava quase pronto e já tinha sido exibido como prévia para amigos. Chaplin e Rasch voltaram ao RCA Studios em 28 de maio de 1952 para gravar faixas para o trio de músicos de rua, e mais uma vez em 10 de junho, para refazer a música da abertura, que tinha sido bastante modificada na montagem graças à omissão do grande trecho em flashback da infância de Terry:

Ao longo do filme, Chaplin continuou criando novas músicas de fundo e mantinha Rasch por perto, caso precisasse pô-las no papel. Por exemplo, sua melodia para o realejo que toca durante a abertura — e assombra o público conforme a cena passa da rua para o quarto da jovem suicida — foi refeita no último dia e regravada por Rasch, com Chaplin gesticulando, absorto, para o piano mecânico (o efeito "realejo" foi criado com a ajuda de folhas de papel enfiadas lá dentro). O comentário de Chaplin depois da primeira tentativa foi: "Ray, o realejo não está preguiçoso o suficiente".

Esteve, na segunda tentativa. Mas, por mais satisfeito que estivesse com o resultado, Chaplin continuou a se perguntar se não deveria criar um novo tema musical, se o realejo era "triste o suficiente" — o de sua infância com certeza foi. Para Rasch, a genialidade musical de Chaplin era a de uma revolta organizada contra as convenções, combinada com uma intuição genuína para a coisa verdadeira. "Primeiro, você pensa que está musicalmente errado, mas ele insiste que pode ser feito, e você acaba encontrando um jeito de fazer só para concordar com ele. O que ele ouve sem saber é o que um Stravinski trouxe para a música moderna, isso conhecendo a teoria musical, coisas como inúmeros ritmos diferentes misturados, por exemplo. Ele não sabe, apenas sente, mas é maravilhoso!"[13]

Há um intrigante parêntese relacionado à trilha sonora de *Luzes da ribalta* e ao admirável feito de Rasch, que trabalhou tão bem com Chaplin. Em 1973, o filme foi premiado com o Oscar de Melhor Música e Trilha Sonora Dramática Original. (Apesar de ter vinte anos, pelas regras da Academia *Luzes da ribalta* era apto a concorrer, pois foi lançado em Los Angeles apenas em 1972.) O prêmio foi concedido a Charles Chaplin, Ray Rasch e Larry Russell (1913-54). A inclusão do nome de Russell foi espantosa para todos os envolvidos com o filme, inclusive o próprio Chaplin. Uma carta preservada nos arquivos de Chaplin mostra que, antes de começarem o filme, Russell tinha oferecido seus serviços como maestro, mas foi recusado, e ele não trabalhou para o estúdio em nenhum momento. A surpresa da indicação aumentou quando o prêmio foi anunciado e, na ausência de Chaplin, a filha de Russell aceitou o Oscar ao lado do filho de Rasch. Mesmo tão mistificada com a indicação quanto os outros, a viúva de Russell pediu por um terço dos valores de direitos autorais sobre a reprodução da trilha sonora de *Luzes da ribalta* — exigência que logo retirou, afirmando "que tinha reivindicado baseada em um mal-entendido".[14]

Uma possível explicação, mesmo que um tanto improvável, surgiu em uma entrevista com o compositor e arranjador Russell Garcia (1916-2011), em 2004:[15]

(acima) Chaplin com o assistente de direção Robert Aldrich.

(abaixo) Relatório diário de produção para a semana de 17 a 22 de janeiro de 1951, quando Chaplin começou a trabalhar em *Luzes da ribalta* no estúdio. Até então, o lugar estava alugado pela Fergor Productions para o filme *Tarântula*.

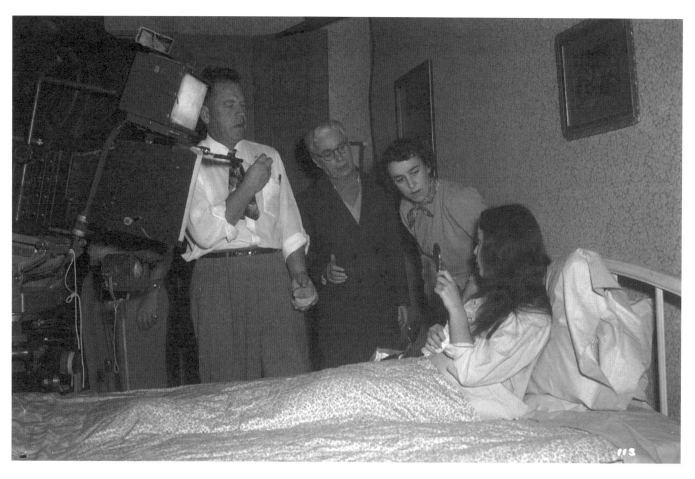

Cena na cama: Wallace Chewning, Chaplin, Florence Avery (cabeleireira) e Claire Bloom.

Ray disse "o.k.", mas não sabia como conduzir uma orquestra, então me chamou para trabalhar com ele, e eu orquestrei a música do filme todo. É claro que tivemos de fazer muitas composições usando os temas de Charlie, mas eram todos temas de Chaplin. Mais tarde, deram um Oscar póstumo [sic] para Charlie Chaplin por esse filme, e disseram: "Bom, Ray Rasch tem crédito por composição, mas faleceu; alguém trabalhou com ele nisso e fez uma boa parte do trabalho, alguém que chamava Russell", e alguém comentou, "acho que foi Larry Russell", que era um arranjador conhecido na época, então premiaram Ray Rasch, Charlie Chaplin e Larry Russell! Veja bem, Larry Russell não teve coisa nenhuma a ver com o filme, fui eu […]. Nesse meio-tempo, Larry Russell tinha morrido, então também não podiam verificar com ele. Muitas coisas assim acontecem nessa indústria.

O problema com esse relato é que o nome de Garcia não aparece em nenhum momento nos meticulosos relatórios diários mantidos pela secretária do estúdio, Kathleen Pryor. Se ele trabalhou na música, só pode ter sido por meio de um acordo pessoal entre ele e Rasch.

Com a ajuda do pragmático D'Orsa, um cronograma enxuto e racional de produção foi estabelecido. Se as filmagens acabaram passando dezenove dias dos pretendidos quarenta, não foi por causa de acidente ou ineficiência, e sim por ambição maior do que o plano original.[16] O filme começou a ser rodado no estúdio Chaplin em 19 de novembro, e as primeiras duas semanas e meia foram dedicadas às cenas na casa da sra. Alsop, com um dia para a mudança a outro estúdio, para a cena na Corner House de Lyon. Em 6 de dezembro, a equipe se deslocou para ficar

Thereza e Calvero.

três dias na rua nova-iorquina cenográfica do Paramount Studio, em Culver City, para as tomadas exteriores da casa da sra. Alsop, a loja de penhores e o dispensário nas proximidades, e também para o passeio pela Piccadilly da infância de Terry, onde ela vê a irmã, Louise, se prostituindo.

De volta ao estúdio Chaplin de 10 a 17 de dezembro, as filmagens se alternaram entre os dois galpões para uma variedade de cenas individuais curtas, que requeriam cenários próprios: o corredor, a sala de estar e o quarto da casa de Terry criança; o bar Queen's Head; o escritório de Postant; os dois bares onde Calvero se apresenta com o trio itinerante; o camarim do Middlesex; a loja de chapéus na Piccadilly; a academia de dança que Terry visita quando criança; o camarim de Terry adulta; o escritório de Redfern; o restaurante Corner House.

Em 18 de dezembro, a equipe foi ao RKO-Pathé Studio para usar seu set permanente de teatro. Como relembrou Eugène Lourié:

Era um teatro completo, então podíamos fazer também as partes da coxia. E é muito mais fácil trabalhar em um estúdio do que em um teatro de verdade, porque você pode mudar as coisas como bem entender… Encontrei pintores de cenário de antigamente, dos anos 1880, para fazer os panos de fundo das cenas no palco.[17]

A equipe de *Luzes da ribalta* ficaria ali até 11 de janeiro. As três semanas no estúdio, exceto domingos e o feriado de dois dias de Natal, foram concentradas e produtivas, resultando nas duas sequências de balé, *Scheherazade* e *Harlequinade*, a audição de Terry, todas as tomadas de auditório do Empire (inclusive o primeiro balcão e o jantar de comemoração pós-espetáculo), as cenas de camarim, as cenas do Middlesex Music Hall e três sequências destinadas a ser eliminadas — a pequena Terry (papel de Barbara Cobin) na aula de dança, os acrobatas alemães e a

Chaplin trabalha com André Eglevsky e Melissa Hayden no balé *Harlequinade*.

competição entre o Calvero ansioso e outro artista que precisa usar o banheiro masculino enquanto o balé acontece no palco. De 11 de janeiro até o fim das filmagens, a equipe voltou ao estúdio para tomadas de *inserts* e reações, *process shots*,* novas tomadas das canções de Chaplin em playback, e também para o histórico número em dupla de Charles Chaplin e Buster Keaton.

As duas cenas apoteóticas do filme seriam o balé *Harlequinade* e a última apresentação de Calvero, seguida por sua morte. O planejamento para a primeira começou cedo: no ano de trabalho com Rasch, Chaplin tinha composto um convincente pastiche de uma trilha sonora para um balé narrativo romântico. A peça original tinha 25 minutos, mas foi reduzida para dez minutos a fim de servir ao filme. Os cálculos de Chaplin incluíam uma passagem de 45 segundos para acomodar a coreografia de André Eglevsky para o pas de deux do Pássaro Azul de *A bela adormecida*.

Três dias depois que Chaplin editou a música até se dar por satisfeito, os bailarinos Melissa Hayden[18] e André Eglevsky[19] foram trazidos de Nova York para uma visita, chegando no voo

---

* *Process shots* são planos que requerem intervenção do laboratório para a criação de "efeitos especiais" na película, como fusões e fade in/out. Tais técnicas mudaram com novos processos de filmagem e montagem, mas ainda são usadas. (N. T.)

Eglevsky e o corpo de baile no balé *Harlequinade*.

noturno às 19h10, 1º de outubro, e partindo em 3 de outubro, às 23h. A ideia inicial de Chaplin era usar Anton Dolin — dançarino inglês que foi primeiro bailarino no balé de Diaguilev — para o papel de Arlequim, mas acabou optando por Eglevsky, que era mais jovem. Ele pediu que Eglevsky enviasse fotos de dançarinas que poderiam ser dublês de Claire Bloom e, dentre elas, Chaplin selecionou Melissa Hayden por uma semelhança óbvia. Porém, na visita ao estúdio, ela ficou magoada pela sensação de que ele não demonstrava interesse por ela, concentrando toda a sua atenção em Eglevsky. Entrevistada mais de cinquenta anos depois,[20] a srta. Hayden confunde parte da cronologia, o que é perdoável, mas relembra com convicção que eles fizeram apenas uma hora de improvisos:

Ora, quando você não pode se preparar, usa a experiência que já tem como dançarino. Como eu tinha dançado com André em diversas ocasiões, ele disse: "Faça aquele passo de Balanchine, depois aquele da *Sylphide* e aquele outro de Fokine".* E criamos um pas de deux conversando um com o outro.

E Chaplin dizia: "Ótimo, ótimo, ótimo. Isso é maravilhoso".

Fizemos isso por uma hora. Eu disse ao André: "Ele gosta do que estamos fazendo, mas não acho que goste de mim.

---

* George Balanchine e Michel Fokine foram grandes coreógrafos russos; *La Sylphide* é um balé de 1836, coreografado pelo dinamarquês August Bournonville. (N. T.)

(acima) Melissa Hayden atua como dublê de Claire Bloom na cena da audição de Thereza no Empire.

(próxima página) Claire Bloom na cena de audição.

Vou parar, estou cansada. Converse com ele e pergunte se ele gosta de mim. Se gostar, tudo bem, eu faço o papel. Se não, é *finis* agora mesmo".

Fui mais suave no tom do que estou sendo agora, mas ele não tinha nem olhado para mim; eu sentia como se qualquer uma pudesse estar fazendo aquilo. Alguém precisava demonstrar interesse por mim como artista. Acontece que ele e André se conheciam de antes. André já tinha o emprego; era eu quem estava fazendo audição.

André disse: "Não se preocupe, apenas se vista".

Pelo que entendi, ele conversou com o sr. Chaplin e traduziu o que eu vinha dizendo, mas ele nunca disse nem sim, nem não. Partimos na manhã seguinte.

Os relatórios diários do estúdio relatam que eles trabalharam com Chaplin um total de três dias, portanto, o resto do tempo deve ter sido dedicado a estudar as músicas.

Apesar da preparação adiantada, o balé foi filmado mais perto do fim do cronograma, no final do período no RKO-Pathé Studio. Não há quase nenhuma indicação de preparos para a coreografia: Chaplin parece ter se apoiado na inventividade e no talento em improviso dos próprios dançarinos. O contrato de Eglevsky, inclusive, especifica que a coreografia "para os números que você dançará consistirá em uma combinação de movimentos que você fez em balés passados".

Ele não coreografou nada; não sabia nada sobre balé. Talvez tenha recebido crédito pelo que estava sugerindo. Todas as nossas danças foram criadas por nós dois, André e eu. E, na montagem,[21] fiz tudo aquilo sozinha. A montagem levou duas ou três horas. Ele ficava apenas dizendo: "Faça de novo!".

Não tenho dúvida de que Chaplin entendia sobre dança — ele amava balé, apesar de nunca falar sobre outros dançarinos, mas estávamos falando de balé clássico. Não sei se ele já tinha estado alguma vez em um estúdio de balé, mas sabia usar o vocabulário do balé clássico, *pliés* e assim por diante, apesar de pronunciar errado.

Dancei para Balanchine e Ashton. É um tipo específico de vocabulário, um tipo de coreografia e inventividade que pertence somente ao mundo do balé. Acho que ele não teve essa experiência. Era um vaudeviliano, e muitos vaudevilianos sabem pouco ou muito sobre dança, mas não em forma clássica; ele não era versado nisso.[22]

A srta. Hayden chegou ao estúdio três dias antes de Eglevsky, mas apenas no terceiro dia ficou diante das câmeras, para a cena em que Terry faz a audição no palco do Empire, acompanhada por Neville no piano. Mais uma vez, a srta. Hayden foi forçada a improvisar com a música — assim como Thereza está fazendo, no enredo — e ficou desconcertada quando Chaplin começou a filmar enquanto ela ainda tinha muitas dúvidas sobre o que fazer. Mais tarde, entendeu que "o que ele queria era caracterizar o improviso — o nervosismo, a ansiedade, a experimentação; acho que a cena traz isso". Foi a única cena filmada naquele dia, com dezessete minutos de tomadas em quatro mapas de luz.* Depois de um início falho, em que a maquiaram com o visual errado para aquela cena, a srta. Hayden trabalhou das 10h50 até as 16h, com meia hora de intervalo para o almoço.[23]

Eglevsky foi ao estúdio na manhã seguinte — e é evidente que, desde a sua chegada, foi um grande sucesso entre os membros da equipe; em todas as anotações de trabalho da equipe, ele é chamado apenas de "André" — um elogio e uma intimidade atribuídos a poucos atores no set de Chaplin. No geral, Melissa Hayden é indelicadamente chamada de "Terry (dublê)". Ele e a srta. Hayden não atuaram em nenhuma cena naquele dia, mas talvez tenham ajudado a elaborar o balé *Scheherazade*, criado para ser visto do primeiro balcão do Empire. O espetáculo envolveu doze dançarinos e nove figurantes exóticos ("um sultão, quatro dignitários da corte, dois eunucos, dois núbios").[24] Essa cena evocativa — com um pano de fundo que deve ter sido criado por um dos pintores de cenário do século XIX recrutados por Lourié — foi finalizada na manhã de 31 de dezembro de 1951, um sábado; naquela tarde, Chaplin filmou sua "Spring Song" em playback. Na segunda-feira, ele continuou com as canções de Calvero, e as filmagens do balé *Harlequinade* começaram, enfim, no dia seguinte, com as cenas cômicas ao redor do leito de morte de Colombina. As tomadas de balé foram completadas em três dias, 4, 5 e 6 de janeiro. A manhã do dia 7, depois da partida de Eglevsky e Melissa Hayden, foi dedicada às impressionantes tomadas altas da mudança de cenário entre as cenas do balé. O fato de o balé ter chegado com tanta coesão nas telas é um tributo à competência

---

* Mapas de luz são os esquemas de refletores e outros acessórios (como rebatedores e gelatinas) para a fotografia de cada tomada. (N. T.)

Chaplin trabalha com Melissa Hayden no camarim.
Fotografia de W. Eugene Smith, 1952.

A detalhada maquete de Eugène Lourié para a primeira cena do balé *Harlequinade*, com uma figura recortada do *Arlequim* como referência de escala.

profissional de Eglevsky e Hayden — e também de Cora Palmatier, que analisou cada tomada minuciosamente para guiar Chaplin na montagem.

Para os espectadores de hoje, a cena mais memorável ainda é a parceria entre as duas estrelas do vaudevile do começo do século que se tornaram as maiores figuras criativas do cinema mudo cômico: Charles Chaplin e Buster Keaton. Esse momento histórico parece ter acontecido quase ao acaso. O número em dupla — a primeira e única parceria entre eles — parece ter sido criado com o mesmo método de improviso com o qual ambos faziam seus grandes filmes mudos. No roteiro de produção, terminado em meados de setembro de 1951, a performance no palco é descrita apenas com um único número de tomada, apesar de a ideia básica de um dueto musical já estar estabelecida:

387. CALVERO — SUBJETIVA DA PLATEIA

CALVERO
What's all this noise about?
Now if you'll only be quiet
And behave yourself, we'll
indulge in a little classical
music composed by myself —

A primeira cena do balé *Harlequinade*, com Wheeler Dryden (Pantaleão), Charles Chaplin Jr. (policial cômico), Chaplin (Palhaço), André Eglevsky (Arlequim) e Claire Bloom (Colombina, à beira da morte).

my Concerto in Z Minor,
accompanied by Igor Fiddleoffsky
*at the piano and I on the violin**

Conforme ele sai, um piano de cauda é trazido ao palco. Em seguida, Calvero e seu parceiro entram e começam o número musical.

No clímax, Calvero (dublê)[25] cai no poço da orquestra, tocando o violino. Seu parceiro pede ajuda freneticamente para a coxia. Então, pede que a orquestra erga Calvero. Dois músicos içam Calvero, que ainda toca o violino, e o passam, entalado em um tambor, por cima das luzes no pé do palco. Ele sai carregado por dois assistentes de palco, terminando o número; as cortinas fecham para risadas e aplausos intensos.

Nas listagens de elenco até 1951, o papel do parceiro e o ator que o interpretaria não aparecem. Como lembra Jerome Epstein:

Ele não sabia quem chamar para o papel. Você deve se lembrar de que, no filme, quando ele cai no poço da orquestra, dois sujeitos o pegam e o levam embora entalado no tambor enquanto ele faz seu pequeno discurso de agradecimento. O sujeito mais alto, Charlie, ficava olhando para ele; era o substituto de Sydney Chaplin. Ele ficava olhando para ele, pensando que aquele rosto talvez fosse muito engraçado no número do piano.[26] Estávamos fazendo o *casting* para o papel e começamos a mencionar pessoas, nomes, e alguém disse que Buster Keaton estava falido, sem nenhum dinheiro. E quanto a Buster Keaton? Bom, quando ele ouviu isso, disse: "Ponham Keaton no papel. O papel é de Keaton".[27]

Os conselheiros de Chaplin estavam errados sobre a situação financeira de Keaton. Com a vida pessoal reabilitada graças ao casamento com Eleanor Norris, ele embarcou em uma carreira bem-sucedida na televisão com *The Buster Keaton Show* (1951). Em uma das primeiras reuniões que fizeram, sem saber das experiências felizes de Keaton nesse formato, Chaplin exaltou-se em uma diatribe contra a telinha, o que o

deixou muito constrangido mais tarde. Pelo que parece, Keaton não ficou ofendido. Ele tinha dito ao seu agente que a oportunidade de trabalhar com Chaplin o deixava muito feliz, mesmo se não houvesse pagamento. De qualquer jeito, a quantia estabelecida foi mil dólares para dois dias de trabalho; no fim, Keaton passou duas semanas com a produção.

Keaton se apresentou para o trabalho no estúdio Selznick-RKO-Pathé em 22 de dezembro de 1951, sábado, e começou a filmar no Boxing Day, feriado de 26 de dezembro, quando a cena no camarim do Empire foi feita. No dia seguinte, esteve em quase todas as tomadas, como testemunha para a cena da morte de Calvero. Norman Lloyd, que fez o papel de Bodalink, o diretor de dança, relembra que, nas cenas em que os olhos de Calvero estavam fechados depois de sua morte, impedindo que Chaplin acompanhasse o que estava acontecendo, Keaton foi uma espécie de segundo diretor, murmurando descrições de como as ações se desenrolavam.[28]

Em 28 de dezembro, Chaplin e Keaton trabalharam pela primeira vez em tomadas que seriam usadas no número em dupla. Uma delas foi a gag na qual eles passam pela coxia em suas roupas comuns e então surgem do outro lado, no palco, com suas fantasias para o número; a outra foi a discussão com o diretor de palco, que tenta impedi-los de fazer o número. Não havia muita coisa para Keaton fazer até 8 de janeiro, quando foram feitas algumas tomadas de cobertura, preparações para o número em dupla, com duas câmeras, para planos abertos e planos fechados. O relatório diário de filmagem as descreve:

387H Cortinas… Buster e Calvero entram. Número Buster cai embaixo do piano. Calvero prende pé no pé do piano. Gag da perna curta… Calvero arranca colarinho.
387R Buster toca piano… Calvero toca violino… cai no poço

Apesar de nenhum documento com qualquer tipo de planejamento para o número em dupla ter sido encontrado, deve ter sido pelo menos esboçado antes das filmagens, pois essas primeiras tomadas têm sufixos alfabéticos para o número geral de cena 387, e figurinos e cenário tinham sido prepa-

---

* CALVERO: O que é essa barulheira toda?/ Se vocês puderem ficar quietos/ E se comportarem, tocaremos/ Um tantinho de música clássica/ Composta por mim —/ Meu concerto em Zê menor,/ Acompanhado por Igor Rabecovsky/ No piano, e eu no violino. (N. T.)

Essa página de anotações da "assistente de roteiro" Cora Palmatier mostra suas tentativas desesperadas de acompanhar a interpretação improvisada de Chaplin e Keaton.

Stage

O camarim antes do evento beneficente: Buster Keaton e Charles Chaplin.

rados. Não há registro de reuniões, planejamentos ou ensaios prévios entre Keaton e Chaplin — e deveria haver poucas oportunidades para tanto, considerando os dias restritos de filmagem no estúdio RKO-Pathé. Melissa Hayden observou o trabalho dos dois nessas primeiras diárias:

Quando Chaplin fazia as coisas com Keaton, ele era muito intenso; sua personalidade mudava, ele não era mais o que tinha sido comigo mais cedo naquele mesmo dia. Nunca o vi filmando com mais ninguém, e foi muito intenso, fiquei maravilhada. Foi o primeiro vislumbre que tive sobre o que definia aquele filme, sobre o que definia Chaplin.[29]

No filme terminado, a fotografia do número no palco é consistente no que diz respeito a cenário, tom e luz, até os últimos momentos da queda de Calvero, quando a imagem corta da visão do palco (feita no Chaplin Studio) para a vista aberta feita no Pathé Studio, que engloba o poço da orquestra e o maestro. Há uma mudança perceptível na iluminação: antes do corte, o piano é iluminado pela direita; depois, pela frente, à esquerda.

O trabalho no número propriamente dito começou em 11 de janeiro, com a volta ao Chaplin Studio, onde o cenário e o mapa de luz usados no RKO-Pathé foram duplicados no estúdio 1. As tomadas feitas naquele dia foram identificadas como 387D, 387E, 387EE, 387F e 387FF, e parecem ter envolvido, na maioria, Keaton no piano. A cena completa foi filmada no dia seguinte, sábado, 12 de janeiro de 1952. Chaplin e Keaton foram chamados às 8h15 e trabalharam até as 18h15. Durante esse período, filmaram 1875 metros de película, o que representa quase setenta minutos — mais de três vezes a média diária. Os compiladores do cronograma diário e do relatório de tomadas do estúdio tiveram dificuldade para dar nomes a cada tomada, mas parece que Chaplin e Keaton desenvolveram o número em improviso, oferecendo pouco aviso do que viria a seguir. A melhor pista do trabalho daquele dia são as anotações feitas no set por Cora Palmatier. Conforme ela tenta acompanhar as performances, logo abandona qualquer tentativa de acrescentar números de cena. As notas, escritas como referências para ela mesma, em parte estenografadas e feitas com muita pressa, têm diversos trechos indecifráveis, mas, no que é possível distinguir, parecem confirmar que Chaplin e Keaton trabalharam em uma cronologia aproximada. A partir das notas, em uma prévia da montagem, ela conseguiu escrever uma continuidade esboçada do número conforme foi filmado. Na transcrição a seguir, as palavras em itálico estão em manuscrito no texto datilografado original.

B. toca música no piano... arrebenta corda... gag das partituras escorregando...

Sr. C. vai até ele... diz para baixar o suporte e pôr partituras em cima...

Corda... sr. C. volta... tropeça... gag com a perna... Ajusta perna... Enfia lenço na gola... Faz reverência...

Prelúdio...

Pescoço do sr. C. afunda na gola... ele cruza até Buster... Buster desentala pescoço... se inclinam para cumprimentar um ao outro...

Sr. C. volta... tropeça... gag com perna... ajusta perna...

Gag com gola... Buster corre até ele... puxa pelo cabelo...

Gag com pé. Sr. C. volta ao piano, deixa violino... caminha pelo palco...

Dois ou três inícios no piano... Sr. C. puxa perna pro lugar pisando no pé...

Ele pega o violino...

Prelúdio...

Gag com gola. Arranca gola...

Afina violino... cordas arrebentam...

Joga violino fora... tira outro violino das calças...

O número Chaplin-Keaton: (acima) na coxia, (ao centro) filmado no Chaplin Studio, (abaixo) filmado no estúdio RKO-Pathé.

Buster toca teclas… sons estranhos do piano…

~~Sr. C. põe violino no chão conforme investiga dentro do piano~~… ou sr. C. dá violino a Buster e eles afinam piano a partir do violino…

Enquanto olha dentro do piano… corda arrebenta na cara de B.…

Buster pisa no violino… *Cal dá cordas a Buster, ele joga fora. Cal toca teclas, então cruza olhares por violino. Sr. C. procura violino…*

Buster se senta…

"O que está procurando?"

"Meu violino"

~~"Talvez você tenha deixado lá em cima"~~

Já olhou embaixo do piano?

B. aponta

"Onde está meu violino?" — B aponta — Estava aqui. B aponta

Conforme sr. C. olha embaixo do piano… B cruza perna e sr. C. descobre

Violino no pé de B… Buster limpa os óculos para ver o violino no pé…

Sr. C. arranca violino do pé de B… eles caem… Sr. C. segura violino quebrado… Buster toca piano com força…

Cal mostra violino quebrado. "Como você espera que eu toque com isso"

Sr. C. joga violino fora… pega outro nas calças…

Gag com pé…

Cruza o ? quadro

~~Buster traz banquinho para salvá-lo~~

(Aqui mudamos para banquinho do piano)

ou Buster vai ao resgate, mergulhando no chão (de cabeça)

As duas pernas encolhem…

Buster volta para o banquinho… Sr. C. o segue com as duas pernas encolhidas…

"Viu o que você fez? Resolva isso."

Toca música triste? Falas

Sr. C. volta para o centro do palco… Buster segue… Puxa-o pelo cabelo…

Escala de Buster? olhares ameaçadores — música rápida, então entra em música triste

Sr. C. toca… chora… Torce lenço… os dois choram com as mãos no piano…

Então se juntam… Sr. C. chorando no ombro de B… água das lágrimas molham Buster… cordas arrebentam no piano… música rápida e queda no poço.

Isto pode ser considerado uma compilação crua, mas inteligente, do material filmado em 11 e 12 de janeiro, quase toda na ordem das filmagens. O relatório final e editado é mais curto e enxuto, e, com a exceção de um momento, o diálogo foi omitido:

Eles entram — cumprimentam público — assumem seus lugares — afinam os instrumentos

Keaton toca piano — avalanche de partituras

Calvero é enforcado pela gola — arranca.

Espera enquanto Keaton luta contra as partituras — bate o arco no piano, impaciente.

Quando está prestes a tocar, a perna de Calvero começa a encolher e esticar de um jeito alarmante, enquanto Buster briga com as partituras, até decidir deixá-las sobre o piano.

Eles tentam afinar. Conforme Buster toca notas cada vez mais altas, as cordas de Calvero arrebentam.

Ele vai ao piano, mas, quando tenta tocar as notas para afinar, as cordas do piano arrebentam também. Ele joga as partituras de Buster do piano e pega uma lata de óleo. Agora é ele quem dá as notas, enquanto Buster afina o violino.

As cordas continuam a arrebentar. Calvero levanta o tampo do piano, jogando o violino no chão.

Buster pisa no violino.

Calvero puxa enrosco de cordas para fora do piano. Buster ajuda com tesoura.

Calvero mostra a ele que o piano está curado — caminha orgulhoso até o centro do palco, mas não consegue encontrar o violino. Buster aponta para vários lugares, se senta, cruza a perna — e o violino aparece.

C. arranca o violino do pé de Buster, jogando-o no chão.

B. começa o acompanhamento, mas Calvero faz com a boca "Como você quer que eu toque com isso?".

Ele tira outro violino de trás do casaco e começa a tocar. Primeiro, uma melodia frenética.

Depois, uma melodia sentimental, durante a qual Calvero beija o violino e diz a única fala que sobreviveu "Hum… Meu querido!". Tanto ele quanto Keaton são reduzidos a lágrimas desoladas.

Então ele volta para a melodia frenética, ficando cada vez mais demoníaco. Keaton cai do banquinho.

Um corte feito depois dos dois juntos (com Keaton de volta ao banquinho) permitiu a mudança para as tomadas de palco inteiro feitas no Pathé. Com a exceção de um *insert* de Keaton ainda tocando o piano, a cena fica nas tomadas do Pathé.

Antes dessa montagem final, em 8 de maio, Chaplin tinha retrabalhado ainda mais a gag da perna que encolhe nos quatro dias de refilmagem permitidos por D'Orsa. Ao aperfeiçoar a cena, Chaplin se concentrou em resumir o próprio material: a gag da perna que encolhe foi condensada para um único momento, enquanto a gag com a gola foi eliminada quase por completo: logo depois de aparecer, a gola voraz que sobe por seu pescoço e engole sua cabeça é deixada de lado sem nenhuma cerimônia. Quando Epstein se mostrou contra os cortes, Chaplin respondeu: "Não pode ficar comprido demais... Se conseguirmos risadas, ficarei muito contente".[30] Além disso, o material de Keaton se manteve quase como filmado, o que caracteriza definitivamente como mentira a lenda de que Chaplin, com ciúmes, teria eliminado os melhores momentos de Keaton. Epstein relembrou: "Ele deu grande liberdade para Keaton pensar nas gags que quisesse. Queria o melhor filme possível".[31]

De 4 de fevereiro a 2 de agosto, Chaplin cortou e montou o filme, com interrupção para refilmagens entre 5 e 8 de maio. No final de agosto, a regravação das vozes necessárias estava terminada e, em 3 de setembro, Chaplin foi ao Breen Office* ouvir recomendações. A efetivação das sugestões foi registrada em 5 de setembro, mas não há nenhuma mudança detectável.

Chaplin reverenciava seu roteiro — afinal, era o penúltimo estágio do processo metafórico de "sacudir a árvore". Com a exceção de pequenas mudanças verbais, alguns remanejamentos de cena e as sequências quase não roteirizadas de balé e do número Calvero-Keaton, o filme pronto seguiu o roteiro — com a omissão de três sequências que

---

* O Breen Office era a entidade responsável pela fiscalização de conteúdo dos filmes, forçados a seguir um código de conduta chamado "Motion Picture Production Code", mais conhecido como "Código Hays", efetivo entre 1930 e 1968. Era proibido, por exemplo, mostrar nudez ou ridicularizar o clero, entre várias outras limitações e "recomendações". Pelo que consta no Chaplin Archive, a única vez que Chaplin teve problemas com o Breen Office foi com *Monsieur Verdoux.* Cf. Jon Lewis, *Hollywood v. Hard Core: How the Struggle Over Censorship Created the Modern Film Industry.* Nova York: NYU Press, 2002. (N. T.)

foram filmadas, mas acabaram descartadas na montagem. A cena com os acrobatas antes do camarim de Calvero, que pareceu cada vez mais uma excrescência, foi cortada por completo, como pudemos ver. E também a dispensável gag envolvendo a competição entre um Calvero ansioso e um palhaço pelo banheiro da coxia durante a apresentação de balé. Mais importante, os flashbacks da infância de Terry — já resumidos cada vez mais entre *Footlights* e o roteiro final de *Luzes da ribalta* — foram, enfim, omitidos na íntegra, dando ao filme um começo mais ágil e muito mais eficiente.

Uma cena mais significativa seria eliminada no mês seguinte à estreia do filme em Londres, em 16 de outubro de 1953. Era uma cena ambientada no bar Queen's Head, logo depois de Calvero salvar Terry do suicídio. Calvero chega para uma reunião com seu agente, Redfern, que não comparece. Ele vira assunto de fofocas pejorativas entre outros clientes, mas fica contente por encontrar seu amigo, Claudius, um artista de vaudevile bem-sucedido conhecido como "O Prodígio Sem Braços", recém-chegado de uma turnê continental. Claudius se solidariza com a história de enfermidade e falta de trabalho de Calvero e oferece um "empréstimo" de vinte libras, que Calvero é obrigado a tirar de sua carteira, guardada no bolso interno do casaco. Cecília Cenciarelli escreveu bastante sobre o evidente significado que a cena tinha para Chaplin:

> Na verdade, muitos dos tópicos essenciais do filme, antecipados nessa passagem curta (o profundo sentimento de perda de Calvero, sua luta por dignidade, apesar do julgamento do público), são apresentados engenhosamente, de um jeito forte e um tanto perturbador. A quantidade de páginas dedicada a estudos do personagem Claudius, assim como a ambientação do bar frequentado por membros do teatro no qual os dois se encontram, fazem ser difícil de acreditar que a sequência tivesse pouca ou nenhuma importância para Chaplin.[32]

Em uma das muitas versões de *Footlights*, Claudius ressurge no evento beneficente de Calvero e usa o mesmo camarim. Em outra,

> de vez em quando, ele se encontrava com Claudius, que faria uma participação no evento beneficente, claro; Calvero o

Among his admirers was Claudius, the armless wonder. He was a squat, barrel-chested, ugly man of about fifty, born without arms, with a pilis defectus face and scant, mousy, straight hair on his head.

In the theatre he kept very much to himself. Few people knew him intimately, because few wanted to know him. But those who did, found him a loyal friend, courteous and intelligent. There was an emotional life within him which few suspected. It was revealed in his taste for literature which included every aspect of cultural life -- the classic, morphologic, the philosophic and historical to the fin de siecle in fiction. He was extremely well informed on the ancient civilations of Egypt, Rome, China and India, and would hold forth for hours on these subjects to a sympathetic listener.

Many a time when Calvero visited his dressing room, he would find Claudius sitting at the dressing table with a German translation of Descartes, too tired to use his toes, 'thumbing' its pages with his nose.

This literary side of Claudius came as a revelation to Calvero, and out of it developed as close approximation of friendship as Calvero was capable of having with any man. It was not that they were great friends. Calvero counted no one in that category. But no one was more surprised than Calvero, when he discovered to what extent Calvero held him in esteem.

convidava para jantar no apartamento novo, um convite que Claudius quase nunca aceitava, a não ser que fosse de um amigo íntimo. E os dois relembravam o passado e filosofavam, e Terry ouvia.

Em outros aspectos, a remoção deixa lacunas na continuidade. Não há uma explicação para como Chaplin, de repente, pôde recuperar seu violino da loja de penhores e levar flores e comida para Terry; o público não se dá conta de que a carta pedindo desculpas que Calvero recebe de seu agente, Redfern, foi graças à intervenção de Claudius; e não há contexto para a fala: "Eu conheço um homem sem braços que pode tocar um scherzo em um violino, e faz tudo com os dedos dos pés". É essa fala que nos permite identificar a fonte de inspiração real para Claudius, que deixou uma impressão forte no jovem Chaplin (ver pp. 173). Mas, então, por que ele foi eliminado — e também a cena anterior, em que Chaplin, ao partir para o Queen's Head, encontra a sra. Alsop esvaziando o quarto de Terry para um novo inquilino? A explicação talvez seja mundana. O filme era — e ainda é — muito longo. No que diz respeito à narrativa principal, Claudius era dispensável. No relatório do estúdio da semana de 10 de novembro de 1952, Kathleen Pryor registrou "corte da sequência 'Claudius' de *Luzes da ribalta* (de acordo com instruções de C. C.), inserção de novos 'fade out' e 'fade in'".

Esse rascunho preliminar de *Footlights* oferece uma caracterização mais detalhada de Claudius, o Prodígio Sem Braços; a referência à "tradução alemã de Descartes" confirma a identificação de Carl Unthan como a inspiração da vida real.

Geraldine e Michael Chaplin diante da casa da sra. Alsop no set de rua com tijolos aparentes da Paramount.

A LONDRES DE *LUZES DA RIBALTA*

Luzes da ribalta foi inteiramente criado em Hollywood. As cenas externas de rua foram filmadas em um cenário da Paramount, uma simulação de rua antiga com tijolos aparentes de Nova York; os teatros foram feitos no set teatral permanente nos estúdios RKO-Pathé. O dique do Tâmisa e o Big Ben eram projeções de fotografias gentilmente feitas e enviadas da Inglaterra pelo encarregado dos stills do Korda Studios. Os atores eram uma mistura anglo-americana. Ainda assim, o resultado é um filme com quintessência londrina, gerado pelas memórias vívidas de Chaplin e com a ajuda do diretor de arte Eugène Lourié, nascido na Rússia, mas que tinha nostalgia especial pela cidade desde que trabalhara com o balé de Colonel de Basil, Balé Russo de Monte Carlo, no Alhambra, Leicester Square, em 1933. Chaplin examinou suas estimadas coleções de *Punch* e *The Strand Magazine** e marcou diversas imagens como referência para Lourié, o que é de presumir que tenha ajudado muito o trabalho do diretor de arte. Algumas têm a intenção clara de transmitir suas ideias para a papelaria Sardou, o apartamento de Calvero e a escadaria da casa da sra. Alsop. Outras são uma busca geral pela ambientação e pelos hábitos das pessoas no agora distante mundo da Londres pré-guerra. Chaplin indicou com ênfase um desenho da *Punch* de três restaurantes para ilustrar sua ideia de como Postant, Terry e Neville deveriam aparecer no jantar de celebração da primeira noite no Empire.

Luzes da ribalta traz uma essência muito particular de Londres — cerca de meros quatrocentos metros quadrados cercados pela Oxford Street no norte, Regent Street no oeste, Charing Cross Road no leste e, no sul, pela sequência do Regent's Quadrant: Glasshouse Street, Coventry Street, a

Preparação da cena nos degraus da casa da sra. Alsop.

face norte da Leicester Square e a Cranbourn Street (ver ilustração da p. 98). Trata-se do Soho, que recebeu este nome por causa do grito de caça usado quando a área era um parque real, no século XVI. A partir do final do século XVII, adquirindo características mais domésticas e modestas, seu aspecto atraente para imigrantes estrangeiros estabeleceu a fama de distrito mais cosmopolita de Londres — da qual, mesmo no século XXI, ainda tem orgulho. Karl Marx morou na Dean Street. No século XIX, o Soho era lar de muitos artistas distintos, e continuou uma área preferida por artesãos independentes. Na segunda metade do século XIX, adquiriu a reputação de centro do entretenimento, oferecendo de tudo, desde salas de concerto, teatros e shows de variedades até bordéis. Nos anos 1920, as produtoras de cinema chegaram, enquanto, no fim do século XX, o número de "estabelecimentos de sexo" aumentou e chegou ao auge de mais de 150. Ambas as indústrias perderam domínio local no século XXI.

---

* *Punch* e *The Strand Magazine* eram revistas inglesas dos séculos XIX e XX. A *Punch* trazia cartoons satíricos e de crítica política e foi publicada de 1841 a 2002. *The Strand Magazine* era dedicada a contos ilustrados, especialmente de mistério, e foi publicada de 1891 a 1950; depois, ressurgiu em 1998 e é publicada até hoje (2014). (N. T.)

Thereza, contente por recuperar o uso das pernas, e Calvero no dique do rio Tâmisa, de madrugada. (Gus Tailon faz o sem-teto dormindo.)

Na época retratada em *Luzes da ribalta*, à beira da Primeira Guerra Mundial, era o teatro que dominava. O ateliê de perucas e figurino de Willy Clarkson ficava nos números 41 e 43 da Wardour Street; Monsieur e Madame Alias, que vestiam a maior parte dos balés do Empire e do Alhambra, estavam no número 36 da Soho Square; o figurinista Morris Angel ficava no 117 da Shaftesbury Avenue. Dos agentes de teatro e shows de variedades, John Adams, Walter Bentley, George Brooks, Jack de Frece e Egbert ficavam todos na Shaftesbury Avenue, enquanto Grossmith e Laurillard e Clarence Hurst estavam na Golden Square. Havia outros nos perímetros, na Charing Cross Road e na Oxford Street. A Blackmore's Agency — que, em julho de 1903, encontrou o primeiro trabalho legítimo no teatro para Charles Chaplin (então com catorze anos) e à qual o sr. Postant, em *Luzes da ribalta*, recorre para encontrar um substituto para Calvero — ficava no número 11 da Garrick Street, duzentos metros do outro lado da Charing Cross Road. O escritório do agente de Calvero, Sam Redfern, ficava "na sobreloja de uma grande livraria, em uma das ruas secundárias da Strand, perto de Covent Garden", que deve ter sido em Bedford Street, onde os agentes Frankish Cooke e Frank Weathersby tinham seus escritórios, não mais que quatrocentos metros fora do Soho. A livraria no térreo seria de A. Maurice, no número 27 — a entrada para o escritório de Frankish Cooke ficava no número 23, uma casa depois.

Footlights diz que a pensão da sra. Alsop ficava em uma das "ruelas do Soho": mesmo que o Soho nunca tenha visto uma fachada expansiva de tijolos aparentes estilo Nova York como a casa do filme, a escadaria inóspita de dentro é verossímil. A pequena Terry e sua família moravam "em um apartamento de sala e quarto em um dos becos que saíam

Uma das fotografias impressas em vidro do dique do rio Tâmisa, feitas para Eugène Lourié pelo fotógrafo de stills do London Film Studios, do diretor e produtor Alexander Korda.

Desenho conceitual de Eugène Lourié para a recepção do escritório de Redfern.

da Shaftesbury Avenue". A escola de balé do sr. John ficava na mesma avenida. A papelaria e loja de brinquedos Sardou & Company era "no centro do Soho": se existiu um modelo real para a Sardou, deve ter sido a Percy Haggins, no número 2 da Greek Street — a única papelaria do Soho, apesar da dúzia de jornaleiros, a maioria mulheres, com os quais a comunidade teatral do Soho podia comprar *The Era*, a bíblia semanal das profissões do teatro. Anotações preliminares para *Footlights* oferecem uma descrição mais longa do espaço da Sardou do que a última versão:

Era um estabelecimento pequeno e impressionante, abarrotado de objetos e cheio de pilhas de jornais, revistas e dos costumeiros materiais de papelaria, além de outras miscelâneas, como caixas de jogos de tabuleiro, bonecos de ventríloquo, máscaras de *papier mâché* e folhas impressas para teatro de papel, com arcos de antecena, peças de cenários e personagens *dell'arte*. A loja tinha um cheiro pungente, mas não desagradável, de tinta, couro e esmalte de brinquedo.

Graças a outras fontes,[1] sabemos que Chaplin tinha interesse pelos teatros de papel do século XIX, conhecidos como "The Juvenile Drama" e vendidos em Londres por "um penny o simples, dois pence o colorido", em folhas para recortar. Tais espetáculos baseavam suas peças em produções dos palcos londrinos, e as pantomimas anuais de Natal, com seus personagens da *commedia dell'arte*, eram as grandes favoritas do repertório dos teatros de papel — e também uma provável inspiração para o balé *Harlequinade*.

Surpreendentemente, o Soho adquiriu sua reputação gastronômica apenas depois da Primeira Guerra Mundial: os restaurantes mais ambiciosos preferiam Piccadilly ou a Leicester Square. Dos muitos restaurantes e bares mencionados em *Footlights*, The Queen's Head, ponto de encontro de atores dos teatros próximos, ainda com figurinos e maquiagem, e também "jornalistas, esportistas, meretrizes e outros tipos", ficava, e ainda fica, no número 15 da Denman Street, perto do London Pavilion e do Trocadero. No período em que Calvero foi cliente, a licença tinha passado de Evan David Richards para seu filho, Alec Herbert Richards.

[...] era agradavelmente tranquilo e relaxante de noite; todos falavam com voz mais baixa, como em deferência e respeito aos espetáculos em andamento em todos os teatros. O lugar era barulhento apenas durante o dia, uma confusão de conversas ruidosas. Atores e agentes se encontravam e falavam de negócios com copos de cerveja ou almoçavam no balcão.

O Leicester Lounge — onde Guno, o abjeto adestrador de cães, contou a Terry que conhecia sua irmã, Louise — era um bar com estilo palácio vitoriano, no número 1 da New Coventry Street, que não sobreviveu à Primeira Guerra Mundial. Alguns passos à frente na mesma rua (e ainda apenas alguns minutos de caminhada do Empire Theatre) ficava o Lyons' Corner House, onde Neville e Terry se encontram por acaso para almoçar. Criado em 1909, foi o primeiro de

(acima) Recepção do escritório de Redfern.

(ao centro) Desenho conceitual de Eugène Lourié para a Lyons' Corner House na Coventry Street.

(abaixo) A Corner House vista no filme: Sydney Chaplin e Claire Bloom.

Folha de personagens feita por Benjamin Pollock para seus teatros de papel, com figuras para a arlequinada das pantomimas britânicas do século XIX. Apesar de ter sido publicada nos anos 1860, ela traz todos os personagens da *Harlequinade* de *Luzes da ribalta* — Arlequim e Colombina, Palhaço (papel de Chaplin no filme), Pantaleão (Wheeler Dryden) e o policial cômico (Charles Chaplin Jr.). Chaplin tinha muito apreço por essas folhas, que descreveu entre os produtos da papelaria Sardou e que parece ter comprado pessoalmente na loja do sr. Pollock.

três impressionantes complexos de restaurantes que a empresa de J. Lyons abriu em pontos estratégicos do West End de Londres; os outros ficavam nas esquinas da Strand e da Tottenham Court Road e Oxford Street. Construídos em quatro ou cinco andares, cada complexo tinha uma série de restaurantes independentes, que atendiam clientes de poder aquisitivo variado. O Coventry Street Corner House era o maior e podia receber 4,5 mil clientes. Todos os restaurantes contavam com música ao vivo agradável e decoração "moderna", que, com o tempo, progrediu para um estiloso art déco. O térreo oferecia também uma praça de alimentação (com entregas delivery duas vezes ao dia), salões de cabeleireiros e bilheterias de teatros. Por um período, as Corner Houses ficavam abertas 24 horas por dia. As garçonetes usavam um uniforme característico, composto de vestidos pretos e toucas de fita branca, e logo ficaram conhecidas como "nippies", termo que a família Lyons registrou em 1924. Em *Footlights*, quando Neville almoça com Terry, as *nippies* do salão ficam devidamente intrigadas com a conversa romântica de seus clientes.[2] Além disso, Lyons tinha inaugurado havia pouco tempo (1896) o glamoroso Trocadero Restaurant, no extremo Piccadilly da Shaftesbury Avenue, onde os clientes mais bem-sucedidos de Redfern comem.

Apenas duas cenas de *Luzes da ribalta* acontecem fora do Soho: a humilhante visita de Calvero ao escritório de Redfern e a subsequente apresentação no Middlesex Music Hall, seis quadras ao leste. (Em *Footlights*, o desastroso espetáculo acontece no Holborn Empire, a quase um quilômetro de distância.) Portanto, a Londres fora do Soho é como um terreno estrangeiro, repleto de perigos. As ruas Piccadilly e Oxford trazem à tona memórias de Terry testemunhando a desmoralização de sua irmã, Louise. Quando Louise se tornou amante de um sul-americano, ela se mudou para "um apartamento pequeno e luxuoso em Bayswater". Terry relembra seu emprego na fábrica de picles de Northup, com seus terríveis vapores ácidos misturados com a mostarda que manchava suas mãos de amarelo. É a memória de Chaplin da fábrica de picles Haywards, em Kennington, cuja entrada de serviço e seus odores pungentes ficavam bem ao lado da pequena casa em Methley Street, onde ele e a mãe moraram em 1898. Calvero se mudou para a casa da sra. Alsop vindo de um "bastante confortável", mas menos econômico apartamento em Pimlico. Quando as coisas começam a melhorar perto do fim de *Luzes da ribalta*, ele visita um apartamento novo em Glenshaw Mansions, Brixton, o melancólico quarteirão vitoriano onde Charles e Sydney Chaplin alugaram seu primeiro apartamento, em 1908. Uma das poucas memórias felizes, mesmo que ambivalentes, da Londres além-Soho é a visita de Terry ao Albert Hall, para ouvir a sinfonia de Neville.

Depois da primeira noite no Empire, apesar de Terry ainda morar perto, Neville a leva para casa de táxi, que inexplicavelmente desvia do caminho para passar pela Piccadilly — uma jornada desnecessária, mas que permite que Chaplin reflita com emoção sobre a Londres noturna:

> Conforme voltaram para casa naquela noite agradável de outono, havia algo de teatral nas ruas desertas, iluminadas com extravagâncias por postes arqueados. Piccadilly era como um palco vazio depois da apresentação. Trabalhadores usavam mangueiras para limpar a sarjeta, eliminando os detritos dos acontecimentos do dia. As vitrines estavam escuras e pareciam pálpebras fechadas. As ruas aparentavam estar cansadas

(acima) A vista do quarto de Calvero, nos fundos da casa da sra. Alsop.

(abaixo) A casa em Pownall Terrace, nº 3, Kennington, Londres, onde Chaplin passou a infância e da qual ele mais se lembrava.

e abatidas, contentes com o alívio que era a ausência da sociedade humana.

Mas há uma anomalia — aquela protuberância no mapa, a Leicester Square, que não é oficialmente parte do Soho. Parte da fronteira sul do Soho é a face norte da praça, que inclui o Empire Music Hall. Tudo atrás dela — inclusive o prédio do teatro — é do Soho. O que está na frente não é. Ainda assim, o Empire, cerne de *Luzes da ribalta*, é sempre mencionado com a referência completa, "o Empire, na Leicester Square". A praça é uma presença em *Footlights* e em *Luzes da ribalta* e tem uma história e uma personalidade tão distintas quanto o próprio Soho.

O mesmo perímetro inclui três outros teatros — no extremo oeste, o London Pavilion; no leste, primeiro há o Dalys e, na esquina da Charing Cross Road, o grande Hippodrome, onde Chaplin, então com onze anos, fez o papel de um gato na cozinha de Cinderela, em 1900.

A Leicester Square tem esse nome por causa de Robert Sidney, conde de Leicester, que construiu sua mansão no lado norte da praça em 1630-5. Cinquenta anos depois, outra mansão, a Savile House, foi construída ao lado. Em 1717, as casas foram unidas e alugadas por dois príncipes de Gales, sucessivos e rebeldes. Os jardins da frente eram protegidos por antigos direitos públicos (para secar roupas) e cercados por casas de dignidade semelhante, que, com o tempo, atraíram

(acima) Thereza com Postant (Nigel Bruce), em seu escritório com vista para a Leicester Square. A janela reproduz a janela verdadeira do segundo andar da fachada do Empire Theatre.

(ao lado) Página de *Footlights* em que Chaplin expressa sua adoração pelas pantomimas natalinas de Londres.

A week after Terry left Sardous, she walked by Neville's house, but his room was dark and silent, and a card was in the downstairs front window, 'Room For Rent.'

****

Autumn was *nearing*, and London was preparing for her ~~theatrical~~ theatrical season. Dancing troupes, acrobats, trick cyclists, conjurers, jugglers and clowns were renting ~~clubrooms~~ clubrooms and vacant warehouses for rehearsals. Theatrical props, costumers *and* ~~were feeling the season's rush. A recumbent giant that would cover *a* whole stage and that breathed mechanically, was being built in parts for the Drury Lane pantomime; so large that a ballet could enter *from* out of its breast coat pocket.

Special devices for Cinderella's transformation scene; Pumpkins to be transformed into white horses, contrived by the aid of mirrors; paraphernalia for flying ballets, cycloramic tracks, horizontal bars, and tight ropes; Orders for new conjuring tricks, odd musical instruments, padded wigs and slapstick contraptions ~~of all kinds~~, all to be ready for *the* Christmas. *pantomime.*

(acima) Programa para comemorar o 25º aniversário do Empire, dois anos antes dos acontecimentos de *Footlights*. A ilustração, feita por C. Wilhelm, incorpora os títulos dos principais balés daquele período.

(abaixo) O Empire decorado para o balé *Our Crown*, que celebrou a coroação de Eduardo VII, em 1902.

moradores célebres, como os pintores William Hogarth e Sir Joshua Reynolds. Quando o século XVIII chegou ao fim, a praça acentuava cada vez mais seu status de centro londrino para shows e entretenimento. Ainda em 1775, Sir Ashton Lever alugou a Leicester House para exibir sua coleção de história natural e a chamou de Holophusikon, com ingressos a preços cuja intenção era excluir "pessoas comuns" — que, depois, se tornaria o público mais importante da praça. Robert Baker construiu o primeiro panorama cilíndrico na Leicester Square em 1794, onde ficou até 1863, com mudanças constantes de figuras. Entre 1805 e 1846, as famosas imagens bordadas de Miss Linwood foram exibidas na Savile House, que, com o tempo, abrigou vários outros tipos de entretenimento, com graus diferentes de sofisticação e valor — salas de bilhar, galerias de tiro, o Salle Valentino (que podia acomodar 2 mil dançarinos), ginásios esportivos, academias de esgrima, cafés, adegas e as provocantes *poses plastiques* de Madame Wartons, "Walhalla". Em 1851, o cartógrafo James Wyld ergueu seu Great Globe — um curioso modelo "do avesso" do globo terrestre — nos jardins. Sucesso financeiro no ano da Grande Exposição (1851), foi mantido por entretenimentos cada vez menos instrutivos até o contrato de dez anos de aluguel assinado por Wyld expirar. Em meados do século XIX, a praça oferecia banhos turcos, restaurantes e cafés. Certa vez lamentou um escritor de 1844, "ultimamente tem estado infestada de hotéis para classes questionáveis de estrangeiros".[3]

Ainda assim, o estilo e o glamour que definiriam a Leicester Square vieram com os dois grandes teatros inaugurados na praça na segunda metade do século XIX, que trocavam olhares atravessados em rivalidade constante: no lado norte da praça, o Empire; no lado leste, o Alhambra. Nas primeiras versões de *Footlights*, Chaplin ambienta as cenas culminantes de teatro (o balé e o evento beneficente de Calvero) no Alhambra. Por fim, talvez ainda desejoso de ficar dentro das fronteiras seguras do Soho, ele optou pelo Empire. O Alhambra era um palácio espetacular estilo neoárabe, com um domo amplo e dois minaretes. O terreno ficou disponível em 1840, com a demolição de quatro casas do século XVII (números 24 a 27). Projetos para a construção de um teatro e um circo não deram resultado. Em 1851, a área foi alugada para a construção do prédio inaugurado com pompa em 1854, The Royal Panopticon of Science, que, sob enco-

Leicester Square, por volta de 1912. Os dois grandes teatros — o Empire à esquerda, o Alhambra na extrema direita — encaram um ao outro à distância.

menda da monarquia, ofereceria a Londres um museu dedicado a "descobertas da ciência e da arte, melhorias no ensino e uma elevação geral de todas as classes da comunidade". Pelo que consta, os londrinos não valorizaram tal abundância de sofisticação, apesar do órgão gigantesco e da fonte que lançava água à altura do domo: depois de dois anos, o projeto foi à falência. Comprado por uma ninharia pelo empresário do teatro E. T. Smith, foi reaberto em 1858 como o Alhambra Palace. Depois de recusada uma licença para teatro, Smith conseguiu uma licença para música e dança, e, em 1860, reinaugurou o teatro com o nome Alhambra Palace Music Hall. A variedade de atrações que ofereceu nesse período incluía circo, teatro de revista, Blondin (que tinha cruzado as cataratas do Niágara em uma corda bamba), Leotard ("o intrépido rapaz do trapézio voador") e os adversários que lutaram pelo primeiro título mundial de boxe, Tom Sayers e John Heenan. Em 1864, depois de uma mudança intermediária de donos, Frederick Strange, que tinha começado sua carreira como garçom e enriquecido como fornecedor de alimentos na Grande Exposição, se tornou o único proprietário do Alhambra e reconheceu que o auditório e o palco do lugar eram perfeitos para espetáculos e música — melhor ainda se combinados com balé, que oferecia, também, apelo erótico irresistível. O Ato de Regulamentação do Teatro de 1843 proibiu qualquer narrativa dramática; por conta disso, os primeiros balés do Alhambra foram, em essência, quadros burlescos. A ostentação — cachoeiras e tempestades com água de verdade, uma cortina de cristais caleidoscópicos, litros de perfume Rimmel espirrados todas as noites no público, um corpo de baile com duzentas dançarinas e mais — eclipsava a coreografia quase por completo. Apenas em 1868 o Alhambra contratou uma *prima ballerina* de relevância, Giovannina Pitteri, que tinha dançado na Ópera de Paris, no La Scala e no La Fenice.

1. The Foyer. 2. The Auditorium. 3. Exterior View. 4. Staircase. 5. Promenade.

O Empire na inauguração, em 1884. Com a exceção do saguão de entrada e de uma tentativa frustrada por parte dos conservadores de fechar o primeiro balcão em 1894, pouco mudou. A janela em meia-lua do escritório de Postant pode ser vista com clareza no segundo andar da fachada.

O Alhambra sofreu dois infortúnios em seus primeiros anos. Em 1870, a licença para música e dança foi revogada por causa de uma coreografia "entusiasmada" de cancã feita por Sara Wright, conhecida como Wiry Sal, no balé *Les Nations*. O período de portas fechadas permitiu que a plateia fosse reformada: agora, fileiras de bancos substituíram as mesas nas quais os clientes se sentavam e pediam bebidas variadas; além disso, passou a ser proibido fumar no auditório. Em 7 de dezembro de 1882, o Alhambra foi destruído por um incêndio, porém sua reconstrução terminou em um ano, seguindo o estilo neoárabe original, mas usando aço, ferro e concreto (feito a partir de seus próprios tijolos antigos) para prevenir incêndios futuros. Foi reaberto em 3 de dezembro de 1883, mas retomou suas apresentações de teatro de revista apenas em outubro do ano seguinte — agora, com concorrência séria: o Empire.

Em 28 de fevereiro de 1865, a mal utilizada Savile House pegou fogo — um empregado pouco cauteloso foi em busca de um vazamento de gás usando uma vela acesa. As ruínas deprimentes ocuparam o terreno enquanto projetos sucessivos (um teatro, uma nova rua da Oxford Street para a Leicester Square, o proposto Alcazar Theatre of Varieties) naufragaram. Finalmente, em 1881, uma empresa francesa inaugurou o Royal London Panorama, com uma tela de 4,5 quilômetros quadrados mostrando *The Charge of the Light Brigade*. Um ano mais tarde, houve planos de transformar o prédio em um teatro e, depois de outros impedimentos e reinícios, o Empire, projetado por Thomas Verity, foi aberto em 17 de abril de 1884. A construção original panorâmica favoreceu a criação da plateia circular, interrompida apenas pela parede do arco de antecena. Planos de usar uma temática chinesa para competir com a decoração do Alhambra foram substituídos por um estilo Segundo Império, com tons creme e dourado e tapeçarias vermelhas.

O novo teatro foi inaugurado com um sucesso, a opereta *Chilpéric*, de Hervé, com Emma Bessone no balé. Porém, depois disso, sob administrações diferentes, o teatro não prosperou. Entre suas óperas cômicas e paródias, houve produções de *Coppélia*, não vista em Londres desde então, e *Giselle*. Enfim, em dezembro de 1889, transformado em teatro de revista, foi assumido por uma empresa administrada por dois grandes empresários do entretenimento, George Edwardes, do Gaiety Theatre, e Augustus Harris, conhecido como Druriolanus graças a suas produções memoráveis de óperas e pantomimas em Drury Lane. Concentrando-se nos balés, esses dois mudaram a sorte do Empire.

A fama e a popularidade do Empire foram muito além do efeito causado pelo que era apresentado no palco. A primeira página de seu programa o alardeava como "O Clube Cosmopolita e o Ponto de Encontro do Mundo". Em um artigo de 1902 chamado "Uma hora no teatro mais moderno de Londres",[4] o autor Roland Belfort pergunta:

> Quantas pessoas entendem o quão representativo do esplendor elegante da Londres moderna é o Empire para todos — ingleses, americanos e europeus? As vicissitudes de uma carreira errante me puseram em contato com viajantes de todas as nações. Muitos que tinham visitado Londres nutriam lembranças vagas da St. Paul, da Westminster Abbey, da Torre. Mas todos tinham visitado, admirado e guardado memórias adoráveis do Empire…
>
> Ali, você encontra a elite de Londres, as figuras mais ricas e influentes, os cidadãos mais modernos, a nata do Exército e as

(acima) O primeiro balcão do Empire.

(abaixo) Recriação do primeiro balcão feita por Chaplin e Lourié.

Luzes da ribalta: o público no primeiro balcão do Empire, no evento beneficente dedicado a Calvero.

maiores condecorações da Marinha. Milionários americanos encontram relaxamento depois de um dia árduo de trabalho…

Para esses clientes estilosos (e também para jovens mais modestos na mesma busca por entretenimento, que trocavam os uniformes de trabalho por suas melhores roupas no vestiário bem equipado do porão), um dos maiores confortos do Empire era o primeiro balcão, do qual Chaplin nos oferece um vislumbre breve, mas esclarecedor em *Luzes da ribalta*. Era uma área bem iluminada e cheia de espelhos atrás dos assentos do primeiro balcão, que oferecia vista para o palco aos poucos que queriam — mas a atração principal era o "desfile" noturno de algumas das mais belas mulheres das ruas de Londres. Elas eram elegantes, decorosas e se comportavam com discrição. O ingresso para essa parte do estabelecimento custava cinco xelins, mas é possível que algumas das mulheres entrassem sem pagar para aumentar o interesse pela casa. Como disse o ensaísta e caricaturista inglês Max Beerbohm, era um "nirvana onde a juventude afortunada e a beleza pura se encontravam, em um som melodioso, sob o resplendor de Terpsícore em uma explosão de luz elétrica". O primeiro balcão do Alhambra oferecia serviços parecidos, mas, para os connoisseurs, as moças do Empire eram de classe superior. Um atributo menos reconhecido do Empire (e não mostrado em *Luzes da ribalta*) foi o balcão de um xelim, atrás dos camarotes, frequentado com entusiasmo pela elite homossexual de Londres. Uma carta não assinada de 15 de outubro de 1894, conservada no registro do County Council, cita o gerente de serviços Robert William Ahern comentando, depois de expulsar um homem que ele identificou como "sodomita", que "poderia botar as mãos em duzentos sodomitas todas as noites da semana, se quisesse". Era assim também no Alhambra: em 1870, o supervisor de equipe admitiu seu fracasso em expulsar certos rapazes e acrescentou: "Vi cerca de vinte jovens com os rostos cheios de pó de arroz no Alhambra, na companhia de Boulton e Park"[5] — o que foi usado como prova contra Ernest Boulton e Frederick Park (Stella e Fanny), *cross-dressers* famosos da época.

Chaplin resume de maneira admirável os prazeres do balcão de cinco xelins em *Footlights*:

O Empire, em Leicester Square, era o ponto de encontro para os europeus e asiáticos que visitavam Londres. Príncipes de turbante cor-de-rosa e oficiais estrangeiros com uniformes chamativos passeiam para lá e para cá sob um lustre de cristal na antessala entapetada do primeiro balcão, enquanto outros bebericam champanhe no bar ornamentado com espelhos, observando as belas "aristocratas" que passam desfilando e flertando, depois indo embora com elas no meio da apresentação. Um senhor antiquado com trajes de gala pergunta a um mensageiro cujo casaco tem detalhes dourados se uma senhorita em especial gostaria de se juntar a ele para uma taça de Pommery. O mensageiro, com uma piscadela sabida, vai até a moça e a traz para ele. Tudo isso aconteceu durante o espetáculo da noite.

Sem dúvida, o Queen's Hotel, vizinho do teatro, oferecia um lugar bem-vindo para mais privacidade.

Consequência ou não de suas atrações sensuais e eróticas, por muitas gerações o Empire foi de fato o "Clube Cosmopolita do Mundo", com uma aura mítica de nostalgia e reencontro. Roland Belfort descreveu os encontros no Empire de oficiais voltando da Guerra dos Bôeres ("Mas eu pensei que você tinha sido morto em Magersfontein!") e a nostalgia de um oficial cossaco encontrado em Vladivostok — que era o fim do mundo antes da inauguração da linha férrea transiberiana. "Ah, Londres", disse o jovem militar, seus olhos brilhando de prazer. "Londres… O Empire!"

A nostalgia foi expressa com emoção inigualável nas canções dos próprios teatros de revista. É bem provável que Chaplin tenha ouvido Victoria Monks cantar, em 1905, "Give my Regards to Leicester Square":

The troopship will soon sail to distant shores
And friends are all saying goodbye.
Farewell to the homeland and those so dear
Is uttered with many a sigh.

The last handshake over, the last adieu
The vessel goes steaming away
You gaze at the friends you are leaving behind
Then try to be cheerful and say,

Give my regards to Leicester Square,
Dear Piccadilly and Mayfair
Mention me to the folks round there —
They'll understand —
Speak of me to the boys you greet
Tell them in Bond Street we'll soon meet
Remember me kindly to Regent Street,
And give them my love in the Strand.*

Milhões de homens marcharam na Primeira Guerra Mundial ao som da canção de 1912 de Jack Judge,

Goodbye, Piccadilly
Farewell, Leicester Square —
It's a long long way to Tipperary —
But my heart's still there.**

Luzes da ribalta celebra as glórias finais desses dois grandes monumentos de Londres. O último balé do Empire, *Pastorale*, foi encenado em setembro de 1914. Com políticas de conteúdo mais imprevisíveis e um papel social cada vez menos distinto do que nos dias de Clube Cosmopolita, os dois teatros continuaram abertos até os anos do pós-guerra. Em 1927, o Empire foi quase todo demolido — a fachada foi reaproveitada para a construção de um cinema. Nove anos depois, a fantasia árabe que era o Alhambra foi derrubada para ser substituída pelo cinema Odeon, com sua fachada de granito negro polido e torre com 37 metros de altura.[6]

Foi ali que, em 16 de outubro de 1952, *Luzes da ribalta* fez sua estreia mundial.

---

* *As tropas logo navegam para praias distantes/ E os amigos, todos, dizem adeus/ Adeus à terra natal e aos nossos queridos/ Muito suspiram pelos seus/ O último cumprimento, a última despedida/ E o navio desliza no entardecer/ Você vê os amigos que deixa para trás/ Mas tenta não ficar triste, tenta dizer,// Mandem minhas saudações à Leicester Square,/ Às queridas Piccadilly e Mayfair/ Falem de mim com os amigos por perto —/ Eles devem entender —/ Fale de mim com quem você cumprimentar/ Diga que em Bond Street vamos nos reencontrar/ Lembre de mim com apreço na Regent Street/ E, ali na Strand, diga que sempre hei de amar.* (N. T.)

** *Piccadilly/ Adeus, Leicester Square —/ O caminho é longo para Tipperary —/ Mas meu coração fica com você.* (N. T.)

Chaplin e outros membros da companhia de Karno em viagem turística ao México (eles nunca se apresentaram no país).

O TEATRO DE REVISTA DOS CHAPLIN

O teatro de revista foi o mundo da família Chaplin, desde a estreia de Hannah Chaplin nos palcos em 1883 até Sydney Chaplin, seu filho, sair das companhias Fred Karno em 1914 para se juntar ao irmão, Charles, nos Estados Unidos. Em 3 de julho de 1905, muito depois de a própria Hannah ter deixado os palcos e ter sido internada em um hospital psiquiátrico, ela escreveu para os filhos: "Mandem alguns selos e, se possível, *The Era*. Não se esqueçam disso, por favor". O semanário *The Era* oferecia conteúdo essencial para os profissionais da área.

Essas três décadas foram um período revolucionário para o teatro de revista britânico, cujas origens remetem aos *pleasure gardens* (jardins públicos de lazer), "*glee clubs*" (grupos quase sempre masculinos que cantavam em coro, sem acompanhamento) e "encontros harmônicos", nos quais eram feitas demonstrações musicais — e também a qualquer lugar onde (predominantemente) os homens podiam comer, beber e cantar. O século XIX testemunhou o advento das salas "jantar com música", conhecidas como *song-and-supper rooms*. A mais famosa, Evans', ficava em Covent Garden, e marcou o surgimento do anfitrião e de uma classe profissional de cantores — antes, a cantoria era feita pelos próprios clientes. Em essência, ainda era um lazer masculino, mas, com o tempo, Evans' permitiu a entrada de algumas moças privilegiadas, para as quais havia um balcão isolado por uma tela. Ao mesmo tempo, os bares começaram a enxergar a vantagem comercial de reservar espaços ou construir salas especiais com palcos rudimentares para apresentações de entretenimento. No auge, em 1861, havia cerca de 350 tavernas com espaços musicais apenas em Londres.

A era dos grandes music halls começou no fim dos anos 1840, com a inauguração do Mogul Saloon (que se tornaria o Middlesex) em 1847; do Surrey Music Hall (antes conhecido como Royal Circus) em 1848 e do Canterbury, ao sul do Tâmisa, em Westminster Bridge Road, em 1849. O Can-

Chaplin como Archibald em *Skating*. O personagem Archibald Binks apareceu em outros esquetes da companhia de Karno.

terbury foi uma criação de Charles Morton, que, já em 1856, considerou necessário transformar seu teatro em um prédio maior e mais luxuoso, que acomodaria 1500 espectadores. A decoração, mobília, comida e bebida eram da melhor quali-

Um bar com teatro de revista do final dos anos 1870: o cantor enfrenta um público especialmente desatento.

dade. Os maiores artistas de Londres eram contratados por salários sem precedentes, que chegavam a quarenta libras por semana. Seleções de óperas eram alternadas com canções burlescas. Havia uma galeria de imagens considerada "a Academia do outro lado do rio". O ingresso para a plateia custava seis centavos e para os camarotes, nove. A mudança mais importante foi que os cavalheiros agora eram estimulados a trazer suas senhoras para apresentações que, garantia-se, não as deixariam encabuladas. Com o tempo, os números puramente musicais foram acentuados pelo acréscimo de dançarinos, acrobatas, animais adestrados, malabaristas e qualquer novidade que pudesse ganhar aplausos. A única diversão proibida pela licença para lugares dedicados a canto e dança era qualquer apresentação com até mesmo a mais rudimentar narrativa que pudesse ser interpretada como uma "peça de teatro".

Em seguida, Charles Morton invadiu o West End com a construção do Oxford Music Hall no terreno de uma velha hospedaria para viajantes na esquina da Oxford Street com a Tottenham Court Road. Em 1861, o London Pavilion usou o espaço de outra hospedaria perto de Piccadilly Circus. Foi o início de construções de novos music halls palacianos por toda a nação, ao mesmo tempo que o destino das antigas salas de música das tavernas foi selado por uma nova regulamentação de 1878, que requeria um certificado de conformidade como condição para licenciatura de casas de entretenimento em Londres. Poucas das salas antigas podiam pagar por — ou sustentar fisicamente —

tais requerimentos, como cortinas corta fogo. Em 1891, o número de music halls em Londres, oficiais ou não, tinha diminuído de 270 para quarenta.

A reconstrução do London Pavilion, em 1885,

[…] inaugurou uma nova era na história dos music halls. Marcou a cisão final e completa entre o teatro de variedades e sua antiga associação com bares e tavernas, de cuja esfera vinha, ano a ano, se afastando aos poucos, mas de maneira perceptível. Até então, os teatros mantiveram evidências inconfundíveis de suas origens, mas os últimos vestígios de suas antigas conexões foram deixados de lado, e emergiram em todo o esplendor de sua glória recém-nascida. Os maiores talentos da arquitetura, do design e da decoração foram empregados a serviço deles, e o music hall afetado e enfeitado do passado deu espaço para o resplandecente "teatro de revista" dos dias de hoje, com seu exterior clássico de mármore e pedra de cantaria, sua plateia decorada com exuberância e seus salões e camarotes luxuosos e elegantes, iluminados com maestria por miríades de luz elétrica. Até então, os halls eram frequentados quase exclusivamente por uma classe composta, na maioria, se não na totalidade, por níveis médios e baixos da sociedade, aquela imensa fatia do público resumida com abrangência como "o povo". Mas, agora, a fortuna, a moda e as notas altas eram atraídas por esses belos "Palácios" de diversão, e nos grandes salões dos halls do West End os representantes mais proeminentes e distintos da arte, da literatura e da lei se misturam todas as noites com economistas, estrelas do mundo do esporte e da dramaturgia e amostras bastante liberais da "nata", representada pela juventude dourada do período.[1]

Mesmo que essa visão sobre o status social do público seja talvez "colorida" demais, a transformação do music hall na última década do século é definida com mais precisão por seus primeiros historiadores, Charles Douglas Stuart e A. J. Park.

O último e inevitável passo foi a ascensão dos grandes conglomerados administrativos. Em 1898, o australiano Oswald Stoll (1866-1942), que trabalhava com administração desde os catorze anos, uniu sua rede de music halls Empire com o circuito provincial erguido por Edward Moss e Richard Thornton. Em 1900, Moss construiu seu monumental e metropolitano Hippodrome, onde Chaplin se apresentou aos onze anos; e, em 1904, Stoll criou seu próprio carro-chefe, o Coliseum — onde nenhum Chaplin jamais se apresentaria. O público-alvo dessas novas cadeias imensas de teatro era a família, o que trouxe uma nova e perigosa característica, talvez até mortífera: a respeitabilidade.[2] O apogeu da nova era foi a Royal Command Variety Performance,* no Palace Theatre, em 1º de julho de 1912. Uma das maiores artistas do teatro de revista, a "vulgar" Marie Lloyd, foi sumariamente excluída — mas, como ela mesma declarou, "cada apresentação de Marie Lloyd é uma apresentação a mando do público britânico".

Esse momento de glória régia marcou, também, o início do fim. O novo estilo, "revista", tomava o lugar do estilo "variedades". Imagens em movimento não eram mais um número de apenas dez minutos no programa: já estavam construindo seus próprios espaços. Dentro de uma década, o processo cada vez mais rápido de conversão dos music halls em cinemas teria começado.

Os pais de Chaplin começaram no teatro de revista quando a mudança dos bares para os grandes estabelecimentos tinha entrado em movimento; ele e o irmão, Sydney, conheceram a área no auge da era eduardiana. A história da carreira do jovem Charles Chaplin nos teatros de revista requer certa reescrita depois da publicação, em 2005, da exaustiva documentação das apresentações de Chaplin nos palcos, compilada a partir de reportagens da época.[3] Com ela, é possível perceber, sem sombra de dúvida, que os diversos relatos autobiográficos de Chaplin — muitas vezes, contraditórios entre si — adulteraram, intencionalmente ou não, certos momentos-chave de sua vida no teatro de revista, inclusive suas primeiras apresentações com a companhia Karno e seu encontro com a artista de quinze anos Hetty Kelly, que o assombraria como uma quimera romântica pelo resto da vida adulta. Marriot aponta também sua compulsão persistente para subtrair um ou dois anos da própria idade em pontos de virada da carreira, talvez em uma tentativa de exagerar a própria precocidade.

Ainda assim, o trajeto geral de sua vida profissional foi estabelecido de maneira definitiva. Em dezembro de 1898,

---

* Royal Command Variety Performance é uma "apresentação de variedades a mando da realeza", um evento anual de gala em que artistas se apresentavam para a família real britânica, que existe até hoje, exibido pela televisão. (N. T.)

(acima) William Gillette como Sherlock Holmes.

(à dir.) Chaplin no papel de Billy, o mensageiro.

aparentemente graças a uma intervenção do pai, ele entrou para o número de canto e sapateado The Eight Lancashire Lads, de John William Jackson, apresentando-se pela primeira vez com o grupo no Boxing Day (feriado pós-Natal) de 1898, na pantomima *Babes in the Wood*, no Royal Theatre, Manchester. Por mais da metade das semanas dos próximos dois anos, os Lancashire Lads estiveram em cartaz em Londres, e Chaplin conheceu em primeira mão o Oxford, o Canterbury e o Middlesex, além de outros music halls mais distantes da metrópole. No Natal de 1900, foi um gato (ou cachorro — sua memória é inconstante) na pantomima *Cinderela*, que constituía a segunda parte do programa no novo Hippodrome de Moss.[4]

Depois disso, o menino viveu o melhor que pôde com trabalhos ocasionais por dois anos e meio, até que reuniu

Charles e Sydney Chaplin em *Repairs*. A dedicatória, com sua gramática incorreta, parece ter sido feita mais tarde, talvez por um colega da companhia, depois que Chaplin conquistou fama.

coragem e visitou a Blackmore Theatrical Agency, no verão de 1903. Foi recompensado de imediato com um papel em *Jim — A Romance of Cockayne*, um fracasso de curta temporada; depois disso, foi para o papel do pajem Billy em uma turnê de *Sherlock Holmes*, na adaptação feita pela estrela dos palcos americanos William C. Gillette. Com demissões ocasionais entre as turnês, ele ficaria com o papel por dois anos e meio, em três turnês pelos teatros do norte e por dois meses no prestigioso Duke of York's Theatre, com o próprio Gillette no papel de Holmes.[5]

Portanto, houve um intervalo de cinco anos no envolvimento da família Chaplin com o teatro de revista (Charles, o pai, morreu em maio de 1901). Em março de 1906, Charles e seu meio-irmão, Sydney, que atuou algumas vezes ao seu lado em *Sherlock Holmes*, se juntaram à companhia de esquetes cômicas de Wal Pink em *Repairs*, nos papéis respectivos de encanador e carpinteiro, membros de um time incompetente encarregado de reformar uma casa. Charles partiu depois de oito semanas para se juntar à Casey's Circus, companhia juvenil de esquetes de Harry Cadle, estabelecendo-se, com dezessete anos, como a estrela da companhia, com suas paródias do "mago elétrico", dr. Walford Bodie, de Sir Herbert Beerbohm Tree e do popular esquete dramático *Dick Turpin*.

Sydney ficou mais seis semanas com *Repairs*, mas, em 9 de julho de 1906, foi recrutado por Fred Karno, o maior empresário britânico da comédia, que mantinha diversas companhias de esquetes com imenso sucesso de público. Três semanas depois de assinar contrato, Sydney foi enviado para uma longa turnê pela América do Norte; ao voltar, em janeiro de 1908, persuadiu Karno a dar uma chance a Charles. Em 21 de fevereiro, o Chaplin mais novo assinou

(acima) Sydney Chaplin, provavelmente com o figurino usado no esquete de Wal Pink, *Repairs*.

(ao lado) Chaplin fez uma série de "Notas para o Soho", o que evidencia sua consciência de que o Soho era o mundo de *Luzes da ribalta*. As anotações incluem esse estudo de personagem de Zarmo, um artista singular do teatro de revista que fascinava Chaplin, mas que parece ter desaparecido da história (ver pp. 167-9).

seu primeiro contrato com a companhia. Depois de um início provavelmente mais experimental e incerto do que ele narra em *Minha vida* até o momento em que deixou a companhia, em Kansas City, 29 de novembro de 1913, sua carreira foi uma trajetória progressiva ao estrelato.

Portanto, cerca de dez anos da vida de Chaplin foram passados nos teatros de revista britânicos e no vaudevile americano, entre seus nove e 24 anos. Com os Eight Lancashire Lads, ele esteve muitas vezes no mesmo programa que estrelas lendárias da era dourada — Marie Lloyd, Dan Leno, George Robey, Bransby Williams, Gus Elen, Vesta Tilley, Eugene Stratton, G. H. Chirgwin. É frustrante, mas devemos admitir a recusa quase patológica de Chaplin em reconhecer as pessoas que contribuíram com sua carreira ou que o influenciaram de algum jeito.[6] O perceptivo Francis Wyndham, que conheceu Chaplin quando *Minha vida* estava sendo escrito, observou que "o homem rico, famoso e realizado que o mundo admira ainda se considera uma vítima, destroçada permanentemente pelo choque catastrófico da infância".[7] Talvez tenha sido parte essencial da terapia, vital para sua autoconfiança, reforçar sempre sua certeza de que conquistou o mundo e ascendeu da pobreza e irrelevância para a fama e o gosto universais sozinho, sem ajuda alguma.

Das grandes personalidades que ele viu nos music halls na infância e adolescência, declara admiração irrestrita e entusiasmada apenas por um, o palhaço espanhol Marceline, o primeiro a lhe ensinar os rudimentos da comédia no Hippodrome, em 1900. Duas páginas de *Minha vida* foram dedicadas a esse palhaço esquecido, mas, sem dúvida, talentoso.

Com percepção apurada, A. J. Marriot comenta:

> Em sua escrita, Chaplin faz poucas menções às estrelas do teatro de revista que viu nos palcos e, quando o faz, em geral não é para dar crédito. Em sua autobiografia de 1964, a lista mais extensa de elementos aos quais ele dá alguma importância é uma série de comediantes que cometeram suicídio; assim, ele descarta tudo que tais artistas conquistaram em suas carreiras para favorecer a informação de como eles as terminaram.[8]

A autobiografia de Chaplin não cita Harry Lauder ou George Robey, apesar de ter sido amigo dos dois em seus anos no cinema. Ele chega a admirar abertamente Bransby Williams, cujas representações de personagens de Charles Dickens o inspiraram a tentar imitá-lo — e a uma vida como leitor de Dickens. Tirando isso, "dos muitos artistas que vi quando era criança, os que mais me impressionaram nem sempre foram os mais famosos, e sim aqueles com personalidades únicas fora dos palcos". Desses, ele menciona Zarmo, o malabarista cômico — que, como veremos, inspirou uma cena de *Footlights* —, e os irmãos Griffith, que faziam um número cômico de trapézio.

Dos dois grandes artistas daquela era, Chaplin nos diz apenas que "nunca houve uma artista mais séria e dedicada" que Marie Lloyd, e a descreve na coxia, "nervosa, andando de um lado para o outro nos bastidores, irritadiça e apreensiva até o momento de sua entrada, quando, no mesmo

(NOTES FOR SOHO)   b.

Zarmo, the juggler, is a small man, about 38, inclined to mysticism, tells fortunes, reads characters, gregarious, philosophical, self-educated, always practising new tricks, always helping some down-and-outer who inquires for him at the stage door. He is single, doesn't believe in marriage; doesn't trust women, usually shy in their presence, although glib to everyone else. Always giving advice, always cheerful, either liked immensely or disliked whole-heartedly.

Has been practising a billiard ball and cue trick for seven years; is always talking about it, though nobody is very much interested. He is a perfectionist, ~~never loses faith in himself~~; a good friend but never a close one. Total abstainer, but prescribes cures for drunkenness. He is not a big man as far as his soul is concerned -- he is too even tempered to be so, too cautious, too much of a defensive mechanism.

~~His one great moment~~ *one important event.* is ~~that~~ he introduces, the first time ~~before the public~~, his billiard ball and cue trick.

Everybody ~~in the show~~ stands at the wings to witness it. They know that ~~in accomplishing this trick,~~ it has taken Zarmo four hours a day ~~practice~~, for seven years. And now he is to include it in the act for the first time.

~~The~~ performers ~~put on their~~ dressing gowns ~~and come~~

Dan Leno, fotografado por Edward Sharp. Em sua visita a Londres em 1921, Chaplin visitou a loja de Sharp, na Westminster Bridge Road, e perguntou se eles ainda tinham negativos de fotografias tiradas dele na época da companhia de Karno. Quando lhe informaram que os negativos tinham sido destruídos, ele respondeu que a loja ainda tinha fotos de Leno na vitrine. "Ah", disse o assistente, "mas o sr. Leno era um comediante famoso."

instante, ficava alegre e relaxada". Ele é ainda mais evasivo sobre Dan Leno:

> Suponho que Dan Leno tenha sido o maior comediante inglês desde o lendário Grimaldi. Apesar de nunca ter visto Leno em seu auge, para mim ele era mais um ator de personagens excêntricos do que um comediante. De acordo com mamãe, suas delineações extravagantes de figuras das classes mais baixas de Londres eram humanas e carismáticas.

Porém a pesquisa de A. J. Marriot revela que os Eight Lancashire Lads estiveram no mesmo programa que Leno por quinze semanas em 1900 — época em que Leno ainda estava em seu auge indiscutível.

A compulsão intrigante a dar as costas para os colegas afeta, em certo grau, *Luzes da ribalta*. Nenhum outro artista chega sequer a ser vislumbrado nos teatros do filme, exceto Terry, outros membros do balé, o breve parceiro de Calvero (Buster Keaton) e os dois homens que saem do camarim no Middlesex. Durante os estágios progressivos entre as primeiras versões de *Footlights* e o filme pronto, inúmeras personalidades reais do teatro de revista aparecem ou são ao menos mencionadas — mas nenhuma sobreviveu até a finalização. Duas delas são meros comentários no roteiro de produção. Terry lê para Calvero uma matéria sobre os Zancig, que tinham um número de leitura de mente.[9] Calvero expressa seu ceticismo: "Estive com ele quando o sujeito mandou um telegrama para a esposa".

É quase certo que Chaplin viu os Zancig quando eles eram a sensação no Alhambra, em fevereiro de 1907. A temporada terminou em 23 de fevereiro, sábado; às 15h daquela tarde, fizeram a última de suas matinês especiais. Na época, Chaplin estava com a companhia Casey's Circus, mas o número estava descansando nas semanas de 11 e 18 de fevereiro, portanto é muito provável que ele estivesse em Londres e pudesse ver o show em um dos assentos oferecidos como cortesia para os profissionais da área.

No diálogo em que Calvero e Terry se apresentam, não fica claro se o nome Jenet foi um simples erro ortográfico ou uma tentativa de disfarçar o nome de Adeline Genée, que ainda era viva (1878-1970). Genée foi a maior *prima ballerina* do Empire, destaque em Londres por uma década, a partir de 1897 — cedo demais, cronologicamente, para que Terry a substituísse (como ela diz ter feito), já que o enredo de *Luzes da ribalta* se passa em 1914-5, quando Terry devia ter pouco mais de vinte anos.

No tratamento mais antigo do roteiro de *Luzes da ribalta* (mas não no roteiro usado na filmagem), Calvero encontra o grande malabarista Paul Cinquevalli (Chinqualvalet) no ensaio e também mais tarde, no camarim, logo depois da apresentação de Paul. É evidente que o Cinquevalli real (1859--1918) acentuava a paixão de Chaplin por perfeccionismo:

Ensaiar é essencial até mesmo para o malabarista mais experiente. Se eu tirasse férias por um mês e não treinasse durante esse período, provavelmente precisaria ensaiar por um ano antes de conseguir me apresentar em público outra vez. Eu pratico todos os dias por pelo menos três horas.[10]

Nascido Emile Otto Lehmann-Braun — ou, talvez, Paul Kestner; não há confirmação do nome verdadeiro — em Lissa [hoje, Leszno], Polônia, se mudou para Berlim com a família quando ainda era bebê. Ginasta talentoso já na escola, fez sua primeira aparição pública com catorze anos, em Odessa, Ucrânia. Depois de um acidente grave no trapézio,[11] passou a fazer malabarismo, desenvolvendo habilidades nunca superadas. Apesar de ter usado fantasias criadas pelo (e nomeadas em tributo ao) acrobata francês Jules Leotard, Cinquevalli era conhecido como o "malabarista cavalheiro", pois usava os objetos mais comuns possíveis — pratos, copos, vassouras, navalhas, guarda-chuvas, barris, ovos, até folhas de papel. Ele tinha talento fenomenal para controlar o voo e a queda de objetos com qualquer peso e tamanho. Apesar de baixo, era forte. Entre seus números mais famosos estavam fazer malabarismo com uma banheira e pegar com a nuca uma bola de ferro com vinte quilos lançada para cima. Era capaz de movimentos simultâneos com as duas mãos e a cabeça; um deles envolvia equilibrar na boca seu assistente, que ficava sentado em uma cadeira junto a uma mesa — com o peso total de 82 quilos —, enquanto fazia malabarismo com três bolas com as mãos (ver fig. p. 168).

Em suas próprias palavras,

Existe uma coisa que o malabarista moderno deve reconhecer e entender: além de despertar a curiosidade, ele precisa divertir seu público. Nos anos recentes, incluí sempre um elemento de humor em minhas apresentações, fazendo os números de um jeito engraçado. Mas isso os torna muito mais difíceis de realizar.[12]

Os anos finais de Cinquevalli não foram clementes. Rotulado como alemão, se tornou vítima da xenofobia dos tempos de guerra e, em 1915, deixou os palcos. Faleceu em Brixton, em 1918, aos 56 anos.

O roteiro narra como, para homenagear Calvero, Paul realiza o número que exigiu sete anos de ensaios. O público não se impressiona — parece fácil demais. Calvero diz que ele precisa errar de propósito para que pareça mais difícil. Cinquevalli responde, com tristeza, que isso levaria mais sete anos para ensaiar. Porém, em *Minha vida*, Chaplin atribui a história a Joseph Zarmo:

Zarmo, o malabarista palhaço, era disciplinado, praticava o malabarismo por horas, todas as manhãs, assim que o teatro abria. Podíamos vê-lo na coxia, equilibrando um taco de bilhar no queixo e lançando uma bola de bilhar para cima, pegando-a com a ponta do taco, então jogando outra bola e pegando-a no topo da primeira — o que ele muitas vezes errava. Fazia quatro anos, ele contou ao sr. Jackson que treinava aquele truque e no fim daquela semana pretendia realizá-lo pela primeira vez diante do público. Na noite em questão, ficamos todos na coxia, observando. Ele executou com perfeição, e na primeira tentativa! — jogou a bola para cima e a pegou na ponta do taco de bilhar, então jogou a segunda e a equilibrou no topo da primeira. Mas o público aplaudiu sem entusiasmo. Ele disse a Zarmo: "Você fez o truque parecer fácil demais, não cria expectativa. Você devia errar várias vezes, depois acertar". Zarmo riu. "Ainda não sou habilidoso o suficiente para errar."

Chaplin decerto escolheu o nome de Cinquevalli para *Footlights* porque ainda era um artista ilustre, enquanto Zarmo (1868-1943) estava, e continua, esquecido. Mesmo assim, a abordagem de Zarmo — sua capacidade de fazer comédia com objetos corriqueiros e também sua "mania" (ver adiante) de fazer o número em bares com almoço gratuito — tem similaridade considerável com a de Chaplin. Nenhuma história dos music halls menciona esse artista, mas, considerando que Chaplin abre uma exceção e o destaca para admirá-lo, talvez seja apropriado relembrar parte de suas origens e estilo.

Joseph Zarmo e seus irmãos, Hector e Lauraine, eram pupilos do acrobata Zamesou, que, por sua vez, foi um pupilo do acrobata equitador e pai do circo inglês, Andrew Ducrow. Assim como Cinquevalli, a transformação de Joseph, de acrobata para malabarista, foi resultado de um acidente. Os números excessivamente ambiciosos do início da

```
          "Thank you," said Calvero, smiling as
they shook hands.
          A moment later, after Postant had gone,
Paul Chinqualvalet entered, wrapped in a dressing
gown of white towling. He was breathing hard.
          "How are they?" inquired Calvero, look-
ing at him through the mirror.
          "Oh, very good," he answered.
          "How did the new trick go?"
          "Excellent," replied Paul, putting on his
overcoat and muffling a towel about his throat, for
he was also performing at another theatre and was
leaving immediately.
          "It should have brought down the house."
          "Well, it didn't do that."
          "It didn't?" Calvero said incredulously.
          "The trouble is, it looks too easy," said
Paul.
          "Then make it look difficult...Fumble it
once or twice!"
          "I need more practice to do that."
          Calvero laughed. "Huh! That'll take
another seven years I suppose, learning to miss it!"
```

(acima) A cena com Chinqualvalet de um rascunho datilografado de *Footlights*.

(abaixo) À esq., Cinquevalli equilibra um homem, uma cadeira e uma mesa nos dentes; à dir., Cinquevalli no palco e fora dele.

carreira logo aleijaram seu corpo imaturo, o que o fez passar dois anos de cama. Durante esse período, ele aprendeu sozinho a fazer malabarismo — deitado. Depois de se recuperar, ainda apenas um adolescente, desenvolveu seu excêntrico número de malabarismo de ponta-cabeça. Apesar de preferir os métodos tradicionais e esperar que "o estilo de antigamente volte a ser o novo estilo", ele fazia concessões de acordo com o gosto popular:

"O música-e-dança de antigamente não adianta nada. O público exige coisas novas e estranhas. Prefere ver um feirante jogando nabos para o alto do que um sujeito elegante com roupas justas e lantejoulas fazendo maravilhas com varinha e esferas."

A primeira estratégia de Zarmo para se afastar do estilo antigo foi equilibrar-se apoiado na cabeça ao fazer os números, algo reminiscente de suas proezas da juventude, quando costumava escalar um poste equilibrado na cintura de um colega; ao chegar no topo, equilibrava-se ali, apoiando a cabeça. Os artistas que se apresentavam com esse número eram conhecidos como "porta-postes" ("*pole-handers*"). Zarmo não escalava mais postes — uma garrafa de champanhe provou-se mais efetiva e menos perigosa. Ele não tem intenção alguma de flertar com o perigo sem motivo, e declara que pode fazer tanto dinheiro a 1,8 metro de altura quanto a dezoito metros. Pergunta-se ao malabarista se ficar apoiado na cabeça é agradável. Dizem, entre os profissionais do ramo, que os artistas que se equilibram na cabeça acabam enlouquecendo. O sr. Zarmo afirma que, durante seu treino diário, se equilibra na cabeça, com intervalos, por sete horas. Supõe que meia hora seria o limite extremo para uma única pose. É fato que o sangue desce para sua cabeça e seus olhos saltam — o que costumava fazer o público achar que ele estava sofrendo e, portanto, diminuía a apreciação por seu entretenimento. Mas a maquiagem inusitada que Zarmo agora emprega elimina a aparência de sofrimento. Ele deixou de usar roupas justas e lantejoulas. Às vezes, aparece como feirante e faz malabarismo com uma cesta e seu conteúdo, complementando com um pouco de música, acrobacias e dança. Hoje em dia, ele diz, é o absurdo que agrada, não o artístico. Para citar um exemplo específico: dez anos de treino constante fizeram o sr. Zarmo ser proficiente em um número feito com oito bolas de marfim. É um número de dificuldade imensa, mas não recebe nem uma fração dos aplausos reservados para tiradas cômicas com, digamos, uma batata assada e uma tripa de linguiças. O sr. Zarmo tem vários sonhos para o futuro. Quando visitar os Estados Unidos outra vez, em breve, quer preparar o palco como um bar com almoço grátis e, no papel de um cliente insatisfeito, fazer malabarismo com as mercadorias à venda. Como o bar com almoço grátis não é um costume inglês, Zarmo tem dúvidas se o número seria aceito no país. Mas a ideia é a mesma — use objetos corriqueiros em seus números, não aparatos antiquados. [...]

Como resultado do excêntrico hábito de ficar de ponta--cabeça, o sr. Zarmo exibe uma cabeleira naturalmente espessa, mas com uma careca redonda no centro, como uma tonsura.[13]

Um dos motivos pelos quais a reputação de Zarmo foi eclipsada na Grã-Bretanha pode ter sido o tempo considerável de carreira que ele dedicou aos Estados Unidos — muitos acreditavam, inclusive, que ele era americano. Zarmo trouxe consigo um estilo transatlântico de publicidade exagerada:

JOSEPH N. ZARMO

JOSEPH N. ZARMO

JOSEPH N. ZARMO

O malabarista genial e inspirado,

o único malabarista criativo,

o único malabarista de ponta-cabeça,

reconhecido como o Maior de todos os malabaristas,

sem rivais no passado ou no presente.

A apresentação de ZARMO, uma vez vista, jamais é esquecida.

Em outros momentos, ele adicionou à divulgação "O malabarista louco", "O único malabarista que conta piadas" e "O malabarista judeu original". Ainda assim, tinha uma personalidade modesta, pelo menos no que dizia respeito a Cinquevalli:

Ele declara que não são os artistas mais excelentes, e sim os menos excelentes, que fazem os outros entrarem na lista dos melhores. Vá ver Cinquevalli, digamos, e você terá a sensação de que é inútil tentar rivalizar tal genialidade. Mas vá ver algum artista inferior, e na mesma hora sua vaidade o induz a pensar que você pode fazer algo tão bom quanto.

Zarmo e seus irmãos podem ter sido uma das inspirações para uma cena que, mesmo sem relevância evidente, ficou em *Luzes da ribalta* quase até o fim; que chegou a ser filmada e só foi eliminada na montagem. A cena se passa logo antes de Calvero fazer seu número na apresentação beneficente em sua homenagem. Uma trupe de acrobatas alemães está no palco. O menino mais novo comete um erro, que faz com que o número precise ser repetido. Quando saem do palco, o chefe da trupe bate no menino, dizendo que ele não podia gritar, pois o show ainda estava em andamento.

Essa cena era um vestígio de uma ideia que Chaplin contemplava desde os anos 1930, quando esboçou um filme sobre a trupe de acrobatas Ganolph Boys (ver p. 27). Nele, o velho Herr Ganolph é um tirano que bate nos meninos que cometem erros, mas os obriga a sorrir e parecerem contentes no palco.

É evidente que a ideia o intrigava muito, pois a retomou mais tarde, em dois argumentos sem data conservados em arquivo. Em um deles, a trupe Bouncing Freulers é comandada por Herr Freuler,[14] "puro músculo e sinceridade, com pouco ou nenhum senso de humor... Meticuloso e adepto da disciplina". No outro, a trupe é administrada pelo sr. Pickerlili, cujo nome verdadeiro é Bergman, e que "sentia o estresse da vida todo acumulado em seus ombros".

Apesar das diferenças entre elas, o clímax das três versões é o incidente do chefe batendo repetidamente no menino que errou no palco e obrigando-o a ficar em silêncio. O fator comum nesses enredos diferentes, e o que talvez explique o fascínio pessoal de Chaplin pela história, é a noção de que a arte muitas vezes exige uma disciplina dolorosa e cruel. "A natureza brutal [de Ganolph] não era desprovida de virtude, pois fazia do número um dos melhores do show business [...]. As longas horas de trabalho maçante e tortura que os meninos sofriam nas mãos de G. eram o preço que pagavam pela excelência de suas apresentações". Freuler, mesmo com toda a sua agressividade, "amava sua profissão. Fazia a trupe ensaiar por duas horas, seis vezes por semana, na coxia... No geral, era uma figura absurda, mas heroica, da vida nômade vaudeviliana". Para Bergman, "era tudo muito sério e difícil, e precisava ser realizado com disciplina irrestrita. Apesar de toda a sua

angústia, Bergman amava o que fazia. Amava a 'profissão' [...]. Ele levava os meninos para ensaiar no teatro três vezes por semana [...]. Bergman estava sempre na coxia durante as apresentações [...]. Podia substituir qualquer um dos membros mais velhos da trupe". É impossível não pensar no envolvimento do próprio Chaplin com cada detalhe de suas criações. "Eu sei", ele disse a Henri Gris, "sou um perfeccionista incorrigível." Soava como se pedisse desculpas. "Mas não consigo evitar. Cada detalhe é importante para mim, mesmo que o público não perceba, e sei que não vai perceber."

Uma inspiração para essas histórias de acrobatas pode ter sido as experiências de infância de Zarmo, que contou a um jornalista do *The Era*: "Zamesou era um mentor rígido e reforçava sua disciplina até com chicote; mas os meninos o amavam e lamentaram sua morte…". Os irmãos

(acima) A trupe Schaffer, no Empire (o público de circo atrás deles foi pintado em um pano de fundo). Esta é a única fotografia conhecida do número — os flashes fizeram os cavalos dispararem, e Sylvester Schaffer disse que a trupe nunca mais seria fotografada em ação.

(ao lado) Rascunho de número com acrobatas feito por Chaplin no verso de uma página com notas para *Luzes da ribalta*.

A.

It was the finale of the acrobats: Three men
on each other's shoulders. Ally-oop! A small boy of
about twelve, leaped up to the third man and went into a
hand-to-hand balance; then the underbearer slightly lowered
himself, permitting the middle man to grasp the hands
of two others, standing one on each side, of the three lengths and lift them;
while the underbearer straightened up and held them out,
at arms length; ~~lifting six in all.~~ Tableau! ~~as the~~
~~picture was held,~~ the boy trembled. So did the knees
of the underbearer.

The orchestra blared a grandiose, final chord,
'Da-da-a-a-a-a-!'

~~Then~~ the human design ~~that was so tense,~~ suddenly and fell apart
collapsed, with ~~unlooked~~ relief and bounded forward and
bowed; then gaily bounded off to the side of the wings. joyous

A stern, old Prussian-looking gentlemen of about fifty, greeted
the little boy with a resounding slap on the side of
his cheek. The boy was about to yelp, but ~~the old Prussian~~ who
quickly diverted ~~the boy's tears~~ with a harsh reminder,
"G—— take a bow!" first! Which the boy did. And with amazing
suddenness, bounded joyously back onto the stage and with ~~burst into~~ the broadest of grins. bowed and then

When ~~the boy had returned~~ the curtain had kissed
them too
dropped, the ~~old~~ Prussian ~~was gone~~ was in a fury. "What's and
the matter," he said to the underbearer, his eldest son. bows
"In the finale, you are quivering like a blanc mange!
Are you sick?"

"Why shouldn't I quiver? I'm hungry. I need

de Zarmo, Hector e Lauraine, que deram continuidade às carreiras com um número cômico de malabarismo chamado "The World's Wonderful Whirligigs" — se apresentando, inclusive, no Alhambra e no Crystal Palace —, foram mais reservados. Quando *The Era* perguntou a eles, em 1891, se o treinamento dos jovens acrobatas era cruel, eles responderam: "não necessariamente, não é o costume... Apesar de haver, às vezes, brutamontes entre os treinadores, como em qualquer área".

Como veremos (p. 182 em diante), Chaplin parece ter tido conhecimento aprofundado sobre a história e administração do Empire Theatre, apesar de nunca ter se apresentado ali. Deve ter sabido que a escritora Laura Ormiston Chant, ao declarar suas objeções contra a renovação da licença do teatro em 1894, demonstrou indignação especial por um número muito famoso da época, feito pela Schaffer Family,[15]

uma trupe de acrobatas que inclui uma menininha de talvez dez anos, cujo tratamento por parte dos colegas causou à sra. Chant grande repulsa e fúria. A menina se equilibrava na cabeça e esticava as pernas; os homens a pegavam pelos calcanhares, a rodopiavam e a "chutavam de um lado para o outro pelo palco", conforme a sra. Chant contou ao Theatres Committee mais tarde; um tratamento que ela considerou "contra a decência e o correto; contra até mesmo a mais básica gentileza".[16]

O número tinha imensa popularidade e fazia turnês constantes, portanto é provável que os Eight Lancashire Lads tenham estado, vez ou outra, no mesmo programa que eles. O sr. Schaffer tem grande semelhança com Ganolph, Freuler e Bergman. Ao entrevistá-lo em seu apartamento com vista para a Leicester Square, o correspondente do *The Era* o considerou um sujeito entusiasmado, fumando o tempo todo um charuto com uma grande piteira de sepiolita e exibindo sua "coleção de pistolas e rifles de aspecto assassino [...]. O sr. Schaffer adoraria atirar em maçãs nas cabeças de crianças querubíneas". O jornalista se divertiu ao capturar o inglês incerto, mas vigoroso do húngaro.

Notas de Chaplin para a história dos acrobatas, revisadas meticulosamente.

O que você me vê fazer no Empire, pode me ver fazer vinte vezes mais se me honrar com uma visita ao continente. Não me deixam fazer nada aqui — nadinha. Para que querem tanta gente no Empire quando têm a mim, não sei. Apareço só um minuto e logo depois já fui, para cães dançarem ou coisa assim. Ora, eu poderia oferecer bom entretenimento para a noite toda. É isso que faço no continente. Uma pena gastar tanto dinheiro em todos outros artistas quando há trupe Schaffer, não? Vocês me pagam bom salário na Inglaterra. É por isso que venho. E vocês não me deixam merecer meu dinheiro. Sou um artista — portanto; e desejo fama. As pessoas que me viram no continente vão me ver agora e vão dizer que não é nosso Schaffer. Bah![17]

O sr. Schaffer deplorava "a atitude da legislatura inglesa em relação aos acrobatas pequenos" e ficou indignado quando proibiram a participação da criança na trupe, que estava acostumada a fazer "touradas" com um "cão dinamarquês enorme, valioso e altamente treinado". Por causa disso, afirmou o sr. Schaffer, o rapazinho, decepcionado, ficava todas as noites na coxia e chorava por não compartilhar os aplausos com seus irmãos. A trupe Schaffer consistia em pai, filhos, primos e aprendizes. Uma única pista que sugere que os Schaffer tenham sido uma inspiração para a temática persistente do menino acrobata é um desenho de uma das páginas de anotações de *Footlights*, que lembra muito a única fotografia conhecida da Pirâmide Humana dos Schaffer.

Por fim, Chaplin pode ter se inspirado nas próprias memórias dos dias com The Eight Lancashire Lads, de John William Jackson — inclusive no que diz respeito à presença de uma menina, tanto entre os Lads quanto nas trupes fictícias. De qualquer jeito, o sr. Jackson não era exatamente um tirano: suas piores atitudes eram beliscar as bochechas dos meninos para que parecessem mais corados sem maquiagem e sorrir com exagero da coxia (assim como Herr Ganolph), para encorajá-los a sorrir também.

O personagem mais intrigante agora ausente de *Luzes da ribalta* é Claudius, o Prodígio Sem Braços, que ainda fazia parte do filme na estreia (ver p. 140). Nesse caso, podemos identificar sem nenhuma dúvida a inspiração da vida real, uma figura proeminente e famosa dos teatros de

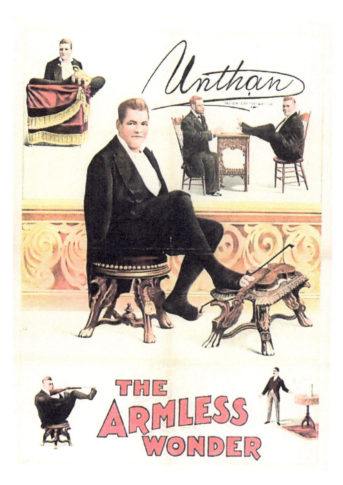

(acima) Pôster das turnês britânicas de Carl Unthan.

(abaixo) Página de rosto da autobiografia de Carl Unthan, o Prodígio Sem Braços.

revista britânicos ao longo da carreira de Chaplin nos palcos. "'Eu conheço um homem sem braços', disse Calvero, 'que pode tocar um scherzo em um violino, e faz tudo com os dedos dos pés'." "Os Prodígios Sem Braços" foram tradição desses shows por séculos. Muitos tocavam com alegria banjos ou violões usando os dedos dos pés — um exemplo foi Ralph R. Myers (1911-86), que, um pouco paradoxalmente, fez fama nas rádios americanas nos anos 1940 e 1950. Ainda assim, o único artista sem braços que quis se tornar violinista — um exímio violinista — foi Carl Hermann Unthan, nascido em Sommerfeld, na Prússia Oriental, em 5 de abril de 1848, com deficiência congênita. Rejeitando a oferta "compassiva" da parteira de sufocar o recém-nascido Carl, seu pai, que era professor, insistiu de maneira implacável que ele precisava ficar independente. Com o tempo, seus dedos dos pés tinham a destreza de mãos e seu corpo todo adquiriu as habilidades de um contorcionista; ele podia, por exemplo, lamber geleia dos pés ou abotoar as calças. Com dois anos, já se alimentava sozinho e, aos dez, aprendeu por conta própria a tocar o violino, que ficava preso a um banquinho. Com dezoito, depois de dois anos de estudo, se formou no conservatório de música e logo tocava em orquestras clássicas.

Ao que tudo indica, Unthan deve ter sido um músico de competência inquestionável, e havia algo de teatral em suas apresentações individuais. Dizem que ele preparava seu instrumento com uma corda propositadamente frágil, para que arrebentasse durante o espetáculo, permitindo que ele demonstrasse sua destreza ao trocá-la e afiná-la com os pés. Sua escrita com o pé era primorosa, ele podia datilografar com rapidez e aprendeu a nadar e a cavalgar. Com essas e outras habilidades — como tocar cornetim e atirar segurando um rifle com os pés —, era inevitável que fosse atraído para o vaudevile. A versão em inglês de sua autobiografia, *Das Pediscript* (1925), recebeu outro título, *O violinista sem braços, um pediscrito; A história de vida de um homem do vaudevile*.

A partir de 1870, Unthan visitou a Grã-Bretanha com frequência, quase sempre por dois meses na temporada de inverno. Suas turnês eram, na maioria, limitadas aos music halls mais provincianos, em especial os do norte; ele talvez sentisse que o ineditismo de suas apresentações se esgotaria rápido demais em Londres. Mas esteve no Foresters em novembro de 1888, no mesmo programa que Charles Coborn e Marie Lloyd, então com dezoito anos; no Trocadero em janeiro de 1892, com o fisiculturista Sandow, Gus Elen e Bessie Bellwood; e no New Cross Empire, no Ano-Novo de 1899. A resenha do *The Era* sobre sua apresentação no Stratford Empire em janeiro de 1900 mostra que, mesmo três décadas depois, ele ainda era admirado:

> A estrela da noite, o sr. C. H. Unthan, descrito verdadeiramente como "o prodígio sem braços da atualidade", se apresentou para o público dizendo que nunca tinha lamentado a falta dos braços; que esteve sem eles e usa os membros inferiores desde cerca de um ano e meio de idade. Ele revela sua habilidade como músico ao tocar violino e cornetim e diverte a todos ao tirar uma cigarreira do bolso e oferecer um cigarro a um amigo. Joga carteado com perfeita tranquilidade, embaralhando e distribuindo as cartas, e saca rolhas como um bebedor das antigas. Finaliza sua extraordinária performance com uma exibição de tiro, em que é muito capacitado, acertando a brasa na ponta de um cigarro que um dos membros da plateia segurava.

Entre outras estratégias de publicidade, em maio de 1889, Unthan desafiou o nadador recordista James Finney, que tinha 27 anos na época (catorze anos mais novo do que ele), para uma corrida em Sunderland Baths, com as mãos amarradas para trás. Unthan perdeu a disputa, cuja distância era equivalente a vinte homens deitados. Figura conhecida e benquista nos music halls britânicos, apoiou ativamente o Music Hall Benevolent Fund e, em setembro de 1900, foi eleito para o comitê da Music Hall Artists' Railway Association. No mesmo ano, escreveu um artigo para uma revista alemã sobre os music halls ingleses do passado e do presente, elogiando a organização admirável que encontrou nos halls Moss e Thornton, do norte da Inglaterra.

Unthan teve uma carreira curta no cinema, na mesma época em que se passa o enredo de *Luzes da ribalta*. Em uma viagem transatlântica, conheceu e impressionou o escritor vencedor do prêmio Nobel Gerhart Hauptmann, que baseou o personagem Arthur Stoss de seu romance *Atlantis* em Unthan. Quando o livro foi adaptado para o cinema por August Blom, na Dinamarca, em 1913, o contrato de Hauptmann estipulava que Unthan deveria fazer o papel de Stoss. No ano seguinte, ele esteve em outro filme,

Calvero com Claudius, o Prodígio Sem Braços (Stapleton Kent), na cena que acabou cortada do filme.

Der Mann ohne Arme, de Fritz Bernhardt. Em ambos, apareceu sob o nome Charles Unthan.

Durante a Primeira Guerra Mundial, permaneceu na Alemanha e foi contratado para trabalhar com soldados amputados. Era contra membros artificiais, o que não é de surpreender, mesmo que fosse impossível passar àqueles homens sem membros a independência completa que tinha adquirido ao longo de sete décadas. Ainda assim, pelo que consta, sua presença inspirou a todos com o lema que ele incluiu no início da autobiografia: "Onde há vontade, há possibilidade". Depois, Unthan, casado com a cantora tcheca Antonie Feschta, emigrou para os Estados Unidos e, com o tempo, obteve cidadania americana. Morreu em 1929, com 81 anos.

Independentemente de tê-lo conhecido em pessoa, Chaplin deve ter ouvido muito sobre Unthan; o que com certeza despertou seu fascínio por esse homem talentoso, culto e indomável. A única coisa de se estranhar

O sr. Postant (Nigel Bruce) visita Calvero no camarim antes de sua apresentação no evento beneficente.

é a maneira que ele descreve Claudius (Cecilia Cenciarelli aponta que esse era o nome do tio de Calígula, "um homem muito culto, mantido escondido por causa das deformidades físicas, para evitar constrangimento público"), como "um homem feio, gordo e baixo, com torso cilíndrico e cerca de cinquenta anos; tinha nascido sem braços, com um rosto sem pelos e cabelo escasso e castanho, que parecia um ninho de rato". O Unthan verdadeiro era um rapaz loiro atraente, que, de acordo com os retratos, se tornou um adulto um pouco mais corpulento, com um rosto agradável, rosado, e cabelo avermelhado. Aparentemente, Chaplin optou por misturar a celebridade sem braços com Gilbert, o "sapo humano" que ele tinha visto na casa de um mineiro em Tonypandy, País de Gales, durante uma turnê com *Sherlock Holmes*:

> Metade de um homem, sem pernas; uma cabeça achatada e grande demais, cabelo loiro; um rosto branco e doentio; nariz afundado, boca grande e ombros e braços musculosos e potentes [...]. Ele usava calças de flanela com as pernas reduzidas até as coxas, de onde saíam dez dedos grossos.

Stapleton Kent, o ator inglês septuagenário que fez o papel de Claudius — sem muita inspiração — em *Luzes da ribalta*,[18] não se encaixa em nenhuma das duas descrições. Chaplin permite que Unthan seja identificado como inspiração para Claudius em uma das primeiras versões de *Footlights* (ver p. 139), em que descreve Claudius lendo Descartes em tradução alemã.

O nome do sr. Postant, proprietário e gerente do Empire em *Luzes da ribalta*, foi inspirado por William Postance, jovem diretor de palco de William Gillette que se encantou com a bondade e a gentileza de Chaplin, então com dezesseis anos, no Duke of York's Theatre, em 1905. Já a personalidade de Postant é uma amálgama de duas figuras proeminentes do teatro de revista do século XIX que ainda estavam ativas quando o jovem Chaplin começou sua carreira nos palcos. Uma delas foi Charles Morton, que, assim como Postant, não conseguia se aposentar:

> O evento era para celebrar a estreia do novo balé e seu próprio regresso ao teatro, pois ele tinha se aposentado havia

O sr. Postant (Nigel Bruce) e as duas inspirações da vida real, Charles Morton, "O Pai dos Halls" (à esq.), e H. J. Hitchins, gerente do Empire.

> seis anos e foi morar no sul da França depois de vender o Alhambra [sic] a uma corporação que perdeu dinheiro desde que assumiu.
>
> Agora eles tinham vendido de volta para ele por um terço do preço pago originalmente.
>
> O sr. Postant era um homem corpulento e sentimental com setenta anos, jovial e de modos grosseiros, com cabelo

branco e pele rosada. Usava roupas de gala todas as noites e era raro que perdesse uma apresentação. Podia ser encontrado sempre ao fundo do primeiro balcão, sua risada extravagante ecoando pelo auditório. Seus gostos eram extremos: apreciava o balé na forma mais clássica e tinha paixão também pelo tipo mais baixo de comédia.

Morton era conhecido como "O Pai dos Halls". Nascido em 1819, começou a trabalhar com entretenimento em tavernas com seus vinte anos, mas não parece ter tentado a sorte como artista, como Postant. Entre inaugurar o Canterbury, construir o Oxford e outros estabelecimentos em Londres e nos Estados Unidos, ele se tornou gerente do Alhambra e mudou a sorte do lugar, principalmente por ter dado início à tradição em balé. Voltaria para lá depois de abrir o Avenue Theatre; então, foi para o Tivoli e, já octogenário, salvou o destino do Palace Theatre, com a instigante combinação de *tableaux vivants** e filmes biográficos da Guerra dos Bôeres. Ele trabalhou até cerca de uma semana antes de falecer, aos 85 anos.

Os irmãos Chaplin decerto sabiam sobre Morton — em 1904, Sydney escreveu para ele, no Palace, perguntando se haveria alguma oportunidade para seu irmão de quinze anos. Morton respondeu à mão, em papel timbrado do Palace Theatre:

5 de julho de 1904

Prezado senhor,
Não tenho oportunidade para oferecer ao rapaz um trabalho, portanto não vou incomodá-lo.
Com meus melhores votos,
Charles Morton

Postant foi também parcialmente inspirado em H. J. Hitchins (1844-1911), gerente do Empire desde a inauguração até sua morte. Hitchins começou carreira em um banco, mas se tornou ator de turnês e, enfim, passou para a gerência do Princess's Theatre, depois para cargos no Folly, Royalty, Globe, Criterion e Strand antes de chegar ao Empire. Roland Belfort descreve suas responsabilidades:

---

* *Tableaux vivants*, do francês, "imagens vivas". Atores estáticos recriavam imagens e pinturas famosas, quase sempre acompanhados por música. Foi um tipo de espetáculo muito popular na era vitoriana. (N. T.)

Não há nenhuma sinecura no cargo do sr. Hitchins. Ele precisa trabalhar tanto quanto um milionário americano. Em alerta constante para qualquer coisa nova, atraente, curiosa ou esquisita. Precisa conquistar talento fresco a qualquer preço, por qualquer sacrifício. Obcecado pelo problema cruel: "Como posso divertir e intrigar meu público e 'trunfar' meus rivais?". Considerem o que ele faz! Parte em jornadas rápidas em busca de novidades estelares; providencia os cenários; ouve novos balés; estuda os desenhos dos figurinos em produção; prepara e assina contratos com artistas eminentes; sugere mudanças, melhorias e cortes em números que precisem de tais modificações; observa o barômetro da bilheteria; recebe personalidades importantes que desejam desvendar os segredos do Empire; concilia os acionistas influentes, e às vezes também suas esposas e filhas! Não há fim para suas funções. E, sobrepondo-se a todo esse trabalho infinito, está a preocupação constante de renovar, acrescentar ou variar o teor do entretenimento, de espantar e seduzir Londres; de produzir um espetáculo que atraia os maiores apreciadores do West End. O que seria daquela região, depois das oito da noite, sem o Empire? Londres não seria bem Londres se o Empire deixasse de existir![19]

Hitchins morreu em 8 de fevereiro de 1911 e, em 16 de março, o Empire fez uma matinê em homenagem a sua viúva. O belo panfleto com o programa tinha uma capa feita pelo artista C. Wilhelm (ver p. 152), incorporando os títulos de 28 dos balés mais famosos do teatro. O programa contém um aviso severo para o público, que antecipa as dificuldades de Fred, diretor de palco de *Luzes da ribalta*, quando o espetáculo está passando do limite de tempo e o público pede que Calvero volte: "Pedimos encarecidamente que o público não peça bis dos números. A duração do programa não permite que eles aconteçam".

Calvero e Thereza são criações originais demais para terem sido inspirados por alguma figura que Chaplin conheceu nos music halls; ainda assim, podemos buscar influências. Nas primeiras páginas de *Minha vida*, Chaplin divaga sobre comediantes ingleses que cometeram suicídio por medo de fracassar: seu primeiro ídolo, Marceline (1874-1927); T. E. Dunville (1867-1924), que entreouviu alguém dizer "aquele sujeito já era" quando entrou em um bar;

Mark Sheridan (1866-1918), "porque ele não se saiu bem com o público de Glasgow"; e Frank Coyne (1867-1906), que cortou a própria garganta em uma crise de depressão. Entretanto, o próprio Chaplin escreveu que a ideia para *Luzes da ribalta* surgiu graças ao comediante americano Frank Tinney (1878-1940), que ele viu na primeira vez que foi a Nova York:

> Eu o vi outra vez no palco alguns anos depois e fiquei chocado, pois a Musa da comédia o havia abandonado. Ele parecia tão constrangido que não pude acreditar se tratar do mesmo homem. Foi essa mudança nele que, anos depois, me deu a ideia para o filme *Luzes da ribalta*. Eu queria saber por que ele tinha perdido a inspiração e a segurança.[20] Em *Luzes da ribalta*, o problema era a idade: Calvero ficou velho e introspectivo e adquiriu um sentimento de dignidade, e isso o separou da intimidade com o público.[21]

A dicção e o estilo vocal de Calvero no palco parecem ter sido baseados em George Bastow (1871-1941), mais conhecido por The Galloping Major e Captain Gingah. É curioso observar também que, no primeiro tratamento do roteiro, Calvero se apresenta para Thereza como Calvero Montel. É possível que ele tenha se inspirado no nome de Edward de Montel, gerente e agente que, na época de Chaplin com os Eight Lancashire Lads, estava fazendo turnê pelos music halls com apresentações de filmes, cujos nomes variavam entre "Iconograph" e "Eragraph". Calvero tem uma pequena conexão com Charles Chaplin criança. Em uma versão antiga do roteiro, o número de Calvero vem depois de "Lockhart's Elephants" — número que antecedia *Cinderela* no programa de Natal do Hippodrome de 1900.

Graças a *Footlights*, sabemos que Terry tinha dezenove anos no verão de 1914; portanto, ela nasceu em 1895. Isso a faz contemporânea próxima da bailarina Phyllis Bedells (1893-1985). O paralelo é espantoso, mas provavelmente apenas incidental. Bedells se juntou ao balé do Empire em 1907 e, em 1914, se tornou a primeira inglesa a ser *prima ballerina*, tendo estudado com Cecchetti, Bolm e Pavlova. Ao lado de Adeline Genée, foi cofundadora da Royal Academy of Dance. Seu livro de memórias, *My Dancing Days*, foi publicado no ano seguinte ao lançamento de *Luzes da ribalta*.

Uma conexão entre Chaplin e "O Pai dos Halls", Charles Morton (1819-1904): três meses antes de sua morte, Morton escreveu este bilhete em resposta a Sydney Chaplin, que tinha pedido um trabalho para o irmão, então com quinze anos.

O balé *Scheherazade*, visto por um instante do primeiro balcão do Empire em *Luzes da ribalta*.

OS BALÉS DE LEICESTER SQUARE

Um aspecto fundamental de *Luzes da ribalta* que tem sido ignorado até hoje é o fato de este ser o único tributo no cinema a um fenômeno singular na história do teatro: os balés de Leicester Square. Como vimos em "A evolução de uma história", Chaplin refletiu durante anos sobre ideias para um filme ambientado em uma companhia de balé. Porém, o protagonista dançarino que ele visualizou não poderia ser um papel para ele mesmo. Por isso, começou a considerar, também, histórias sobre o envelhecimento de um palhaço do vaudevile. Buscando as memórias dos teatros londrinos de sua juventude, Chaplin encontrou uma solução que lhe permitiu combinar os dois temas com verossimilhança:

Depois de terminar a escola, [Terry] se juntou ao corpo de baile do Empire Ballet. O Empire Theatre, em Leicester Square, dividia seus espetáculos entre balé e vaudevile; o balé durava uma hora, e o restante da apresentação consistia em malabaristas, animais treinados e palhaços.

Em *Luzes da ribalta*, Chaplin demonstra um conhecimento especial, até mesmo privilegiado, sobre o funcionamento dos bastidores dos balés no Empire e no Alhambra (sua primeira escolha de cenário teatral para *Footlights*), o que é surpreendente, considerando que ele não trabalhou nesses dois grandes teatros, nem seus pais ou irmão. É intrigante observar que historiadores tanto do balé quanto do teatro de revista praticamente ignoraram o gênero,[1] apesar de ter alcançado sucesso extraordinário por mais de trinta anos.

Um exemplo do conhecimento íntimo de Chaplin é o retrato da claque do Empire que Terry usa para garantir o sucesso de Calvero no evento beneficente. A claque era em geral um conceito quase desconhecido nos teatros britânicos, ainda mais nos teatros de revista. No entanto, o Empire tinha sua própria claque, que funcionava quase como uma pequena máfia. Lydia Kyasht, *prima ballerina* do Em-

Chaplin descreve a claque em um rascunho de *Footlights*.

pire de 1908 a 1913, relembrou que era regra eles exigirem pagamento, e que "se um artista fosse firme e se recusasse a pagar, a claque sempre se vingava, aplaudindo na hora errada".[2]

Como vimos (pp. 164-5), Chaplin era surpreendentemente reticente em suas escritas autobiográficas ao falar

Constance Collier como Cleopatra em *Antony and Cleopatra* (1907). Com dezessete anos, ela fez o papel de espírito de Cleópatra no balé *Faust*, que teve longa temporada no Empire. Foi uma das amigas mais íntimas de Chaplin em Hollywood por mais de trinta anos, e deve ter sido a principal fonte de seu conhecimento sobre o Empire.

sobre as manifestações teatrais e artistas que viu na juventude. Ainda assim, é provável que ele aproveitasse, sempre que possível, os ingressos oferecidos como cortesia aos artistas em cartaz na capital e, assim, conhecesse os programas do Empire e do Alhambra como espectador. Ao mesmo tempo, podemos desmentir com convicção as especulações de certos biógrafos sobre a mãe dele ter dançado no corpo de baile do Empire. A única fonte para tal afirmação é uma entrevista com Nellie Richards (1864-1932), cantora americana que começou a carreira com os menestréis cara-preta de Haverly e teve sucesso breve na Grã-Bretanha no início dos anos 1890 com "*plantation songs*" e "*coon songs*",* até passar para canções sério-cômicas e cair no esquecimento antes de 1900. Ela foi entrevistada pela *Film Weekly* durante a visita de Chaplin em 1931, quando todos relembravam momentos marcantes de sua juventude londrina. Richards afirmou que, quando esteve em cartaz no Empire, Hanna Chaplin fazia parte do balé, e seu filho travesso ficava na coxia "cantando meus refrões meio verso à minha frente, e com tanta força que tenho certeza de que as pessoas nas fileiras da frente o ouviam". Os problemas com o relato de Nellie são quatro: não existe nenhum registro de suas apresentações no Empire; a descrição que ela fez de Charlie indica que isso aconteceu em meados dos anos 1890, quando Hannah estaria com mais de trinta anos e, portanto, velha demais para os padrões do corpo de baile do Empire; um teatro com a reputação do Empire jamais permitiria que meninos brincassem na coxia e atrapalhassem os artistas; e é inconcebível que, durante a criação de *Luzes da ribalta*, Chaplin nunca tivesse mencionado uma associação tão pessoal com o teatro e seu balé.

A fonte mais provável desse conhecimento sobre o Empire é Constance Collier (1878-1955), de quem Chaplin foi amigo por muitos anos, a partir de 1916 até quase a morte dela. Na autobiografia de 1929 — por coincidência, chamada *Harlequinade* —, ela recordou:

> Ele se lembrava de todas as peças e de cada ator que tinha visto na Inglaterra, e descreveu para mim que costumava frequentar o His Majesty's Theatre sempre que podia gastar um ou dois xelins, e chegava a desistir de uma refeição para comprar ingressos.
>
> Ele reverenciava o palco, tinha a mesma adoração pelo teatro que aquele outro grande comediante que conheci, Dan Leno.

Chaplin se referia à sra. Collier como uma *grande dame* dos palcos londrinos, atriz preferida de Sir Herbert Tree.

---

* As "*plantation songs*" eram cantadas pelos escravos enquanto trabalhavam na lavoura, enquanto as "*coon songs*" retratavam os negros com estereótipos racistas para suposto efeito cômico. (N. T.)

Depois, ela se tornou uma *grande dame* também no cinema de Hollywood, além de treinadora de voz para privilegiados como Audrey Hepburn, Katharine Hepburn, Marylin Monroe e talvez o próprio Charles Chaplin, nos primeiros anos. Mas sua carreira teve um início mais humilde e alegre. Com quinze anos, se tornou uma Gaiety Girl (membro do corpo de baile do Gaiety Theatre), e com dezesseis, já mais alta e majestosa do que as outras meninas, fez parte dos "quadros vivos" (*poses plastiques*) no Empire. Nessa época, os "perigos" morais representados pelo público, pelos balés e também pelos "quadros vivos" do Empire se tornaram alvo de escrutínio nacional graças à amplamente divulgada campanha da sra. Laura Ormiston Chant e colegas moralistas — "puritanos à espreita" — contra a renovação da licença do teatro. Depois, com dezessete anos, Constance fez o papel de espírito de Cleópatra no espetacular balé *Faust*, coreografado por Katti Lanner, que ficou em cartaz por 65 semanas, de maio de 1895 a agosto de 1896. A vida de uma adolescente impressionável nos bastidores do Empire deve ter resultado em memórias duradouras e anos de fofoca e reminiscência entre Chaplin e Collier.

Hoje, a importância dos balés do Alhambra e do Empire é finalmente reconhecida. Por uma década, do início dos anos 1840 até os 1850, Londres rivalizou com Paris e Milão pelo título de capital mundial do balé. O Her Majesty's Theatre tinha Jules Perrot, Paul Taglioni e Arthur Saints-Leon como mestres de balé e coreógrafos, além do prolífico Cesare Pugni (avô de Alexander Shiryaev) como compositor; atraiu dançarinos lendários — Marie Taglioni, Fanny Elssler, Carlotta Grisi, Lucile Grahn e Fanny Cerrito. O Her Majesty's tinha também óperas italianas e, em 1847, recebeu o triunfo londrino de Jenny Lind. Ainda assim, os equívocos financeiros do gerente e empresário Benjamin Lumley levaram à sua demissão em 1858 e, quando chegou 1864, Charles Dickens escreveu: "o balé morreu diante de nós e foi enterrado".[3] Apesar de seus principais dançarinos terem sido todos estrangeiros, o Her Majesty's teve, por um período breve, uma escola para dançarinos britânicos, que buscaram trabalho com pantomimas, nas óperas e nos teatros de revista. Ainda assim, enquanto Dickens escrevia o epitáfio do balé, eles estavam prestes a encontrar uma nova área de trabalho.

Programa do Empire feito por C. Wilhelm para *Faust*, em que Constance Collier interpretou o papel de espírito de Cleópatra. Wilhelm foi creditado, também, pelos cenários do balé e pela "*mise-en-scène*, figurinos e acessórios".

Seis meses depois de seu pronunciamento, o *The Times* de 16 de março de 1865 declarou: "No mesmo instante em que a situação de Terpsícore parece perdida, ela recomeça com vigor fresco, em um lugar novo e inesperado".

Esse lugar era o Alhambra, sob a nova administração de Frederick Strange, que aproveitou o palco vasto do teatro, capaz de sustentar apresentações espetaculares de balé. Nos quinze anos seguintes, o Alhambra produziu quase uma centena de balés. Como a licença do teatro proibia narrativas dramáticas, eles eram limitados a sátiras e farsas, no geral incorporadas a burlescos ou óperas

cômicas. Entretanto, depois do incêndio e da reconstrução em 1882-3, começaram a ganhar importância própria e a formar a maior parte da programação, em especial depois da chegada do coreógrafo belga Joseph Hansen,[4] em 1884. Uma sucessão de quatro coreógrafos treinados na tradição clássica italiana viria depois de Hansen — Eugenio Casati (1887-90), Carlo Coppi (1891-1902), Lucia Cormani (1903-5) e Alfredo Curti (1905-10). No mesmo período, o Alhambra contou com três grandes *prime ballerine* italianas: Emma Palladino, Emma Bessone e Pierina Legnani.

As sofisticação e proeminência novas dos balés do Alhambra foram decerto estimuladas pelo advento de um rival formidável do outro lado da Leicester Square — o Empire. A grande era dos balés do Empire começou com a contratação da bailarina e coreógrafa Katti Lanner em 1887, que mudaria o futuro do balé inglês. Katherina Josefa Lanner (1829-1908) era filha do compositor de valsas vienense Josef Lanner. Aos dezesseis anos, fez sua estreia como dançarina no Teatro de Ópera de Viena e seguiu uma carreira brilhante como *prima ballerina* na Europa e nos Estados Unidos. Em 1877, o empresário de óperas britânico James Henry Mapleson, ou Colonel James, nomeou-a mestra de balé no Her Majesty's Theatre, que acabara de reconstruir. Ela assumiu também a National Training School for Dancing, na Tottenham Court Road,

A escola de Katti Lanner foi uma incubadora para o corpo de baile do Empire.

Melissa Hayden como dublê de Claire Bloom no papel de Thereza, na segunda cena do balé *Harlequinade*.

Adeline Genée.

O Empire triunfaria sobre qualquer coisa que o Alhambra pudesse oferecer em novembro de 1897, quando contratou a bailarina dinamarquesa Adeline Genée (nascida Anina Kirstina Margaret Petra Jensen, 1878-1970). O contrato inicial era de seis semanas; ela permaneceu no Empire por dez anos. Ainda com menos de vinte anos, dançava desde pequena na companhia do tio e guardião, Alexandre Genée, e já tinha dançado como primeira bailarina no Balé Real Dinamarquês e nas casas de ópera de Berlim e Munique. Em termos de técnica, devia estar entre as maiores dançarinas da época e, além disso, tinha também imenso charme pessoal, versatilidade sem fronteiras e habilidade para atuar em comédia. Max Beerbohm escreveu sobre ela:

> Por mais perfeita que seja na *haute école*, por algum milagre ela preservou a própria identidade. Nasceu comediante e permaneceu comediante, leve e solta como espuma. Uma sereia não seria criatura mais surpreendente do que ela — ela, que tem metade bailarina autêntica, enquanto a outra metade é uma atriz das mais inteligentes, das mais encantadoramente humanas. Aliás, uma sereia não seria tão maravilhosa para nossos olhos, pois não conseguiria imbuir nada de humano em sua cauda. A inteligência de madame Genée parece vibrar até seus dedos dos pés. A dança, por mais estritamente clássica que seja, faz parte da atriz. E sua atuação tem qualidades tão sublimes que faz as velhas e ineloquentes convenções de gestos conversarem comigo e transmitirem seus significados, de maneira tão primorosa que esqueço por completo minha ânsia por palavras.[5]

número 73, que Mapleson tinha estabelecido no ano anterior a fim de treinar dançarinos para suas pantomimas e óperas, mas que acabaria por se tornar uma incubadora para o corpo de baile do Empire.

Lanner criou 36 balés para o Empire entre 1887 e 1907. Desde o início, seu colaborador mais próximo foi C. Wilhelm (nascido William Charles John Pitcher, 1858-1925), cujos figurinos traziam um estilo único de cores e que teve papel cada vez maior na concepção e produção dos balés. A partir do oitavo balé que fizeram juntos, em 1889, passaram a contar com o compositor italiano Leopold Wenzel (nascido Léopold de Wenzel, 1847-1923); o triunvirato colaborou em 23 balés no total.

Genée se apresentou em dezoito balés do Empire. No Ano-Novo de 1908, embarcou rumo aos Estados Unidos e nunca mais esteve vinculada a um teatro específico. Depois de 1916, fez apenas aparições ocasionais em eventos para caridade; em 1933, dançou com Anton Dolin na BBC National Television. Seus anos no Empire a estabeleceram como símbolo nacional da Grã-Bretanha e ela foi condecorada Dame Commander of the Order of the British Empire, a maior honra oferecida pela cavalaria da realeza britânica. Mais tarde, teve papel importante na criação da Royal Academy of Dancing, da qual foi presidenta até 1954, quando Margot Fonteyn a sucedeu.

O auge do balé-espetáculo da Leicester Square: *The Caverns of Ice*, concebido e dirigido por J. Milano no Alhambra, em 1867.

Genée recusou convites insistentes para se juntar à companhia de Diaguilev. Nessa época, os dançarinos russos começavam a surgir na Leicester Square; a sucessora de Genée no Empire foi Lydia Kyasht (nascida Lydia Kyaksht, 1886-1959), ao lado da primeira *prima ballerina* britânica de nascença, Phyllis Bedells (1893-1985), que também estaria entre os membros fundadores da Royal Academy of Dancing.

Os balés do Alhambra e do Empire não foram uma invenção local, mas sim derivada — e, às vezes, importada — do *ballo grande* italiano, que Jane Pritchard define como

produções grandiosas e elaboradas que apresentavam grandes números de dançarinos e figurantes no palco, e também cenários espetaculares. Enquanto o balé francês do século XIX tendia a ser mais poético em um estilo pós-romântico, o *ballo grande* italiano era impetuoso. O corpo de baile italiano, no qual as mulheres costumavam estar vestidas com menos pudor do que suas colegas francesas, era responsável por efeitos coloridos e caleidoscópicos se movendo em linhas e padrões geométricos formais. Nesse aspecto, eram similares ao corpo de baile da maioria das produções do teatro de revista. Demonstrações de patriotismo e símbolos de progresso eram mais importantes que as fantasias sobrenaturais que continuavam a ser criadas

MADAME CAVALLAZZI AS FAUST.

Cross-dressing para o balé: *Malvina Cavallazzi* (1852-1924) como Fausto. Cavallazzi veio do La Scala para o Empire em 1889.

na França. A técnica da ponta foi desenvolvida na Itália em paralelo à criação de sapatos mais rígidos pelos sapateiros italianos, que ajudavam as bailarinas em seus equilíbrios sustentados e múltiplas viradas. Tais "truques" se tornariam elemento obrigatório em todos os balés, mesmo que não fizessem parte da dramaturgia. A técnica se tornou um quesito independente, e costumava-se dizer que as bailarinas tinham "pontas de aço" (uma frase indicativa das sociedades urbanas industrializadas nas quais os balés eram apresentados). Em inúmeros balés italianos (inclusive, claro, o *Excelsior*), a bailarina se tornou uma figura simbólica em vez de heroína de dramaturgia. Outra contribuição importante dos italianos foi o avanço da virtuose dos bailarinos e, em certas produções, a inclusão de um corpo de baile masculino (ou "*tramagnini*"). Os dançarinos tinham importância no palco e deixaram de ser meros apoios para a bailarina.[6]

Inevitavelmente, Londres importou suas primeiras bailarinas da Itália — no Alhambra, Emma Bessone (que tinha acabado de dançar em *Giselle* no Mariinski), a "completa" Emma Palladino, Pierina Legnani, futura *prima ballerina assoluta* no Mariinski; no Empire, Carlotta Brianza (que fez o papel de Aurora na estreia de *A bela adormecida* no Mariinski), Malvina Cavallazzi, ex--*prima ballerina* da nova (1883) Metropolitan Opera House e esposa de Colonel Mapleson, Francesca Zanfretta, que se tornaria uma professora influente na Grã--Bretanha, no século XX.

Até o início do século XX, a dança era considerada na Grã-Bretanha uma arte essencialmente feminina, e papéis masculinos — até mesmo Don José, Don Juan, Fausto, Mefistófeles, Edmond Dantès e Robin Hood — eram interpretados por mulheres. Algumas, especialmente as mais altas, como Cavallazzi e Dorothy Craske, se especializavam em personagens masculinos. O vasto preconceito contra os dançarinos foi expresso sem rodeios por um crítico do *The Era* em novembro de 1884: "Por aquela coisa abominável, hermafrodita, o bailarino, não sentimos nada além de repugnância".

Georges Jacobi, o diretor musical do Alhambra entre 1871 e 1898, considerava que "bailarinos não são muito interessantes, mas são necessários para apoiar a *première danseuse* ou para grupos; além disso, um bom dançarino cômico pode ser de grande valia para determinados momentos". Alguns dançarinos britânicos de personagens excêntricos alcançaram popularidade, quase sempre em papéis cômicos ou grotescos; no Alhambra, Fred Storey e o imitador de animais Charles Lauri; no Empire, Will Bishop, Willie Warde e Fred Farren — que, depois da saída de Lanner, coreografou diversos balés.

De qualquer forma, somente meses depois da "repugnância" do *The Era*, outro crítico do periódico comentaria a estreia de Giorgio Saracco no Alhambra: "[…] nos últimos tempos, os bailarinos do grande balé conseguiram alcançar certo respeito, por meio de um exemplo notável […] o *signore* Saracco […] é jovem e bonito, quase tão leve quanto o ar que, assim como os meros mortais, ele precisa respirar".

A resenha elogiou também os dançarinos britânicos John D'Auban[7] e George Lupino, chegando, inclusive, a questionar se era necessário empregar "produtos importados". A chegada de diversos bailarinos italianos depois de Enrico Cecchetti (1850-1928), destinado a se tornar um dos nomes mais influentes em técnica e ensino de balé, certamente provocou uma mudança de atitude. Cecchetti tinha conseguido enorme sucesso com o balé de longa duração *Excelsior*,[8] apresentado no Her Majesty's Theatre em maio de 1885. *Excelsior* teve uma sequência ininterrupta de 169 apresentações, conquista ainda não superada na história do balé, e fez de Cecchetti uma celebridade. Depois disso, ele foi chamado para vários papéis no Empire. Seu substituto em *Excelsior*, Luigi Albertieri, ficou no Empire entre 1887 e 1891; mais tarde, reencenou os balés de Katti Lanner nas províncias e no continente europeu.

Outra estrela masculina italiana que teve destaque em Londres foi Vittorio de Vincenzi, um dançarino baixo e musculoso com habilidades fenomenais — "um homem diminuto com um sorriso enorme […] um Pequeno Polegar italiano", escreveu Bernard Shaw. Ele dançou em diversos papéis no Alhambra (1889-91) e no Empire (1891-5). É possível que sua virtuosidade tenha sobrepujado seus talentos de interpretação: Ivor Guest o reduz sem nenhuma delicadeza a "um virtuoso descerebrado da escola italiana".[9] Talvez Vincenzi tenha provocado tal reação quando disse ao *The Era* que, para um bailarino, "graciosidade está fora de cogitação. Ele deve fazer grandes esforços físicos e realizar movimentos que as pessoas considerariam impossíveis

O grande caricaturista Phil May (1864-1903) era fascinado pelos bastidores do balé. Aqui, ele ilustra um menino do coro recrutado para uma produção aquática.

para a anatomia humana". Ainda assim, um crítico de 1890 escreveu que ele era,

> sem dúvida alguma, o melhor dançarino visto em Londres desde os tempos áureos do balé, quando Perrot era supremo […]. Não apenas um dançarino consumado, mas também um ator consumado. Suas expressões faciais são tão eloquentes que parecem compensar a ausência de falas; sua atuação tem o charme da espontaneidade, e as piruetas e outras proezas saudantes que muitas vezes acrescenta, por mais extraordinárias demonstrações de força e habilidade que sejam, parecem quase deslocadas.[10]

O corpo de baile do Empire chegou a ter duzentas pessoas; era inevitável que os níveis de competência fossem, na melhor das hipóteses, variados. Os membros eram divididos em dançarinos de linha de frente e de linha de fundo, e os pagamentos eram ajustados de acordo. No geral, a técnica era limitada — o efeito dependia de precisão e coordenação em conjunto. Na maior parte da história do balé, recebiam salários miseráveis. Até mesmo no fim do século, os dançarinos da linha de frente do corpo de baile recebiam entre trinta e quarenta xelins; os da linha de fundo recebiam entre doze e dezoito xelins.[11]

Em 1896, Katti Lanner explicou que os salários dos dançarinos no Empire eram um ou dois xelins por apresentação para as crianças, quatro a oito libras por mês para as meninas mais velhas, doze a dezoito libras por mês para adultos autônomos, vinte a 25 libras mensais para *seconde donne* e 750 a 2 mil libras anuais para as solistas principais.[12] A própria Katti Lanner não cobrava de seus pupilos, mas recebia uma comissão dos salários quelhes eram pagos em trabalhos indicados por ela. Henry George Hibbert comentou, com ironia, que

> ela era uma professora excelente, benquista por seus pupilos, mas, caso o acordo de aprendizado que os vinculava a ela resultasse em mais generosidade para um dos lados, o escolhido para tal exceção nunca era o aprendiz. Os dançarinos que não têm destaque são remunerados de maneira vergonhosa.[13]

Hibbert pinta um retrato afetuoso de Lanner em uma idade mais avançada — ela criou seu último balé para o Empire aos 78 anos:

> A aparição de Lanner diante da cortina era a consumação de uma "noite de estreia" no Empire. Seu corpo imenso embrulhado em seda preta, correntes de ouro em torno do pescoço, a cabeça coroada por uma bela peruca vinda todas as noites de um cabeleireiro vizinho, era um dos momentos aguardados com mais ansiedade na vida do Empire. Lanner sorria e fazia saudações e mandava beijos, depois pegava no colo um bebê do balé que estivesse à mão e dava um beijinho. Então voltávamos para casa, confortados, pensando "tudo está bem".

(acima) Desenho de figurino para balé feito por C. Wilhelm.

(ao lado) Ilustração de um artista a partir do balé *La Frolique*, de 1894, que foi central para os argumentos do grupo moralista que se opunha à renovação da licença do Empire em 1894.

A escola onde Terry estudou com tanto afinco quando criança não é identificada em *Luzes da ribalta* nem nas cenas cortadas de *Footlights*. No que dizia respeito pelo menos ao corpo de baile, o balé era uma opção para os filhos dos pobres e necessitados — e a pequena Terry se considerava um deles. Um artigo de 1881 sobre a escola de Lanner caracteriza os estudantes:

Programa para a última apresentação de balé na Leicester Square, um pouco antes da demolição do Alhambra.

Irmãs mais velhas, tias, mães e pais esperam por elas no teatro e, assim que seus pequenos papéis terminam, botam-lhes casacos e as levam para casa. E somente os verdadeiros amigos dos pobres podem saber como são bem-vindos os pagamentos dessas meninas em muitas famílias. A mãe de Bessie está doente, de cama, mas o salário da filha garante pelo menos pão, manteiga e chá. O pai de Mary está hospitalizado com a perna quebrada, mas a esposa se dedica com gosto a fazer o melhor possível na costura e nas tarefas domésticas, e depende do dinheiro da filhinha para o aluguel que mantém um telhado sobre suas cabeças e um lar para o "patrão" voltar. Lucy perdeu os pais, mas uma ou outra menina bondosa oferece um xelim, e instituições de caridade oferecem mais um, e ela cresce para se sustentar sozinha de maneira honesta e talvez consiga alcançar coisas melhores. As horas de aprendizado da dança são do meio-dia e meia até as duas, para que os ensaios não interfiram na frequência das aulas prevista pelo Education Act.[14]

A Terry de Chaplin, que deve ter começado as aulas de balé nos primeiros anos do século XX, se encaixa muito bem nesse padrão, com a mãe costurando para manter a família pobre no apartamento humilde e as aulas de balé pagas pelo dinheiro que a irmã recebe com a prostituição.

Não é surpresa que as irmãs, tias e pais viessem acompanhá-las até suas casas. Perigos óbvios cercavam essas crianças atraentes, exibidas no palco com roupas justas e saias curtas de balé, que tinham consciência das recompensas infinitamente maiores oferecidas às prostitutas que se amontoavam no primeiro balcão. O Empire tomou certas providências para manter as meninas nos camarins entre as aparições nos espetáculos, mas a cantina sob o palco do Alhambra foi famosa nos primeiros anos:

> Muitas das meninas do balé saíam do camarim e desciam para cá, facilmente reconhecíveis por causa da maquiagem e das meias-calças e sapatilhas que podiam ser vistas sob os casacos compridos que usavam para se aquecer. Elas se sentavam nos bancos de madeira, esperançosas para ganhar uma bebida de algum grã-fino com olhar curioso, ou de algum soldado bem-apessoado, ou talvez de algum dos americanos desgarrados que já adquiriam "reputação por liberalidade descompromissada". Era um lugar de arruaça no qual os dançarinos mais velhos raramente entravam.[15]

Ivor Guest cita informações supostamente oferecidas a um visitante americano por seu guia *cockney*:

> [...] essas moças aqui embaixo na cantina recebem pouco por semana pelo trabalho da noite, coisa de dez a dezesseis xelins, não é muito. Elas são só figurantes e não sabem dançar nada; precisam aturar uns grã-finos que vão para a coxia bebendo champanhe ou coisa assim, e esse comportamento não adianta, não dá em nada do que você está vendo aqui. Elas descem pra cá e bebem entre as danças, e depois sobem e vão pro palco e dançam de novo, e descem pra cá de novo depois da próxima dança e, quando o Alhambra fecha, elas estão tão alegrinhas que topam qualquer coisa.[16]

Phil May ilustra um ensaio de balé no Alhambra. O cavalheiro de bigode e cartola à dir. do centro é Charles Morton, "O Pai dos Halls". O sujeito baixinho ao centro é Charles Alias (1851-1911), figurinista costumeiro dos balés de Leicester Square; ele está de costas para o diretor musical, Georges Jacobi.

Os temas dos balés eram variados; o essencial era oferecer oportunidade máxima para pompa. Havia farsas puras (*Fête à la Watteau*, *A Chinese Revel*, *Les Saisons*), assuntos mitológicos (*Psyche*, *Narcisse*, *The Faun*), contos de fadas (*Aladim*, *A bela adormecida*, *Cinderela*), temáticas literárias (*Dom Quixote*, *Carmen*, *Fausto*, *Robert Macaire*). Mas o Empire encantava as plateias com "balés atualizados", sobre temas e costumes contemporâneos: *The Paris Exhibition*, *By the Sea*, *Round the Town*, *On Brighton Pier*, *High Jinks* e *Round the Town Again*. Eventos internacionais deixaram suas marcas: *The Entente* (1904) celebrou a aliança franco-britânica. Sem pudor de ser patriótica, a Leicester Square nunca evitou jingoísmos, com títulos como *Soldiers of the Queen*, *Britannia's Realm* e *Our Army and Navy*. O jubileu de diamante da rainha Vitória em 1897 foi celebrado no Empire com *Under One Flag* e no Alhambra com *Victoria and Merrie England*. Para a coroação de Eduardo VII, em 1902, os triunfos e a santidade do imperialismo britânico foram glorificados no Alhambra com *Our Flag* e no Empire com *Our Crown*.

O balé de *Scheherazade* que vislumbramos do ponto de vista do primeiro balcão em *Luzes da ribalta* é muito parecido com um balé do Empire, mesmo que seja apenas uma imitação do espetáculo. Porém, paradoxalmente, o único assunto que não podia ser abordado nos teatros de revista da Leicester Square era o *Harlequinade*, eixo central de *Luzes da ribalta*. A arlequinada e seus personagens — Arle-

Andre **EGLEVSKY**

(acima) Página do programa do último balé apresentado no Alhambra, destacando sua nova estrela, então com dezoito anos.

(ao lado) Ilustração da demolição do Empire, em 1927. A última apresentação no antigo teatro foi *Lady Be Good*, estrelando Fred Astaire.

Lithuania em 1935. A última companhia de balé a se apresentar, na semana de 8 de junho de 1936 — cinco meses antes da demolição do Alhambra —, foi o Balé de Monte Carlo de René Blum. A companhia apresentou André Eglevsky, então com dezoito anos, como uma de suas novas e brilhantes estrelas.

quim, Colombina, Pantaleão e Palhaço — vinham da pantomima inglesa, santificados por quase dois séculos de uso e apresentados em todos os Natais como regra em centenas de teatros pelo país. Não na Leicester Square.

Mais tarde, a dança voltava de vez em quando à Leicester Square, sempre por um período breve. O Balé Russo de Diaguilev apresentou uma temporada longa no Empire em 1919 e, mais tarde, duas temporadas no Alhambra; e o balé tinha espaço intermitente entre as variedades, operetas e comédias musicais que usurparam os music halls. Depois que o Empire fechou em 1927 para se transformar em um cinema, o Balé Russo de Monte Carlo de Colonel de Basil foi ao Alhambra em 1933 e o National Ballet of

"THE DEMOLITION OF THE EMPIRE THEATRE": *A vivid impression of that most poignant sight when the most characteristic and traditional music-hall of the nineteenth century fell before the workman's pick and sledge and before the all-conquering hand of Time, whose other name is Change*

Taking M to the asylem.

 Anything he cant have he hates.

Oranges in the workhouse

Life in the kenningthn road

Music in the Kenning road

Poverty in the Kennington road

The eight lankeshiire lads

August the clown at the hipprodome I play a cat

The girl I admire vitis our house, But I wont see her because of

hole in my pants ... a fact which makes me very sad.

My mother tells me about Jesus, I want to die so that I can meet him.

I discover Charles Dickens. ~~H~~ and ~~also~~ the drama .

The warmth of ~~my first~~ success $\overset{9}{\text{I}}$find people kind and so friendly,

I recite my first poem at school.

A derlict at I2, my brother comes to my resque

as
~~My~~ awaking to the stage craft and the art of the theatre

I desire to write. to be a musican to be a farner.

My dreams of wealth. A concept of myself on a black horse.

Death. Parks and an oil stove. the exclusifness of my mother.
structural growing pain in America
I dont want to be a comedian. I want to be a romantic actor.

the drunk getting mixed up in a trap door set.

the jugler. the comic. the dancer. the pianist. The acrobats.

The wire walker. The flying trapease. The German. troupe.

My first love. M D My second love. Duch Girl. My third, H K.

America

RETRATO DE FAMÍLIA

O elemento mais persistente e com menos alterações entre as histórias do dançarino dos anos 1930 e "A história de Calvero" é a angústia de uma genialidade artística atormentada, cujo talento inexplicável caminha lado a lado com ansiedade profunda em relação a suas origens, sua falta de escolaridade, seu implacável senso de inadequação social — uma insegurança que faz os outros enxergarem seu comportamento defensivo como excêntrico ou antissocial. Ansiedade por educação formal e condições sociais não faziam parte da vida do Nijinski real, a maior fonte de inspiração de Chaplin, que nasceu de pais dançarinos, não conhecia nenhum outro universo além do balé e que, com nove anos, entrou na escola de balé mais proeminente do mundo, a do teatro Mariinski.[1] Em vez disso, as inseguranças do comediante Calvero refletem aspectos das ansiedades da juventude do próprio Chaplin, e o esforço que ele fez para se livrar do dialeto *cockney*, alvo frequente de críticas em seu início hollywoodiano.

Na juventude, ele queria ser músico, mas não tinha dinheiro para comprar nenhum tipo de instrumento com o qual poderia aprender. Outra vontade era ser ator romanesco, mas ele era baixo demais, e sua dicção era inculta.

Rascunhos antigos para os primeiros parágrafos de "A história de Calvero" — que passaram por extensas revisões, mas acabaram descartados — nos contam mais sobre seu relacionamento com o público:

Calvero era mais artista do que comediante. Foi a necessidade que o fez seguir para a comédia, que ele apreciava nos outros, mas não em si mesmo — porque o [*ilegível*] de um comediante era essencial para ele estar em bons termos com seu público. E isso Calvero nunca seria, pois tinha verdadeiro pavor deles. Seus sentimentos pela plateia eram uma mistura de amor e ódio. "São ótimos enquanto são seus escravos", ele dizia. "No momento que você se torna escravo deles, está perdido." Esta antipatia pela multidão era profunda e psicológica; em sua essência, ele nunca se sentia bom o suficiente para o [*ilegível*] e o [*ilegível*] da sociedade, cujo apetite [*ilegível*] ele respeitava por instinto; sabia que estava sempre tentando destroçar e devorar o que restasse de individualidade, para depois digerir no estômago do senso comum. O público era truculento, cruel e nada confiável. Era por isso que Calvero precisava estar quase bêbado antes de enfrentá-lo…

Em 1968, Chaplin disse a Richard Meryman:

De certa forma, eu era um comediante muito bom no palco. Em apresentações e coisas assim. Eu não tinha aquele jeito sedutor que um comediante deve ter. Conversar com uma plateia — Nunca consegui fazer isso. Eu era artista demais para isso. Minha arte é um pouco austera. É austera.

Não seria presunçoso tentar uma autoanálise no estudo que Chaplin fez sobre Calvero (e sobre os protagonistas dançarinos que o precederam), pois podemos partir da descrição do figurino de Calvero no palco em *Footlights*: "Sua caracterização era ridícula — um pequeno bigode quadrado, um pequeno chapéu-coco e um fraque apertado; calças largas e um par imenso de sapatos velhos". É o figurino do Vagabundo, o personagem mais famoso de Chaplin, e não o que Calvero usa no filme.

Página misteriosa, mas fascinante, de anotações autobiográficas ditadas e revisadas por Chaplin. Provavelmente escrita na Suíça durante a preparação para *Minha vida* (1964; a gramática incorreta sugere que a secretária/datilógrafa não falava inglês nativo), menciona alguns dos temas e incidentes de *Footlights*.

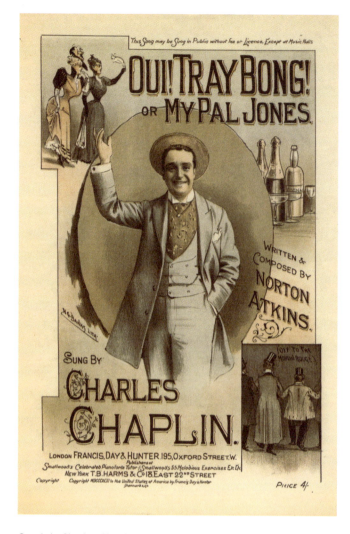

O pai de Charles Chaplin no auge da carreira, retratado na capa de uma de suas canções de sucesso.

Calvero desejava ser ator romanesco e "acreditava, do fundo do coração, que era o mais grandioso ator em atividade". Chaplin não considerava nada absurda a noção de que todo comediante queria, na verdade, fazer Hamlet (noção que o comediante inglês Eric Sykes considerava "uma porcaria: um bom comediante tem mais Hamlet dentro dele do que qualquer ator sério"). Em *Footlights* e nos primeiros tratamentos do roteiro de *Luzes da ribalta*, ele deu a Calvero uma cena extensa em que ele recita, para a edificação de Terry, uma interpretação crítica de "Ser ou não ser". Não estaria no filme pronto — Chaplin precisou esperar até *Um rei em Nova York* (1954) para levar o monólogo às telas.

Ao contrário de Calvero, Chaplin nunca foi dependente do álcool. Seu pai, sim. A última vez que Chaplin o viu foi no palco do bar Three Stags, em Kennington Road; três semanas depois, ele foi levado para o hospital St. Thomas, onde morreria de hidropisia. *Footlights* ecoa a memória: "Foi às onze horas, no salão do White Horse, em Brixton,[2] que Calvero, em plena comicidade febril, desmoronou inconsciente e foi levado ao hospital St. Thomas". É impossível saber o que levou o pai de Charles Chaplin ao alcoolismo — se foi a prevalência de álcool nos music halls e a obrigação dos artistas de beber com o público para estimular as vendas; se ele precisava disso como estimulante para as apresentações, assim como Calvero; ou se foi o tormento de uma esposa infiel (também como Calvero). Existe muito do Chaplin pai no retrato e nas tribulações de Calvero. O pai não era comediante, mas sim um "cantor descritivo" que criava personagens originais e distintos através de suas canções, figurinos e performances. Assim como o filho, ele parece ter tido talento para justapor o sério com o cômico.

Sua carreira profissional foi comparativamente curta. Muitos membros da família Chaplin trabalharam com venda de bebidas alcoólicas, e o censo de 1881 registra Charles pai, então com dezoito anos, trabalhando como barman no hotel Northcote, em Battersea Rise, onde seu irmão de 26 anos, Spencer, era gerente. Ele parece ter ido para outros bares e, com a boa aparência e voz, era inevitável que se apresentasse nos shows de microfone aberto, comuns nas tavernas vitorianas. Em 1887, já era cantor profissional, com apresentações de frequência razoável em music halls provincianos; em agosto de 1889, fez sua estreia londrina no recém-reconstruído Royal Standard Music Hall (mais tarde substituído pelo Victoria Palace). A essa altura, teve a boa sorte de encontrar um agente enérgico, Hugh J. Didcott, e uma dupla de letristas prolíficos e inteligentes, John P. Harrington e George Le Brunn. Sua fortuna chegou às alturas. Em pouco tempo, ele tocava em até quatro dos mais prestigiados music halls de Londres — inclusive o Oxford, o Canterbury, o Trocadero e o Middlesex — em uma única noite. Nas províncias, passou a ser considerado atração principal. Sua popularidade foi tanta que os distribuidores de canções o retratavam em litografia colorida nas capas dos discos. Ele fez uma turnê vaudevile bem-sucedida pelos Estados Unidos, que, ao que tudo indica, coincidiu com o término de seu casamento. Em 1898, quando a Board of Guardians de Lambeth entregou o pequeno Charles e seu irmão, Sydney, para a guarda temporária de Charles pai e sua amante, Louise — um período de seis semanas muito infeliz para todos os envolvidos —, seus filhos descobriram que ele estava bebendo muito, e o tempo todo. Registros de apresentações em music halls nos jornais do ramo mostram que houve cada vez menos agendamentos nos dois últimos anos da vida de Charles Chaplin pai, o que deve ter chegado a dificultar sua sobrevivência, mesmo quando ele deixou de honrar a ordem judicial de pagamento de pensão para o filho e o filho adotivo. Pelo que consta, uma apresentação beneficente em sua homenagem foi feita na Horns Tavern, em Kennington, no começo de 1901. Em 29 de abril, ele morreu no hospital St. Thomas. É evidente que sua ascensão e queda têm um paralelo com Calvero. Oona Chaplin relembrou[3] que, conforme amadureceu, Chaplin refletiu cada vez mais profundamente sobre as vidas e os relacionamentos de seus pais. Nos primeiros anos, dedicou solidariedade quase exclusiva à mãe; seu pai era lembrado apenas como o bêbado que abandonou a família. Barry Anthony — que, em seu livro *Chaplin's Music Hall* (2012), oferece o relato mais recente e completo sobre a carreira do pai de Chaplin, fruto de uma pesquisa diligente — concorda: "Em suas performances dramáticas, ele interpretava personagens altruístas e leais. Na vida real, era um bêbado melancólico e mulherengo". Entretanto, conforme o tempo passou, Charles Chaplin começou a pensar mais no pai perdido e a considerar que, em alguns quesitos, ele tinha sido a vítima. "Dimensionar a moral da nossa família a partir do senso comum", escreveu Chaplin em sua autobiografia, "seria tão errado quanto mergulhar um termômetro em água fervente." Antes do casamento e com dezenove anos, a sra. Chaplin dera à luz um menino, Sydney, cujo pai nunca foi identificado com exatidão;[4] ela não deve ter contado a verdade para os filhos, atribuindo a concepção de Sydney a uma fuga para a África do Sul com um nobre de meia-idade. Quando o pequeno Charles tinha dois anos e meio, a sra. Chaplin abandonou o marido (que estava nos Estados Unidos) para ir morar com Leo Dryden, uma estrela de vaudevile em ascensão, com quem teve um filho.

Barry Anthony acredita que Calvero foi baseado tanto em Leo Dryden quanto no pai de Chaplin. Dryden (nascido George Dryden Wheeler, 1863-1939) subiu aos palcos com dezoito anos e teve uma carreira modesta, até o sucesso da noite para o dia de sua canção "The Miner's Dream of Home", mais ou menos na época que foi morar com Hannah Chaplin. Foi famoso no país todo durante uma década, com uma sucessão

A mãe de Chaplin já com certa idade, depois que os filhos a levaram para a Califórnia. Pelo que consta, ela era alegre e sociável, mas tinha recaídas intermitentes de perturbação mental.

são de músicas escritas quase todas por ele mesmo, celebrando o Império Britânico e seus soldados. Porém, depois do fim da Guerra dos Bôeres, seu estilo saiu de moda, apesar de um regresso breve (assim como o próprio Dryden) na Primeira Guerra Mundial. Quando vieram os anos 1930, fez poucas apresentações e cantou nas ruas durante algum tempo — assim como Calvero —, se exibindo para as filas dos cinemas na Leicester Square. Então, já com 73 anos e definhando, seus colegas artistas ofereceram-lhe uma apresentação beneficente, não no Empire, e sim em uma locação mais modesta, uma hospedaria em Cricklewood.[5] É muito provável que Chaplin tenha ouvido sobre as últimas aventuras de Leo graças a seu meio-irmão, Wheeler Dryden, filho de Leo com Hannah Chaplin, que trabalhou no estúdio Chaplin e teve dois pequenos papéis em *Luzes da ribalta*.

"A história de Calvero" é um estudo stanislavskiano* do personagem que antecede o drama do filme. Descobrimos

---
* O sistema de interpretação elaborado pelo russo Constantin Stanislavski (1863-1938) defende, entre outras coisas, uma profunda reflexão por parte dos atores sobre as próprias vidas, para que elas se transformem em ferramentas de atuação e permitam maior conexão com o personagem. (N. T.)

Wheeler Dryden, filho que a mãe de Chaplin teve com o cantor de teatro de revista Leo Dryden, fez o papel de médico em *Luzes da ribalta*, visto aqui com Chaplin e Claire Bloom.

que a vida de Calvero foi marcada pela ruína de um relacionamento — não mencionado na versão final de *Footlights* nem no roteiro de *Luzes da ribalta*. A implicação inegável é a de que Chaplin — que tinha acompanhado de perto a vida da mãe quando criança pré-adolescente — imaginava os problemas do casamento de seus pais dessa maneira. O enredo conta como Calvero se casou com Eva, 25 anos mais nova do que ele, filha de uma amante antiga que fugira com outro homem para a África do Sul. Apesar do amor mútuo, Eva logo se torna compulsivamente infiel ao marido. Ela mesma reconhece o que Chaplin chama de promiscuidade trágica. Ela sabia que tinha um desejo insaciável, patológico, que ficava ainda pior com a consciência do mal que causava. Era algo independente e distinto dela e de sua vida com Calvero.

Sua inteligência felina, intuitiva, sabia que Calvero sabia; e sabia, também, que ele não tinha coragem para confrontá-la — e nem a si mesmo — com tal fato. Ela sabia que ele preferia não ter certeza sobre sua infidelidade porque a amava muito. E, do jeito dela, ela também o amava, pois ele representava algo gentil, protetor e compreensivo. Era por esse motivo que, quando ele a repreendia sem convicção e com meias acusações, ela nunca respondia.

Estaria Chaplin especulando que os problemas da sra. Chaplin, inclusive a sífilis que parece ter causado sua insanidade, foram provocados por uma "promiscuidade trágica"? "Foi depois de se separar de Eva que Calvero se tornou alcoólatra."

Irmãos sempre tiveram importância na história familiar dos Chaplin. O irmão mais velho de Charles Chaplin pai, Spencer, foi chamado inúmeras vezes para tirá-lo de problemas, como quando não pagava a pensão do filho. O meio-irmão de Chaplin filho, Sydney, teria um papel constante na vida dele, ajudando a moldar os primórdios de sua carreira no teatro e oferecendo conselhos financeiros sensatos (e também piadas) nos primeiros trabalhos no cinema. Quando ficou mais velho, Sydney se mudou para o sul da França, mas até o fim da vida foi respeitado como irmão mais velho, com talento reconhecido para comédia — tanto profissional quanto pessoal.

A mãe de Chaplin, nascida Hannah Harriet Pedlingham Hill em 1865, tinha uma irmã, Kate, cinco anos mais nova. Nas palavras de *Minha vida*, "duas filhas muito bonitas de um sapateiro, que logo saíram de casa e gravitaram para o palco".

Depois de alguns anos operando uma máquina de costura industrial, Hannah abandonou o emprego para fazer sua estreia no teatro de revista como cantora sério-cômica em 1883, com dezessete anos, sob o nome artístico de Lillie (mais tarde, Lily) Harley. Pelos próximos cinco ou seis anos, ela parece ter feito apresentações com regularidade razoável em music halls provincianos modestos, mas parou quando nasceu seu filho Charles, em 16 de abril de 1889. Sua carreira teve um breve recomeço durante o relacionamento com Leo Dryden, a quem ela forneceu apoio vocal da coxia em determinado número; às vezes, era chamada para o palco durante os aplausos. Porém, depois que o caso com Dryden terminou, ele a substituiu por Amy Fenton, que tinha começado carreira com uma companhia de ópera sul-africana itinerante — e que talvez tenha substituído Hannah também na vida pessoal.

Kate seguiu os passos da irmã em 1888, adotando o nome artístico Kitty Fairdale. Seus agendamentos parecem ter sido mais frequentes e prestigiosos do que os de Hannah,[6] e, depois de três anos nas províncias, a maior parte no norte da Inglaterra, ela fez sua estreia londrina no Queen's Palace, em Poplar, dia 22 de junho de 1891. Algumas de suas canções de sucesso ("The Lady Friend" e "The Lady Judge") foram escritas por Hannah, outras por Leo Dryden. É possível, também, que Hannah tenha feito seus figurinos, alardeados em seus "anúncios" nos jornais da profissão. Ela continuou a trabalhar nos primeiros anos do século XX, mas seus trinta anos já estavam além do costume para uma cantora sério-cômica. Ela ressurgiu de tempos em tempos na história dos Chaplin quando, na ausência de seus sobrinhos, foi obrigada a assumir responsabilidade por Hannah, confinada em hospitais psiquiátricos a partir de março de 1905. Em 1915, durante um período curto, foi nomeada representante britânica da recém-formada Charles Chaplin Advertising Service Company, mas, mesmo que a empresa não tivesse afundado tão rápido quanto afundou, a exigência de Kate por 25% de comissão teria intimidado os contadores de Charles. Em determinado momento, ela parece ter se aventurado com um aristocrata que depois a abandonou, o major Mowbray Gore Farquhar. Ainda assim, adotou o nome Mowbray, com o qual foi identificada em seu atestado de óbito: faleceu de câncer em seu apartamento alugado na Gower Street no dia 22 de janeiro de 1916. Ela teria ficado contente de saber que os signatários do certificado — que não a conheciam, claro — acharam que sua idade era 35; ela morreu com 41.

Com a exceção do suposto relacionamento com o major Farquhar, é difícil saber como Kate se sustentava — muitas vezes morando em endereços nobres; outro deles foi Montague Place, em Bloomsbury — depois do fim de sua carreira no teatro de revista. Hannah, como dizem suas canções, teve dificuldade para manter a família e fazia costura para fora — assim como a mãe da pequena Terry em *Luzes da ribalta*. Alguns biógrafos recentes especulam, sem provas concretas, que ela recorreu à prostituição. Sério-cômicas estavam sempre vulneráveis a suspeitas de imoralidade sexual:

Era uma profissão considerada por muitos moralmente suspeita. Sério-cômicas cantavam sobre sexo, se vestiam de maneira provocante e dançavam com trejeitos não compatíveis com a decência feminina…

O erotismo era acentuado pela juventude, ou juventude aparente, das artistas. Tratava-se de uma era que reverenciava a inocência, às vezes de maneira suspeita…

Hannah e Kate podem ter escolhido o teatro de revista como rota de fuga da adolescência, mas muitas outras moças

Irmãos: Michael, Josephine e Geraldine Chaplin, em 1951.

da classe foram seduzidas por uma vida de prostituição. As duas instituições não eram mutuamente excludentes, claro; [W. T.] Stead* culpava os music halls e o teatro de revista por terem criado muitas prostitutas jovens.[7]

O pequeno Chaplin amava e admirava a mãe e tinha fascínio por sua tia elegante, bonita e temperamental. O Chaplin adulto deve ter refletido sobre as partes da vida delas não reveladas para as crianças, e podemos apenas imaginar até que ponto ele especulou sobre a história de sua família no retrato que criou para as irmãs Ambrose em "*A infância de Terry Ambrose*" e *Footlights*. Há uma diferença de idade maior do que havia entre as irmãs Hill: a mais velha, Louise (mesmo nome da amante do pai de Chaplin), já trabalha na papelaria Sardou quando Terry tem apenas sete anos. Mais tarde, infortúnios assolam a família e Louise perde o emprego, "o dinheiro acabou. Mais aluguéis atrasaram e havia cada vez menos objetos penhoráveis. Elas passaram fome". Então há uma súbita mudança para melhor: Thereza descobre, para o próprio horror, que era resultado de Louise trabalhando como prostituta. Quando Thereza completa dez anos, sua mãe já tinha morrido; Louise tinha se tornado amante de um sul-americano e morava em um apartamento em Bayswater. Ela consegue mandar Terry para um colégio interno e, depois, pagar por suas aulas de dança. Mais tarde, Louise emigra para a América do Sul e as irmãs perdem contato.

Outro aspecto autobiográfico em *Footlights* e *Luzes da ribalta* é a admiração de Chaplin pela busca obsessiva por perfeição profissional, mais bem exemplificada pelas cenas cortadas com Cinquevalli. Uma nota descartada menciona Calvero explicando a Terry as dificuldades de aprender a tocar violino (coisa que o próprio Chaplin tinha vivido):

> Você já tentou tocar violino? Bom, primeiro você torce seu pulso até que esteja paralisado; então, segura o instrumento com força sob o queixo, até conseguir uma [*ilegível*] confortável, e depois desliza o arco em um pequeno espaço entre o cavalete e o brasso [sic]; na primeira vez, você quase sempre escorrega e sobe pelo brasso [sic] — se você deslizar muito para baixo, o arco cai do cavalete; e você tem sorte se a ponta do arco não entrar no seu nariz, cutucar seu olho ou entrar na sua orelha... e, se você conseguir tirar algum som, é como o gemido de um gato doente, com [*ilegível*]. É preciso muito tempo para tocar violino, se você quiser ser boa nisso; oito horas por dia durante cinco anos.

Quando começou a fazer o filme, Chaplin acentuou suas reflexões autobiográficas ao envolver na produção o máximo possível de membros sobreviventes da família. Infelizmente, o irmão Sydney não estava em Hollywood

---

* William Thomas Stead (1849-1912), polêmico jornalista da era vitoriana que fez campanha contra a prostituição infantil. Mesmo considerado sensacionalista, ele acabou por provocar mudanças na legislação inglesa. (N. T.)

Chaplin com a esposa, Oona — substituta de Claire Bloom em uma única tomada de *Luzes da ribalta* na qual Thereza aparece ao fundo.

na época, mas os filhos de Chaplin com Lita Grey, Sydney e Charles Junior, atuaram no filme, respectivamente como Neville e um policial na *Harlequinade*. O roteiro pede uma única criança para observar Calvero voltando para casa bêbado e avisar que "a sra. Alsop não está",[8] mas Chaplin preferiu usar seus filhos com Oona O'Neill, Geraldine, Michael e Josephine — a quarta filha, Victoria, tinha nascido exatos seis meses antes do início das filmagens. Seu meio-irmão, Wheeler Dryden, foi creditado como "assistente do sr. Chaplin" e fez dois papéis, de médico e de Pantaleão na *Harlequinade*. Seus amigos Harry Crocker e Tim Durant fizeram figuração. E, em 6 de maio de 1952, para a refilmagem de uma cena breve no apartamento, com Chaplin e Wheeler Dryden, Oona ficou diante das câmeras por alguns momentos, substituindo de maneira convincente Claire Bloom, que já tinha voltado para Londres.

ODEON THEATRE · LEICESTER SQUARE · LONDON

World Premiere
of
Charles Chaplin's

LIMELIGHT

In aid of the
Royal London Society for the Blind   16th OCTOBER 1952

EPÍLOGO

Em 2 de agosto de 1952, Chaplin foi o anfitrião da emocionante pré-estreia de *Luzes da ribalta* descrita no prefácio deste livro. Depois do evento, havia pequenos ajustes a serem feitos nas vozes e também uma inexplicável sessão de meia hora de regravações de áudio no estúdio RCA em 13 de agosto. Em 3 de setembro, Chaplin foi ao Breen Office, e então passou o dia 5 no estúdio, resolvendo as "recomendações" (indetectáveis). No dia seguinte, ele, Oona e Harry Crocker, descrito como "secretário" apesar de ter se dedicado muito como assessor de imprensa durante a produção, embarcaram com destino a Nova York no trem *Chief* da ferrovia Santa Fe. Uma semana depois,[1] receberam as crianças — Geraldine, Michael, Josephine e Victoria, então com catorze meses; vieram acompanhadas pelas babás, Edith McKenzie (Kay-Kay) e Doris Foster Whitney. Em 17 de setembro, o grupo de nove pessoas zarpou no *Queen Elizabeth* com destino à Inglaterra. A estreia mundial de *Luzes da ribalta* estava marcada para 16 de outubro, mas Chaplin estava ansioso também para dar a Oona sua primeira viagem à Grã-Bretanha e a Londres que tinha inspirado seu novo filme.

Porém, depois de dois dias no mar, uma mensagem recebida pelo rádio do navio trouxe a chocante notícia de que o procurador-geral dos Estados Unidos tinha rescindido a permissão de reentrada que Chaplin, como estrangeiro, precisava para voltar ao país. Caso tentasse reentrar, seria detido para audiências que determinariam "se era admissível dentro das leis dos Estados Unidos". O Departamento de Justiça explicou que tal gesto era preventivo e permitia a recusa de estrangeiros, sob a alegação de "questões morais, de saúde ou sanidade, ou por defender o comunismo ou por associação com o comunismo ou organizações pró-comunistas". O procurador-geral e juiz James McGranery tinha sido recém-nomeado pelo presidente Truman para rebater afirmações de que sua administração era "frouxa com

o comunismo". McGranery, um homem devoto, obedeceu às ordens com diligência. Sua ofensiva contra Chaplin foi seguida por uma semana de reuniões entre o Departamento de Justiça, o Serviço de Imigração e Naturalização (INS) e, inevitavelmente, J. Edgar Hoover, do FBI. Um oficial do INS alertou, em 29 de setembro, que "se o INS quiser atrasar a reentrada de Chaplin nos Estados Unidos, isso envolveria detenção, o que poderia abalar o INS e o Departamento de Justiça até as estruturas".

Mas o desafio não foi aceito. Chaplin optou por não voltar àquele "país infeliz" e, assim, prolongar a comédia de uma nação poderosa guerreando contra um pequeno cavalheiro inglês cuja vida foi dedicada a fazer as pessoas rirem e refletirem.

Chaplin alegrou-se com as boas-vindas irrestritas oferecidas pelo público e pela imprensa britânicos, cujo ultraje contra as hostilidades americanas foi quase unânime. A estreia de *Luzes da ribalta* no Odeon Leicester Square, prestigiada pela princesa Margaret, foi a primeira estreia britânica de cinema com cobertura televisiva. A bilheteria foi doada para a Royal London Society for Teaching and Training the Blind. De Londres, ele foi para a estreia parisiense do filme. A estreia em Roma foi menos glamorosa: jovens extremistas de direita jogaram legumes em Chaplin, que não se abalou — chegando até a reconhecer certo estilo cômico antigo em tudo aquilo — e se recusou a processar os atacantes. Em janeiro, a família se mudou para a Manoir de Ban, em Corsier-sur-Vevey, Suíça, que se tornaria seu lar permanente.

Nos Estados Unidos, continuaram a vilificá-lo. McGranery manteve uma campanha de insinuações para refutar o espanto oficial pela reação adversa de outros países contra suas ações. A legião americana começou a fazer protestos em cinemas que exibiam *Luzes da ribalta*; diversas cadeias grandes de cinema — Fox, Loews e RKO — recolheram o filme.

Quando chegou à Grã-Bretanha, Chaplin disse à imprensa: "Não quero criar revolução nenhuma. Tudo o que quero é criar mais alguns filmes. Para divertir as pessoas. Espero que divirtam…". Então, 22 anos depois — com 85 anos de idade —, ao apresentar seu novo livro, *My Life in Pictures*, contou aos jornalistas que nunca poderia se aposentar: "as ideias não param de surgir na minha cabeça". Nesse período, fez dois filmes e planejava um terceiro, publicou dois livros e compôs trilhas sonoras para seus filmes mudos. Tinha assumido, em plena consciência, o papel de *pater familias* para uma família imensa. Viajou bastante por prazer. Em Londres, andava de ônibus e metrô, irreconhecível sob seu sobretudo e chapéu trilby, e revisitava a Kennington de sua infância e das cenas no West End de *Luzes da ribalta*. Em abril de 1972, voltou aos Estados Unidos por duas semanas para receber um Oscar honorário pelo conjunto de sua obra, que reconheceu como uma espécie de reconciliação.

Para concluir em uma nota mais pessoal: este que escreve esteve na estreia mundial de *Luzes da ribalta*, em 1952. Foi uma grande proeza financeira para um estudante sem dinheiro — não apenas por causa do ingresso (um guinéu), mas também pelo trem, hotel e traje a rigor alugado. Nunca houve dinheiro mais bem gasto. Eu tinha crescido em uma família que adorava o Vagabundo desde sua estreia nas telas. Tinha visto *O grande ditador* e *Monsieur Verdoux* quando foram lançados. No ano anterior, havia lido as revelações da biografia *Charlie Chaplin*, de Theodore Huff. E agora, no salão do teatro e então no palco, ali estava ele, a realidade humana de um imortal, sorrindo com orgulho ao lado de sua belíssima jovem esposa. Aquela primeira emoção jamais desaparecerá.

Os music halls que serviam de cenário para *Luzes da ribalta* ainda existiam, mesmo que modificados, e foi irresistível procurar pelas origens documentais da história de Chaplin. Então, 22 anos mais tarde, tive a oportunidade de escrever uma resenha de *Luzes da ribalta* na ocasião do relançamento, para o *The Times*. No Ano-Novo de 1975 recebi um cartão assinado por Oona, "Charlie e Oona Chaplin", com a mensagem: "Adoramos sua resenha de *Luzes da ribalta*!". Só podia ser uma brincadeira de um amigo me provocando por causa de minha devoção… Mas o carimbo do correio estava certo e o cartão parecia autêntico. Telefonei para a srta. Ford e pedi que ela agradecesse por mim. A partir de então — e também graças à minha amizade com Jerry Epstein, em Londres — teve início uma conexão com os Chaplin; a família e a comitiva que me trouxeram tantas alegrias nas últimas quatro décadas.

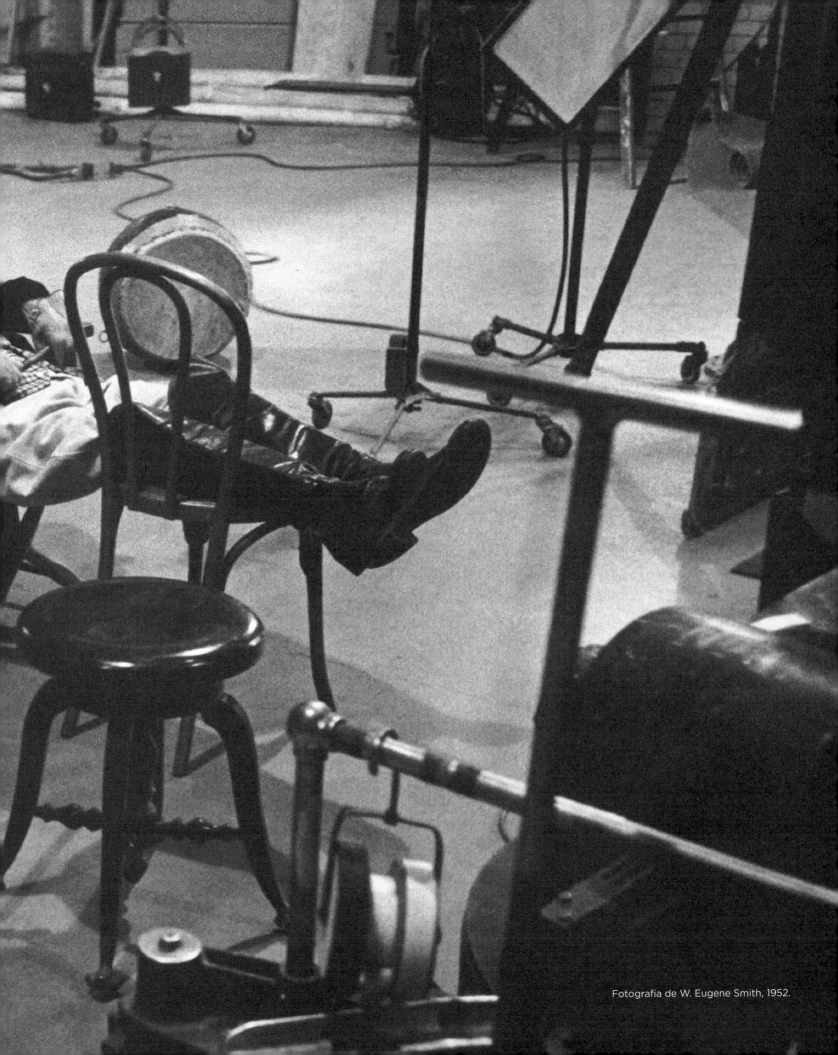

Fotografía de W. Eugene Smith, 1952.

NOTAS

FOOTLIGHTS

A evolução de uma história
[pp. 11-29]

1. Data apontada por A. J. Marriot em *Chaplin Stage By Stage* (Inglaterra: Marriot Publishing, 2005.

2. Charles Chaplin, *Minha vida*. Rio de Janeiro: José Olympio, 2005. A cena do camarim é recriada quase na íntegra em *Footlights* e *Luzes da ribalta*.

3. Ao longo de toda a vida de Nijinski, o ano de seu nascimento foi registrado como 1890, mas seu túmulo diz 12 de março de 1889, data hoje tida como a correta. Chaplin nasceu em 16 de abril de 1889.

4. Diaguilev (cujas lembranças de seu amor perdido são, certamente, tendenciosas) fez um relato diferente das impressões que Nijinski teve do encontro. Uma década depois da ocasião, afirmou que Nijinski ficou incomodado quando Chaplin segurou seu braço e, depois, contou que: "'Ele é um sujeito detestável, esse Chaplin. Não perde nenhuma oportunidade de atrair atenção para si mesmo.' O pobre Nijinski acreditava que ele mesmo era o maior gênio do planeta! Charlie Chaplin era um mero ninguém, em comparação". Entrevista com Diaguilev, 1929, publicada em *Dance Magazine*, set. 1979.

5. Outra explicação não documentada para a ausência de Diaguilev na segunda turnê de 1916 é a de que Otto Kahn, um patrocinador rico do Metropolitan Opera, não gostava dele e insistiu que Nijinski administrasse a turnê — o que o bailarino fez, mas sem competência: dizem que as perdas somaram 250 mil dólares.

6. Major Ronald Victor Courtenay Bodley (1892-1970), aristocrata britânico, escritor e jornalista que, na década de 1920 — e instigado por T. E. Lawrence —, viveu com árabes nômades no deserto do Saara durante sete anos. Passou muito tempo também no Japão e, depois, morou na Grã-Bretanha e em Los Angeles. Não se sabe como Chaplin o conheceu, mas aparentemente os dois trabalharam juntos em *Regency* quando os direitos para a adaptação cinematográfica foram comprados, em agosto de 1936. Em diversas ocasiões, Bodley propôs dois argumentos para filmes com Paulette Goddard, *Double Fugue* e *White Lilly*, mas não há indicação de que Chaplin tenha demonstrado interesse por eles.

7. Henry Bergman (1868-1946) trabalhou no estúdio Chaplin de 1916 até sua morte, como um fidedigno ator coadjuvante de comédia e um devoto — até obsessivo — assistente.

8. Chaplin era neto de um sapateiro.

9. No manuscrito, *Spectre* é grafado erroneamente como *Specter* toda vez.

10. Ele trabalhou em casa: as economias do pós-guerra significavam que o estúdio não podia ficar ocioso entre os filmes e, no ínterim entre *Monsieur Verdoux* e *Luzes da ribalta*, foi usado com frequência para produções menores, muitas vezes de cunho religioso. Em 5 de maio de 1949, Walter Wanger usou o estúdio para um teste de câmera com Greta Garbo — a última aparição da atriz em película.

11. Depois de Nijinski se separar de Diaguilev, o Leonid Massine da vida real assumiu seus papéis e, apesar de declaradamente heterossexual, o substituiu também como amante de Diaguilev.

12. A grafia do nome, como de costume, é inconsistente.

13. É evidente que Lee Cobin foi uma secretária mais respeitosa do que a moça que trabalhou com ele em sua autobiografia, *Minha vida,* quinze anos mais tarde, em Vevey, Suíça. Em uma conversa com Ian Fleming, Chaplin reclamou que ela estava o tempo todo tentando melhorar seu inglês. "Ele dizia que não estava surpreso, pois tinha aprendido a língua sozinho e desconfiava que a secretária soubesse muito mais do que ele, mas, mesmo assim, ele gostava da própria versão e esperava que um pouco do que tinha escrito de próprio punho sobrevivesse ao trabalho dos editores" (*Sunday Times*, 21 ago. 1964).

Footlights [pp. 31-85]

1. Em uma das versões mais antigas, Chaplin escreveu à mão um estranho adjetivo alternativo: "monástico".

2. Trata-se de uma referência à pantomima de Drury Lane de 1910, *Jack and the Beanstalk*, que ganhou fama graças ao imenso gigante mecânico que só podia ser visto no palco em partes — cabeça, perna, braço etc.

3. Nas primeiras versões, o maestro é uma personalidade histórica verdadeira, Sir Thomas Beecham — apesar do anacronismo no uso de "Sir" (Beecham foi honrado com o título apenas em 1916).

4. As frases entre colchetes foram acrescentadas a lápis e, somadas às raras abreviações rabiscadas, sugerem que foi esta a cópia de *Footlights* usada na adaptação para o roteiro.

5. Última estrofe do poema "Last Lines", de Emily Brontë. A pontuação original foi restaurada.

6. O significado de *buckrum* continua um mistério e talvez seja algum jargão teatral esquecido.

7. Uma possível grafia incorreta do nome da *prima ballerina* do Empire entre 1897 e 1907, a dinamarquesa Adeline Genée.

8. A escolha de Chaplin para o nome do agente de Calvero é intrigante. O Sam Redfern verdadeiro (1851-1915) foi um artista secundário que se apresentava como *blackface* — personagens da época do vaudevile que usavam maquiagem pesadíssima para se caracterizar como versões estereotipadas dos negros — e era conhecido como "Ethiopian Entertainer", o "artista da Etiópia". Ele parece ter sido o autor das próprias músicas, entre elas "Booze is There" e "Any Excuse for a Booze", esquecidas há muito tempo. O nome dele aparece em um programa do teatro de revista de Oxford, em uma pequena coleção de programas no arquivo de Chaplin. Não há indicação da proveniência desses programas; podem ter sido presenteados a Chaplin ou comprados por ele durante a pesquisa para *Footlights/Luzes da ribalta*, e ele provavelmente gostou do nome de Redfern.

9. "Anestesia psíquica" era um conceito real na psicologia do início do século XX, apesar de muito mais complexo do que sugere a explicação do médico. Benjamim Ives Gilman inicia uma exposição em formato de artigo com o seguinte resumo: "No presente texto, anestesia psíquica é entendida como a tendência filosófica de ignorar outras pessoas ao mesmo tempo que se admite a distinção entre elas e si mesmo" (*American Journal of Psychology*, out. 1924).

10. Nas últimas versões revisadas, as diversas alterações e cortes deixaram os quatro parágrafos finais deste diálogo confusos. Por isso, foram reconstruídos a partir de versões mais antigas.

11. *Outré* é uma palavra do inglês que tem origem francesa e significa "excêntrico", "bizarro", "exagerado". No texto datilografado, foi escrito como *outrez*. É evidente que Chaplin considerou o termo fascinante, mas talvez não tenha entendido totalmente o sentido.

12. No original, *mulligan stew*. Trata-se de um termo característico do inglês norte-americano do final do século XIX. É um ensopado improvisado, feito por mendigos com quaisquer ingredientes encontrados, furtados ou recebidos como esmola. Eles se reuniam em grupos e combinavam os ingredientes do ensopado para o jantar.

13. Esta referência a uma internação recente de Calvero sugere que um acontecimento foi eliminado do enredo.

14. Os "três meses" colocam o desenrolar destas cenas em novembro de 1914. A Batalha de Verdun começaria apenas em fevereiro de 1916.

15. Uma escolha um tanto enigmática de palavra, dentro deste contexto.

16. Considerando que Calvero e Terry ainda moravam na casa da sra. Alsop, no Soho — que ficaria a alguns minutos a pé do Empire —, o trajeto do táxi pela Piccadilly e pela Oxford Street é, no mínimo, inusitado.

17. Na versão de *Footlights* usada para esta transcrição, o diálogo entre Neville e Thereza foi acrescentado a lápis. Entretanto, não parece se tratar de uma correção editorial no próprio *Footlights* — a cena é incompreensível sem o trecho —, mas sim uma indicação de que o roteiro teria uma versão totalmente revisada deste texto, parte do processo de adaptação para as telas.

18. Seria um erro de datilografia no nome de Cinquevalli ou uma tentativa de disfarçá-lo?

"A história de Calvero" [pp. 89-95]

1. Chaplin retrabalhou este parágrafo extensivamente à mão (ver ilustração p. 88).

2. Paddington era a estação terminal da Great Western Railway. Não havia nenhuma linha que a conectava com a Escócia e o norte da Grã-Bretanha.

3. Chaplin escreveu três rascunhos diferentes para este parágrafo, cuja importância é evidente.

As outras variantes — todas marcadas com "REPETIR" — são:

1) Depois, quando estavam sozinhos, ele a questionava sobre isso, mas Eva nunca negava as acusações e tampouco ficava aflita com elas. Abria um sorriso inescrutável para Calvero, às vezes inócua ou voluptuosamente ou fosse qual fosse seu humor no momento. Ela era sua *dame fatale*. E ele sabia. Era como se ela não tivesse nem ouvido o que ele tinha dito. Depois de seis meses de casamento, ela estava segura em relação a Calvero.

2) Mas Eva nunca negava as acusações e tampouco ficava aflita com elas; ela abria um sorriso para Calvero, com seu jeito inescrutável; às vezes inócua ou voluptuosamente ou fosse qual fosse seu humor naquele momento. Ela sabia que Calvero a amava e que era a dona da situação. Além disso, ela reconhecia e entendia seu próprio amor por ele — que ele tinha um lugar especial em seu coração, mas que não o preenchia por completo. Essa restrição estava nos alicerces de sua natureza, era inquestionável. Ninguém poderia satisfazê-la ou prendê-la. Ninguém jamais tinha conseguido, ninguém jamais conseguiria.

4. As páginas originais também incluem um relato alternativo e bastante resumido do encontro, curiosamente marcado como "REPETIR — INSERIR":

"Addington, você ama minha esposa?"

"Calvero!", exclamou Eva.

"Claro que não", respondeu Addington, empalidecendo.

"Puxa, que pena", disse Calvero, com afetação, "porque, se você não ama, se suas intenções não são honrosas, serei forçado a — não, não vou matá-lo nem hei de apelar para a violência, pelo menos, não física. Vou feri-lo onde dói — quer dizer, é isso que você vai achar, pois vou atacar sua conta bancária."

"Calvero! Você está louco?", berrou Eva.

"Nunca estive tão lúcido em toda a minha vida", respondeu Calvero.

O MUNDO DE
LUZES DA RIBALTA

Sacudindo a árvore [pp. 101-12]

1. Henry Gris, *Hollywood Chaplin*, 1952. Trata-se de um texto de 10 mil palavras preservado nos arquivos da Roy Export Company Establishment. Gris foi jornalista correspondente da United Press e parece ter tido bastante acesso à produção de *Luzes da ribalta* graças a Harry Crocker (ator, assessor de imprensa do filme e colaborador frequente de Chaplin — N. T.); depois, fez parte da assessoria de imprensa na época do término da produção, fim de julho de 1952. Gris não tinha visto o filme pronto, mas assistiu a trechos. O texto é um rascunho enviado para a aprovação de Crocker, que apagou algumas passagens, e foi consideravelmente revisado antes de sair. Certos trechos, por fim publicados pela United Press, aparecem em matérias da época, também preservadas no arquivo.

2. Ainda assim, a sra. Cobin parece ter se tornado uma colaboradora de confiança. Entre 3 e 18 de agosto, ela acompanhou Chaplin e Oona em uma viagem a Nova York: foram no trem conhecido como *Chief*, e a sra. Cobin ficou no Barbizon-Plaza, enquanto os Chaplin ficaram no Plaza. Em 11 de janeiro de 1951, Chaplin e a sra. Cobin partiram juntos para Nova York; ele, de trem, e ela, de avião. Em 14 de janeiro, a sra. Chaplin se juntou a eles, pegando o voo noturno. A sra. Cobin voltou no voo noturno que saiu de Nova York em 18 de janeiro; os Chaplin partiram no dia seguinte, mais uma vez no *Chief*, e chegaram em casa em 23 de janeiro. Mais tarde, a sra. Cobin se juntou a Sydney Chaplin Jr. para conduzir entrevistas preliminares com candidatas para o papel da atriz principal. Não se sabe se Barbara Cobin, que interpretou o papel de Terry criança nas cenas cortadas da versão final, era filha dela.

3. O relatório de produção do estúdio diz: "Roteiro de *Luzes da ribalta* enviado para o escritório de Lloyd Wright para registro de direitos autorais na Biblioteca do Congresso, Washington D.C., em nome de Charles Chaplin".

4. Aparentemente, o trabalho no roteiro de produção começou muito antes desse registro: na semana de 12 de março de 1951, o relatório do estúdio diz que "Lee Cobin datilografa o roteiro de *Luzes da ribalta* no Beverly — a maior parte, revisões". O trabalho foi interrompido por duas semanas em abril/maio, quando Chaplin esteve em Nova York para fazer a audição de Claire Bloom, e a sra. Cobin se ausentou na semana de 16 de julho de 1951.

5. Este flashback adicional foi acrescentado apenas no roteiro final de produção.

6. Em consequência, diversas crianças figurantes e cinco atrizes foram permanentemente eliminadas do filme, entre elas Doris Lloyd no papel da mãe de Terry, June Jefferey interpretando Louise e Barbara Cobin como Terry criança.

7. Henri Bergson (1859-1941), filósofo e autor de *Le Rire. Essai sur la signification du comique* (1900; em livro, 1924). [Ed. bras.: *O riso: ensaio sobre o significado do cômico*. Rio de Janeiro: Zahar, 1983.]

8. Outra cena que desapareceu na transição da novela para o roteiro é aquela em que Calvero e Terry, enquanto esperam pelo evento beneficente, visitam a papelaria Sardou, onde encontram cartões-postais com fotos dela à venda. Sardou fica impressionado com o sucesso de Terry e aceita (com resistência mínima) meia libra que ela oferece como pagamento por ter "pegado emprestado" do caixa na época em que trabalhava lá.

9. Registro no Chaplin Archive: ECCI00312544 CHM010.

Do roteiro para a tela [pp. 115-41]

1. Henry Gris, op. cit. As refilmagens — apenas quatro dias, e não cinco — foram feitas entre 5 e 8 de maio de 1952.

2. Este fato não foi registrado nos relatórios diários de produção, mas é de conhecimento público, aparentemente trazido à tona pelos próprios Chaplin e Oona. Deve ter sido em 6 de maio de 1952, quando Chaplin fez tomadas complementares da cena no quarto, também envolvendo Wheeler Dryden.

3. Karl Struss (1886-1981) estudou fotografia com Clarence Hudson White. Na época em que se mudou para Hollywood, em 1919, estava entre os fotógrafos de still mais renomados e publicados de Nova York. Foi recrutado como diretor de fotografia por Cecil B. DeMille. Entre seus trabalhos estão *Aurora* (de F. W. Murnau, 1927 — com Charles Rosher), *O médico e o monstro* (de Rouben Mamoulian, 1931), *O sinal da cruz* (de Cecil B. DeMille, 1932) e *A mosca da cabeça branca* (de Kurt Neumann, 1958).

4. Um dos primeiros trabalhos de Cora Palmatier como supervisora de roteiro foi a versão inicial de *Imitação da vida* (de John M. Stahl,

1934). Depois de *Luzes da ribalta*, trabalhou em dois filmes do Tarzan estrelados por Gordon Scott, entre outros.

5. Claire Bloom, *Limelight and After: The Education of an Actress*. Londres: Weidenfeld & Nicholson, 1982.

6. Nascido Harold H. Fraser (1889-1962), em Melbourne, Austrália. Chegou aos Estados Unidos por volta de 1910 com uma trupe vaudevile e permaneceu mesmo depois da separação do grupo, junto da irmã, a comediante Daphne Pollard.

7. Julian Ludwig entrevistado por Bonnie McCourt em Hooman Mehran e Frank Scheide (Orgs.), *Chaplin's* Limelight *and the Music Hall Tradition*. Londres: McFarland & Company, 2006.

8. Henry Gris, op. cit.

9. Ibid.

10. Ibid.

11. Ibid.

12. Ibid.

13. Ibid.

14. Carta de Rachel Ford para Herbert P. Jacoby, 21 fev. 1973.

15. Entrevista on-line com o musicólogo Randall D. Larson.

16. Para uma análise meticulosa do cronograma de filmagens, ver "Not Quite According to Plan", de Hooman Mehran, em *Chaplin's* Limelight *and the Music Hall Tradition*.

17. Eugène Lourié: Entrevista com David Robinson, 1983. Em David Robinson, *Chaplin: Uma biografia definitiva*. São Paulo: Novo Século, 2011.

18. Melissa Hayden (nascida Mildred Herman, 1923-2006) foi uma bailarina canadense, filha de imigrantes russos judeus. Começou a carreira no Canadian Ballet de Boris Volkoff. Mudou-se para Nova York e para o corpo de baile do Radio City Music Hall. Entre 1945 e 1947, dançou com o American Ballet Theatre e, mais tarde, na América Latina, com a então recém-formada companhia cubana de Alicia Alonso. Ela se juntou ao New York City Ballet em 1950, e, de 1955 até sua aposentadoria, em 1973, foi a primeira bailarina da companhia. Dedicou o resto de sua vida ao ensino.

19. André Eglevsky (1917-77) nasceu em Moscou e foi levado para a França com oito anos, onde pôde treinar com muitos dos grandes dan-

çarinos emigrados russos. Com catorze, se juntou ao Balé Russo de Monte Carlo liderado por De Basil, e logo assumiu papéis principais. Em 1936, foi recrutado para o Balé Russo de Monte Carlo, agora liderado por René Blum, com o qual, em junho de 1936, foi um dos últimos dançarinos a subir no palco do Alhambra Theatre, na Leicester Square. A partir de 1937, foi primeiro bailarino no American Ballet, de George Balanchine — que se tornaria o New York City Ballet — e se tornou cidadão norte-americano. Depois de uma reaproximação com o Balé Russo de Monte Carlo (1939-42), ele dançou por quatro anos com o futuro American Ballet Theatre. Após algumas temporadas com o Original Ballet Russe, de De Basil, e com o Grand Ballet de Monte Carlo, de Marquis de Cuevas, de 1951 até sua aposentadoria, em 1958, permaneceu com o New York City Ballet. Mais tarde, ele e a esposa fundaram uma escola e a Eglevsky Ballet Company; ambas existem até hoje (2014).

20. Melissa Hayden entrevistada por Scott Eyman e Hooman Mehran, em *Chaplin's* Limelight *and the Music Hall Tradition*.

21. A montagem curta que representa a carreira de Terry se estendendo para outros países.

22. Melissa Hayden, op. cit.

23. A lembrança da srta. Hayden de ter trabalhado por cerca de quatro horas nessa cena estava correta, mas ela achou que foi entre 8h30 e 12h30.

24. A cena foi filmada com uma orquestra no poço; é interessante observar que, apesar de feita em playback, Chaplin usou um músico profissional como maestro. Foi Al Lyons, que teve certa fama em Hollywood nos anos 1930, como "Al Lyons and his Four Horsemen". É evidente que Chaplin seguiu o conselho de Rasch sobre técnicas de condução.

25. Acrescentado à mão em uma cópia do roteiro de produção.

26. É provável que tenha sido Frank Hagney, chamado para "uma ponta" nos dias em que a cena foi filmada.

27. Jerry Epstein, *Remembering Charlie*. Londres: Bloomsbury, 1988.

28. *Charlie: The Life and Times of Charlie Chaplin*, documentário.

29. Melissa Hayden, op. cit.

30. Jerry Epstein, op. cit.

31. Ibid.

32. "The Ghostly Absence of 'The Armless Wonder': Afterthoughts on a Last-Minute Cut", em *Chaplin's* Limelight *and the Music Hall Tradition*.

A Londres de *Luzes da ribalta* [pp. 143-57]

1. Ao que tudo indica, Chaplin visitou, na viagem à Europa em 1931, a loja de Benjamin Pollock, último artesão do teatro de papel, em Hoxton. Um caderno de recortes de memorabilia de Chaplin, feito por Alfred Reeves e hoje parte de uma coleção particular, inclui fragmentos de folhas com personagens para a peça *The Miller and his Men* feitos por Pollock.

2. Uma Corner House é cenário também de uma cena crucial em *Chantagem e confissão* (1929), de Alfred Hitchcock.

3. W. Weir, "The Squares of London". In: Charles Knight (Org.). *London*. Londres: Charles Knight & Co., 1843. 6 v.

4. Roland Belfort, "An Hour at London's Smartest Hall". *Playgoer*, jul. 1902.

5. Depoimento de John Reeve, citado em Neil McKenna, *Fanny & Stella: The Young Men Who Shocked Victorian England*. Londres: Farber & Farber, 2013.

6. Em 1981, a Leicester Square foi o lugar escolhido para uma estátua de bronze de Chaplin, em seu personagem mais famoso, o Vagabundo, feita por John Doubleday. Foi removida para restauração em 2010, mas voltou para um ponto diferente da praça em 2013.

O teatro de revista dos Chaplin [pp. 159-79]

1. Charles Douglas Stuart e A. J. Park, *The Variety Stage: A History of the Music Halls from the Earliest Period to the Present Time*. Londres: T. F. Unwin, 1895.

2. Ainda assim, até 1911 o Baedeker's Handbook to London aconselhava: "senhoras podem visitar sem receio os estabelecimentos de classe mais alta do West End, mas devem, claro, evitar os assentos mais baratos".

3. A. J. Marriot, *Chaplin Stage by Stage*. Inglaterra: Marriot Publishing, 2005.

4. Supõe-se que The Eight Lancashire Lads como um todo tenham feito os papéis dos animais da cozinha sem receber crédito, mas A. J. Marriot questiona tal suposição, sugerindo que,

na verdade, Chaplin saiu da trupe antes, e não depois, do contrato com o Hippodrome. Os Lads retomaram sua turnê rotineira pelos music halls em 11 de fevereiro de 1901, apesar de *Cinderela* ter continuado até 13 de abril. Uma possível explicação é que a trupe foi contratada para ensaios e uma temporada prevista para seis semanas e, engessados por contratos anteriores, foram obrigados a deixar o espetáculo do Hippodrome quando a temporada foi estendida.

5. Na primeira semana de trabalho no Duke of York's, antes do revival do *Sherlock Holmes* original, Chaplin fez o papel de Billy na comédia em um ato de William Gillette, *The Painful Predicament of Sherlock Holmes*, que ficou pouco tempo em cartaz.

6. Tal fato é particularmente evidente em *Minha vida*, que não chega nem a mencionar os colaboradores de longa data que contribuíram tanto com seus filmes, como Roland Totheroh, Henry Bergman, Mack Swain, Eric Campbell e Georgia Hale. Ele tampouco menciona Stan Laurel, seu confidente e colega de quarto em muitas das turnês americanas com a companhia de Karno.

7. Francis Wyndham. "Introdução". In: Charles Chaplin, *My Life in Pictures*. Inglaterra: Littlehampton Book Services, 1974.

8. A. J. Marriot, op. cit.

9. Julius Zancig (nascido Jörgensen, 1857- -1929) e sua esposa Agnes (185?-1916) eram divulgados como "Duas mentes com um único pensamento". O número, em que a sra. Zancig, no palco, identificava itens entregues ao marido, que passeava pelo público, dependia de um complexo e indetectável código verbal — o Código Zancig, ainda considerado insuperável em termos de sofisticação. Depois de se aposentar das turnês, o viúvo Zancig vendeu os segredos de seu número para o ilusionista Houdini, em cuja coleção continuam até hoje. Os Zancig também foram lembrados por Stan Laurel (o Magro de *O Gordo e o Magro*, que fez parte da companhia de Karno e foi aprendiz de Chaplin). Laurel sugeriu como mote para o "Filhos do Deserto", fã-clube de *O Gordo e o Magro*, a paráfrase "Duas mentes sem nenhum pensamento".

10. Citado em William G. Fitzgerald, "The Greatest Juggler in the World", *The Strand Magazine*, v. 13, pp. 91-100, 1897.

11. Suas mãos escorregaram de um trapézio engordurado e ele caiu mais de quinze metros. Cinquevalli relatou que, depois de ficar internado e convalescer por um ano, voltou ao palco no mesmo auditório. Para sua surpresa, a orquestra

tocou um hino russo e o público inteiro — 14 mil pessoas — ficou de joelhos e agradeceu sua recuperação. Ele ficou tão comovido que não conseguiu se apresentar.

12. Citado em William G. Fitzgerald, op. cit.

13. *The Era*, 6 out. 1894.

14. Freuler era também o nome do presidente da Mutual Film Corporation, que contratou Chaplin em 1916. Chaplin gostava de dar nomes de velhos amigos a personagens. Uma das trupes de acrobatas é gerida pelo sr. Bergman; Henry Bergman foi ator e confidente fiel no estúdio Chaplin até sua morte, em 1946. Uma cena esboçada e logo descartada de *Luzes da ribalta* dá o nome Reeves ao assessor de imprensa do Empire; Alfred Reeves foi gerente das companhias de Karno e, depois, gerente-geral da Chaplin Film Corporation por 28 anos.

15. Na juventude de Chaplin, a consciência coletiva da Grã-Bretanha ainda era assombrada pela memória de dezessete meninos ingleses que, em 1881, foram descobertos em Constantinopla, onde eram apresentados como membros da trupe de acrobatas Beni-Zoug-Zoug Arab Acrobats. Eles tinham sido escravizados e eram brutalmente maltratados pelo diretor da trupe, Mahomed ben Ali, que os recrutara na Inglaterra usando registros falsos. Os meninos foram resgatados pelo consulado britânico, e seis dos mais velhos, "inadequados para qualquer coisa que não seja a vida de acrobata [...], conseguiram bons trabalhos" (*The Times*, 25 fev. 1889).

16. Citada em Joseph Donohue, *Fantasies of Empire*. Iowa: University of Iowa Press, 2005.

17. *The Era*, 20 maio 1893.

18. A cena cortada de Claudius pode ser vista como um extra na versão em DVD de *Luzes da ribalta* do box *Obra completa*, lançado pela MK2/ Versátil Home Video em 2013.

19. Roland Belfort, op. cit.

20. A carreira e a saúde de Tinney foram destruídas por um escândalo em 1924, quando sua amante, Imogene Wilson, o acusou de abuso.

21. Charles Chaplin, op. cit.

Os balés de Leicester Square [pp. 181-94]

1. As pesquisas pioneiras de Ivor Guest foram compiladas em seu livro de 1992, *Ballet in Leicester Square*, publicado no Reino Unido pela

Dance Books Ltd. Estudos posteriores e importantes do século xx estão listados na bibliografia.

2. Lydia Kyasht, *Romantic Recollections*. Londres e Nova York: Brentano, 1929.

3. *All the Year Round*, 3 set. 1864.

4. Hansen tinha dirigido duas reapresentações de *Lago dos cisnes* no teatro Bolshoi, e seu primeiro balé para o Alhambra foi *Os cisnes*, com música de Georges Jacobi — um projeto evidentemente derivado da obra de Tchaikóvski.

5. *Saturday Review*, 19 maio 1906; citado em Ivor Guest, *Ballet in Leicester Square*. Reino Unido: Dance Books Ltd, 1992.

6. Jane Pritchard, "Enrico Cecchetti and the restoration of the danseur in ballets presented on the London stage at the end of the nineteenth century", artigo apresentado no evento "An International Celebration of Enrico Cecchetti", Universidade de Chichester, 2005.

7. John D'Auban, 1842-1922. Com apenas 24 anos, coreografou *Der Teufenspiel* no Alhambra. A revista *Punch* escreveu: *See Mr. Johnny D'Auban,/ He's so quick and nimble,/ He'd dance on a thimble,/ He's more like an elf than a man*. (Em tradução livre: Vejam o sr. Johnny D'Auban,/ Tão rápido e desenvolto,/ Pode dançar num alfinete,/ É mais elfo do que humano. — N. T.)

8. Originalmente apresentado no La Scala, em Milão, 1881, com música de Romualdo Marenco e enredo e coreografia de Luigi Manzotti. Em Londres, foi apresentado por Carlo Coppi, o coreógrafo do Alhambra entre 1888 e 1898.

9. Ivor Guest, op. cit.

10. *Illustrated Sporting and Dramatic News*, 4 jan. 1890; citado em Jane Pritchard, op. cit., p. 7.

11. Ivor Guest, op. cit.

12. "What a Ballet Costs: A Peep Behind the Scenes", em *The Sketch*, 12 fev. 1896; citado em Tracy C. Davis, *Actresses as Working Women*. Londres: Routledge, 1991.

13. H. G. Hibbert, *Fifty Years of a Londoner's Life*. Londres: Grant Richards, 1916.

14. *Illustrated London News*, 5 jan. 1884. O "Education Act" em questão é o Elementary Education Act de 1870 — apesar de a escolaridade ter se tornado obrigatória para todas as crianças britânicas entre cinco e doze anos apenas em 1880.

15. Ivor Guest, op. cit.

16. D. J. Kirwan, *Palace and Hovel*. Conn: Hartfort, 1871.

Retrato de família [pp. 197-203]

1. Na verdade, Nijinski trabalhou em circos ao lado dos pais quando era criança, se divertindo ao aprender malabarismo e equilibrismo; aos sete anos, se apresentou em um número com animais adestrados, no papel de um limpador de chaminés heroico. Porém, mais tarde, afirmou considerar tal experiência degradante.

2. O White Horse, em Brixton Road, é ilustrado em Barry Anthony, *Chaplin's Music Hall*. Londres: I. B. Tauris, 2013, p. 23.

3. Conversa pessoal, *c.* 1985.

4. A família Chaplin apontou Sidney Hawke como pai. O candidato mais provável é um Sidney John Hawke, registrado no censo do sul de Londres. Dezesseis anos mais velho do que Hannah Chaplin, ele se casou em 1891, mas se divorciou por causa de inúmeros atos de violência contra a esposa e episódios frequentes de adultério com mulheres desconhecidas. (Barry Anthony, op. cit.)

5. The Windmill Hotel, em Cricklewood Broadway.

6. As carreiras profissionais das irmãs foram pesquisadas com profundidade pela primeira vez por Barry Anthony, op. cit.

7. Barry Anthony, op. cit.

8. Originalmente, a fala era de Geraldine, então com oito anos — a primeira fala de sua carreira no cinema —, mas Josephine, com três anos, repetiu; o improviso foi mantido no filme.

Epílogo [pp. 205-6]

1. Durante esta semana, Chaplin foi à cabine de imprensa de *Luzes da ribalta* em Nova York. Apesar de ter considerado o clima pouco amigável, ficou contente com a maioria das resenhas. Tirando esse compromisso, passou a maior parte do tempo escondido, pois tinha sido avisado de que, se estivesse disponível, poderia receber um mandato judicial relacionado a um processo contra a United Artists, o que teria prejudicado a viagem marcada.

CRÉDITOS

Produção: Celebrated-United Artists
Produtor: Charles Chaplin
Diretor de produção: Lonnie D'Orsa

Diretor: Charles Chaplin
Argumento e roteiro: Charles Chaplin
Diretor de fotografia: Karl Struss
Consultor de fotografia: Roland Totheroh
Produtores-assistentes: Wheeler Dryden, Jerome Epstein
Primeiro assistente de direção: Robert Aldrich
Segundo assistente de direção: Jack Verne
Operador de câmera: Wallace Chewning
Assistentes de câmera: Dick Johnson, Monroe P. Askins Jr.
Fotógrafos de still: George Hommel, W. Eugene Smith
Diretor de arte: Eugène Lourié
Ilustrações adicionais: Dorothea Holt
Montador: Joe Inge
Assistente de montagem: Edward Phillips
Coreografia: Charles Chaplin, André Eglevsky, Melissa Hayden
Corpo de baile: Carmelita Marucci
Trilha sonora: Charles Chaplin
Diretor musical: Ray Rasch
Maestro: Keith Williams
Letra e partitura de "The Animal Trainer", "The Sardine Song", "Spring Is Here": Charles Chaplin, Ray Rasch
Som direto: Hugh McDowell
Edição de som: Harold E. McGhan
Figurino: Riley Thorne, Drew Tetrick, Elmer Ellsworth, Ted Tetrick
Maquiagem: Ted Larsen
Cabelos: Florence Avery
Assistente de roteiro: Cora Palmatier
Secretária: Kathleen Pryor
Assessor de imprensa: Harry Crocker

Elenco
Charles Chaplin (Calvero)
Claire Bloom (Terry)
Buster Keaton (parceiro de Calvero)
Sydney Chaplin (Ernest Neville)
Norman Lloyd (Bodalink)
Marjorie Bennett (sra. Alsop)
Mollie Glessing (empregada)
Wheeler Dryden (médico de Terry/Pantaleão no balé)

Nigel Bruce (sr. Postant)
Barry Bernard (John Redfern)
Geo Baxter (sujeito arrogante no escritório de Redfern)
Michael Hadlow (secretário de Redfern)
Mary Parker (loira no escritório de Redfern)
Billy Curtis (anão no escritório de Redfern)
Leonard Mudi (médico de Calvero no Empire)
Snub Pollard (músico de rua)
Loyal Underwood (músico de rua)
Julian Ludwig (músico de rua)
André Eglevsky (Arlequim)
Melissa Hayden (Colombina)
Charles Chaplin Jr. (policial da pantomima)
Geraldine Chaplin (criança na rua)
Michael Chaplin (criança na rua)
Josephine Chaplin (criança na rua)
Charley Hall (jornaleiro)
Guy Bellis (sr. Sardou)
Harry Martin (cliente mal-educado na papelaria)
Major Sam Harris (senhor antiquado no primeiro balcão do Empire)
Dorothy Ford (aristocrata no primeiro balcão do Empire)
Elizabeth Root (aristocrata no primeiro balcão do Empire)
Millicent Patrick (aristocrata no primeiro balcão do Empire)
Judy Landon (aristocrata no primeiro balcão do Empire)
Sherry Moreland (aristocrata no primeiro balcão do Empire)
Valerie Vernon (aristocrata no primeiro balcão do Empire)
Stuart Holmes (aristocrata no primeiro balcão do Empire)
Harold Miller (aristocrata no primeiro balcão do Empire)
Colin Kenny (artista de teatro de revista)
Renee Evans (garçonete no restaurante Corner House)
Kitty Watson (garçonete no restaurante Corner House)
Eric Wilson (Major Domo no restaurante)
William O'Leary (palhaço velho no Queen's Head)
Clifford Brook (palhaço velho no Queen's Head)
George Bunny (palhaço velho no Queen's Head)
James Fairfax (jornalista no Queen's Head)
Kenner G. Kemp (figurante no bar)
Charley Rogers (figurante no bar)
Billy Lee (menino)

Crawford Kent (Lorimer)
Larry Elliot (livreiro no Queen's Head)
Colin Kenny (ator dividindo camarim do Middlesex)
James Fowler (ator dividindo camarim do Middlesex)
Gus Tailon (sem-teto no banco perto do Tâmisa)
Cyril Delevanti (Griffin)
Edna Purviance (sra. Parker)
Trevor Ward (Fred, no Empire)
Frank Hagney (contrarregra)
Richard Deane (assistente de palco)
Jack Deery (mensageiro nos camarotes)
Eric Wilton (mensageiro nos camarotes)
Harry Crocker (membro do público)
Tim Durant (membro do público)
Frank Mills (membro do público)
Cameron Grant (membro do público)
Keith Hitchcock (figurante na coxia, no final)

Oona O'Neill Chaplin (dublê para Terry, em breve plano conjunto)

Na cena cortada com os acrobatas:
Billy Aimone (menino acrobata)
Phil Phelps, Dotty Phelps, Hans Schumm (acrobatas)

Na cena cortada com Claudius:
Stapleton Kent (Claudius, o Prodígio Sem Braços)

Nas cenas cortadas da infância de Terry:
Barbara Cobin (Terry criança)
June Jefferey (Louise)
Doris Lloyd (mãe de Terry)
Eve Lynd (mulher sedutora)
Nicka Fisher (ponta, prostituta)
Susan Klyover (menina mais velha)
Donna Jo Boyce (menina mais nova)

Início da produção: 12 de novembro de 1951
Primeira tomada: 19 de novembro de 1951
Última tomada: 25 de janeiro de 1952
Estreia: 16 de outubro de 1952, no Odeon Theatre, em Leicester Square, Londres, Inglaterra
Estreia nos Estados Unidos: 23 de outubro de 1952, nos cinemas Astor e Trans Lux, em Nova York
Duração: 3.851,5 metros de filme; 140 minutos

CRONOLOGIA

1898 dezembro — **1900** janeiro

Charles Chaplin em turnê pelos music halls britânicos com The Eight Lancashire Lads.

1906 março — **1908** janeiro

C. C. em turnê com companhias de esquete (*Repairs*, *Casey's Circus*).

1908 fevereiro — **1913** novembro

C. C. em turnê pelos music halls britânicos e americanos com as companhias de esquete de Fred Karno.

1914

janeiro — C. C. começa carreira no cinema.

1916

27 a 29 (?) de dezembro — Vaslav Nijinski visita o Chaplin Studio.

30 de dezembro — C. C. vê Nijinski dançar, nasce ideia para a história do dançarino.

1919

C. C. faz uma paródia de *L'Après-midi d'un faune*, de Nijinski, em *Sunnyside*.

1934

Romola Nijinski publica a biografia *Nijinski*.

1936

Romola Nijinski publica *O diário de Vaslav Nijinski* com cortes severos.

1937

maio a outubro — C. C. trabalha em histórias do dançarino.

1947

agosto — C. C. retoma as histórias do dançarino e de vaudevile.

1948

13 de setembro — C. C. começa a ditar *Footlights* para Lee Cobin.

1949

C. C. dita *Footlights* e *Luzes da ribalta* ao longo do ano.

28 de março — nascimento de Josephine Hannah Chaplin.

3 a 18 de agosto — C. C. e Oona em viagem para Nova York, acompanhados por Lee Cobin.

1950

17 de janeiro a 13 de fevereiro — C. C. e Oona em viagem para Nova York.

30 de agosto — Arthur Kelly recebe instruções para registrar o título *The Limelight*.

6 de setembro — o título *Limelight* também é registrado.

11 de setembro — roteiro enviado para registro de direitos autorais.

17 de setembro a 8 de outubro — C. C. e Oona em viagem para Nova York.

15 de dezembro — C. C. começa a trabalhar na música com Ray Rasch.

1951

11 a 22 de janeiro — C. C. e Oona em viagem para Nova York.

fevereiro — C. C. começa a fazer audições com atrizes para o papel de Terry.

27 de fevereiro — Lee Cobin e Sydney Chaplin contatam agentes em busca de uma atriz principal.

8 de março — Lee Cobin e Sydney Chaplin fazem audições para a atriz principal.

15 de março — Chaplin faz audições para a atriz principal.

19 de abril a 1º de maio — C. C. em Nova York para testes com Claire Bloom.

19 de maio — nascimento de Victoria Chaplin.

21 de maio a 29 de junho — reforma e expansão da casa de Chaplin, nº 1085 da Summit Drive.

1º de junho — C. C. continua a fazer audições com possíveis atrizes para Terry.

7 de junho — C. C. revê testes de Claire Bloom.

1º de agosto — C. C. no estúdio, planejando a produção de *Luzes da ribalta*.

14 de agosto — C. C. faz testes extensos com Joan Winslow, trazida de Nova York.

6 de setembro — Chaplin entrevista diretores de produção; opta por Lonnie D'Orsa.

17 de setembro — Estúdio fica disponível depois de alugado por Pergor Productions para a filmagem de *Tarântula*.

18 de setembro — Claire Bloom zarpa com destino a Nova York no *Mauretania*.

19 de setembro — novo tratamento do roteiro enviado para registro.

19 e 20 de setembro — músicas para as sequências de balé são gravadas no estúdio Sound Service, conduzidas por Keith R. Williams.

22 e 28 de setembro — C. C. edita música das sequências de balé.

24 de setembro — Claire Bloom chega em Nova York com a mãe.

29 de setembro — Claire Bloom chega em Hollywood com a mãe.

1º de outubro — Melissa Hayden e André Eglevsky chegam às 7h10; ensaiam coreografias em 1º, 2 e 3 de outubro.

3 de outubro — Melissa Hayden e André Eglevsky partem para Nova York às 23h.

8 de outubro — início da construção dos sets; contratação de equipe.

15 de outubro — C. C. começa a ensaiar com Claire Bloom em casa.

18 de outubro — C. C. grava três canções e dois "concertos de piano" com Ray Rasch no estúdio Glen Glenn Sound Co.

22 de outubro — C. C. começa a ensaiar com Claire Bloom no estúdio.

6 de novembro — acompanhamento para as canções gravado no Glen Glenn Sound Co.

12 de novembro — testes de cena com Claire Bloom no cenário do apartamento.

19 de novembro — começam as filmagens no Chaplin Studio.

6 a 11 de dezembro — filmagens no set de rua nova-iorquina do Paramount Studio.

12 e 13 de dezembro — filmagens no Chaplin Studio.

18 de dezembro — produção no Pathé Studios.

29 de dezembro a 7 de janeiro de 1952 — filmagem das sequências de balé (audição de Terry, *Scheherazade* e *Harlequinade*).

1952

8 de janeiro — filmagens de plano conjunto do palco para número musical Chaplin/Keaton (Pathé Studios).

11 de janeiro — produção volta ao Chaplin Studio. Tomadas preparatórias para número musical.

12 de janeiro — filmagem do número musical Chaplin/Keaton.

25 de janeiro — "FILMAGENS TERMINADAS".

4 de fevereiro — C. C. começa a montar o filme.

13 de fevereiro — Claire Bloom parte para Nova York acompanhada da mãe.

20 de fevereiro — Claire Bloom navega para a Inglaterra no *Queen Elizabeth* acompanhada da mãe.

5 a 8 de maio — refilmagens.

15 de maio — C. C. exibe filme para Sydney Bernstein, James Agee e amigos.

28 de maio — músicas para os cantores de rua gravadas no estúdio RCA.

5 de junho — C. C. trabalha com músicos.

10 de junho — gravações de música no RCA.

17 de junho — gravações de música e efeitos sonoros no RCA.

21 a 31 de julho — dublagem no RCA.

2 de agosto — pré-estreia no Paramount Studio Theatre.

13 de agosto — sessão de gravação de meia hora no RCA.

30 de agosto — dublagem no estúdio Sound Service.

3 de setembro — C. C. no Breen Office para ouvir recomendações.

5 de setembro — aplicação das mudanças recomendadas pelo Breen Office.

6 de setembro — Charles e Oona Chaplin partem com Harry Crocker para Nova York a bordo do trem *Chief*, linha férrea Santa Fe, e chegam em 9 de setembro.

8 de setembro — redublagem do rolo 4.

13 de setembro — as crianças (Geraldine, Josephine, Michael e Victoria) partem com as babás no *Chief* para se juntarem aos pais.

17 de setembro — os Chaplin partem de Nova York a bordo do *Queen Elizabeth*.

19 de setembro — permissão de reentrada de Chaplin é revogada.

22 a 24 de setembro — dublagem de versões estrangeiras no RCA.

24 de setembro — a família Chaplin chega a Londres, com duas babás e Crocker (descrito como "secretário").

16 de outubro — estreia mundial de *Luzes da ribalta* no Odeon, em Leicester Square.

23 de outubro — estreia em Nova York, nos cinemas Astor e Trans-Lux.

31 de outubro — estreia de *Luzes da ribalta* em Paris, nos cinemas Marignan, Marivaux, Normandie e Rex.

Outubro — *Luzes da ribalta* é considerado Melhor Filme do Mês pela Hollywood Foreign Press Association. (Prêmio aceito por Charles Chaplin Jr.)

10 a 15 de novembro — cena no Queen's Head, com Claudius, e cena anterior são cortadas a mando de Chaplin.

13 de novembro — estreia na Costa Oeste dos Estados Unidos, no United Artists Theatre, em San Francisco, prestigiada por Charles Chaplin Jr.

1953

janeiro — inúmeros cinemas dos Estados Unidos cancelam exibições de *Luzes da ribalta*.

6 de março — *Luzes da ribalta* é nomeado Melhor Filme do Ano pela Foreign Language Press Critics nos Estados Unidos.

1972

O filme recebe o Oscar de Melhor Trilha Sonora Original para Drama, oferecido a C. C. e aos falecidos Ray Rasch e Larry Russell (este último aparentemente não teve nenhuma relação com o filme ou a trilha; ver p. 123).

BIBLIOGRAFIA

ANTHONY, Barry. *Chaplin's Music Hall: The Chaplins and their Circle in the Limelight.* Londres: I. B. Tauris, 2012.

BAKER, Richard Anthony. *British Music Hall: An Illustrated History.* Reino Unido: The History Press, 2005.

BEDELLS, Phyllis. *My Dancing Days.* Londres: Phoenix House, 1954.

BLOOM, Claire. *Limelight and After: The Education of an Actress.* Londres: Weidenfeld & Nicholson, 1982.

BUSBY, Roy. *British Music Hall. An Illustrated Who's Who from 1850 to the Present Day.* Londres: Paul Elek, 1976.

CARTER, Alexandra. *Dance and Dancers in Victorian and Edwardian London Music Hall Ballet.* Inglaterra: Ashgate, 2005.

CHAPLIN, Charles. *My autobiography.* Londres: Bodley Head, 1964. [Ed. bras.: *Minha vida.* Rio de Janeiro: José Olympio, 2005.]

_____. *My Wonderful Visit.* Londres: Hurst & Bluckett, 1922.

CHESHIRE, David. *Music Hall.* Inglaterra: Associated University Press, 1974.

COLLIER, Constance. *Harlequinade: The Story of my Life.* Londres: John Lane, 1929.

DICKENS, Charles; SLATER, Michael (Orgs.). *Dickens' Journalism Volume II. The Amusements of the People and Other Papers.* Athens: Ohio University Press, 1998.

DISHER, M. Willson. *Winkles and Champagne.* Londres: B. T. Batsford, 1938.

DONOHUE, Joseph. *Fantasies of Empire: The Empire Theatre of Varieties and the Licensing Controversy of 1894.* Iowa: University of Iowa Press, 2005.

DRIMMER, Frederick. *Very Special People: The Struggles, Loves and Triumphs of Human Oddities* (ed. revisada). Londres: Citadel Press, 1991.

EPSTEIN, Jerry. *Remembering Charlie.* Londres: Bloomsbury, 1988.

ESPINOSA, Edouard. *And Then He Danced.* Londres: Sampson Low Marston, 1947.

FLITCH, J. E. Crawford. *Modern Dancing and Dancers.* Londres: Grant Richards, 1912.

GREEN, Benny (Org.). *The Last Empires.* Londres: Pavilion/Michael Joseph, 1986.

GUEST, Ivor. *Adeline Genée.* Londres: Black, 1958.

_____. *Adeline Genée: A Pictorial Record.* Londres: Royal Academy of Dancing, 1978.

_____. *Ballet in Leicester Square.* Londres: Dance Books, 1992.

HADDON, Archibald. *The Story of the Music Hall.* Londres: Fleetway Press, 1935.

HIBBERT, Henry George. *Fifty Years of a Londoner's Life.* Londres: Grant Richards, 1916.

HOLLINGSHEAD, John. *My Lifetime.* Londres: Sampson Low Marston, 1895.

HOWARD, Diana. *London Theatres and Music Halls, 1850-1950.* Londres: Library Association, 1970.

KILGARRIFF, Michael. *Sing Us One of the Old Songs: A Guide to Popular Song 1860-1920.* Oxford: Oxford University Press, 1998.

KYASHT, Lydia. *Romantic Recollections.* Nova York: Brentano, 1929.

LUMLEY, Benjamin. *Reminiscences of the Opera.* Londres: Hurst & Blackett, 1847.

MCCABE, John. *Charles Chaplin.* Nova York: Doubleday, 1978.

MACKENZIE, Compton. *Figure of Eight.* Londres: Cassell and Company, 1936.

MACQUEEN-POPE, Walter. *The Melodies Linger On: The Story of Music Hall.* Londres: W. H. Allen, 1950.

MANDER, Raymond; MITCHENSON, Joe. *British Music Hall.* Londres: Gentry Books, 1965.

_____. *The Lost Theatres of London.* Londres: Taplinger, 1968.

MARRIOT, A. J. *Chaplin: Stage by Stage.* Londres: Marriot Publishing, 2005.

MOORE, Lucy. *Nijinsky: A Life.* Londres: Profile Books, 2013.

MORTON, W. H.; NEWTON, H. C. *Sixty Years' Stage Experience.* Londres: Gale & Polden, 1905.

PERUGINI, Mark E. *The Art of Ballet.* Londres: Secker, 1915.

_____. *A Pageant of the Dance and Ballet.* Londres: Jarrolds, 1935.

PULLING, Christopher. *They Were Singing.* Londres: George Harrap, 1952.

ROBINSON, David. *Chaplin: His Life and Art.* Londres: Penguin, 2001. [Ed. bras.: *Chaplin: Uma biografia definitiva.* São Paulo: Novo Século, 2011.]

SCHEIDE, Frank; MEHRAN, Hooman (Orgs.). *Chaplin's* Limelight *and the Music Hall Tradition.* Jefferson, NC: McFarland, 2005.

SCOTT, Harold. *The Early Doors.* Londres: EP Publishing, 1946.

SENELICK, Laurence; CHESHIRE, David F.; SCHNEIDER, Ulrich. *British Music Hall 1840-1923.* Hamden, CT: Archon Books, 1981.

STRONG, Albert Ambrose. *Dramatic and Musical Law.* Londres: [s.n.], 1901.

STUART, Charles Douglas; PARK, A. J. *The Variety Stage.* Londres: [s.n.], 1895.

THE PERFORMER Who's Who in Variety. Londres: The Performer, 1950.

TIMBS, John. *The Curiosities of London* (nova ed.). Londres: [s.n.], 1868.

UNTHAN, Carl Herman. *Das Pediscript. Auszeichnungen aus dem Leben eines Armlosen.* Alemanha: Lutz, 1925. [Ed. ing.: *The Armless Fiddler, a Pediscript. Being the Life Story of a Vaudeville Man.* Londres: G. Allen & Unwin Ltd, 1935.]

WEINREB, Ben; HIBBERT, Christopher. *The London Encyclopaedia.* Londres: MacMillan, 1983.

ESTA OBRA FOI COMPOSTA POR OSMANE GARCIA FILHO EM GARAMOND PRO
E IMPRESSA PELA GRÁFICA BARTIRA EM OFSETE SOBRE PAPEL ALTA ALVURA
DA SUZANO PAPEL E CELULOSE PARA A EDITORA SCHWARCZ
EM OUTUBRO DE 2014

A marca FSC® é a garantia de que a madeira utilizada na fabricação do papel deste livro provém de florestas que foram gerenciadas de maneira ambientalmente correta, socialmente justa e economicamente viável, além de outras fontes de origem controlada.